manual

Peter Unger, Martin Vock

Casebook Steuerrecht

6., überarbeitete Auflage

Wien 2015

facultas

Bibliografische Information Der Deutschen Nationalbibliothek

Die Deutsche Nationalbibliothek verzeichnet diese Publikation in der Deutschen Nationalbibliografie; detaillierte bibliografische Daten sind im Internet über http://dnb.d-nb.de abrufbar.

6. Auflage 2015

facultas Universitätsverlag, 1050 Wien

Satz: Wandl Multimedia-Agentur
Druck: Finidr, s.r.o., Český Těšín
ISBN 978-3-7089-1056-7

Verba docent, exempla trahunt.
(lateinisches Sprichwort)

Vorwort zur sechsten Auflage

„*Worte belehren, Beispiele reißen mit*" – das wussten nicht nur die alten Römer, sondern das wissen auch die heutigen Studierenden. Daher haben wir uns entschlossen, eine Sammlung von Fällen anzubieten, die das Lernen erleichtern und effizientes Üben ermöglichen soll.

Der mit der zweiten Auflage eingeführte dreigliedrige Aufbau hat sich bewährt und soll es daher auch in Zukunft ermöglichen, den Lesern genau jenen Schwierigkeitsgrad zu bieten, den sie im konkreten Fall suchen:

Im Basic Level erhalten Anfängerinnen und Anfänger zu den wichtigsten Fragestellungen und Grundprinzipien des jeweiligen Themas kurze Antworten und Verweise zu den Rechtsquellen und Fundstellen in den gängigsten Lehrbüchern des Steuerrechts.

Im Advanced Level finden Fortgeschrittene Fälle auf Diplomprüfungsniveau, an denen sie die Anwendung des erlernten Theoriewissens erproben können. Verweise zu den Basic-Fällen erleichtern das Auffinden von grundlegenden Aussagen zur Fragestellung, der Quellen- und Literaturverweis ermöglicht die Vertiefung.

Im Expert Level bieten wir schließlich all jenen, die „auf den Geschmack gekommen sind", Fälle auf dem Niveau einschlägiger Berufs- bzw Dienstprüfungen im Bereich der Parteienvertretung oder der Finanzverwaltung.

Zahlreiche Gesetzesänderungen seit der letzten Auflage erforderten ein umfangreiches Update der Casebookfälle.

Zum besseren und schnelleren Auffinden ganz bestimmter Themenbereiche findet sich das bewährte Stichwortverzeichnis am Ende des Casebooks.

Wir danken unseren ehemaligen Professoren emer. Univ.-Prof. *Dr. Werner Doralt* und emer. Univ.-Prof. *Dr. Michael Tanzer* für die aufrechte Unterstützung unseres Projekts. Besonderer Dank gebührt an dieser Stelle auch all jenen Leserinnen und Lesern, die uns durch lobende Worte in unserem Wirken bestätigt und uns durch konstruktive Vorschläge wertvolle Hinweise für die permanente Weiterentwicklung des „Casebook Steuerrecht" geliefert haben.

Ihr konstruktives Feedback zu der vorliegenden fünften Auflage senden Sie bitte an p.unger@unger-wt.com oder martin.vock@gmx.at.

Wien, im Jänner 2015 *Peter Unger & Martin Vock*

Autoren

Peter Unger	Umsatzsteuer, Verfahrensrecht, Finanzstrafrecht, sonstige Steuern, Umgründungssteuerrecht, Expert Level
Martin Vock	Einteilung der Steuern, Einkommensteuer, Körperschaftsteuer, Stiftungseingangssteuer, Internationales Steuerrecht

Dr. Peter Unger war Assistent am Institut für Finanzrecht der Universität Wien bei Prof. Tanzer und ist derzeit Richter am Bundesfinanzgericht sowie Lektor ua an den Universitäten Wien und Klagenfurt.

Dr. Martin Vock, LL.M. war Universitätsassistent am Institut für Finanzrecht der Universität Wien bei Prof. Doralt, arbeitet im Bundesministerium für Finanzen und ist Lektor an einer Fachhochschule.

Lehrbuchliteratur

Beiser, Steuern, 12. Auflage, facultas.wuv, Wien 2014

Doralt, Steuerrecht 2014/15, 16. Auflage, Manz, Wien 2014

Doralt/Ruppe, Steuerrecht Band I, 11. Auflage, Manz, Wien 2013

Doralt/Ruppe, Steuerrecht Band II, 7. Auflage, Manz, Wien 2014

Lang/Unger, Steuerrecht graphisch dargestellt, 5. Auflage, LexisNexis ARD Orac, Wien 2014

Heinrich, Steuerrecht e:Lehrbuch Version 2014.3, Eigenverlag, Graz 2014

Ehrke-Rabel, elements Steuerrecht, 2. Auflage, Verlag Österreich, Wien 2014

Tanzer/Unger, BAO 2014/15, 4. Auflage, LexisNexis ARD Orac, Wien 2014

Walter, Umgründungssteuerrecht 2014, 10. Auflage, facultas.wuv, Wien 2014

Inhaltsverzeichnis

BASIC LEVEL

EXPERT LEVEL

Abkürzungsverzeichnis

ABGB	Allgemeines bürgerliches Gesetzbuch
Abs	Absatz
AfA	Absetzung für Abnutzung
AfaA	Absetzung für außergewöhnliche wirtschaftliche oder technische Abnutzung technische Abnutzung
AG	Aktiengesellschaft
AÖF	Amtsblatt der österreichischen Finanzverwaltung
BAO	Bundesabgabenordnung
BewG	Bewertungsgesetz
BgA	Betrieb gewerblicher Art
BGBl	Bundesgesetzblatt
BM	Bundesminister(ium)
BMF	Bundesminister(ium) für Finanzen
BMR	Binnenmarktregelung
B-VG	Bundes-Finanzverfassungsgesetz
bzw	beziehungsweise
DBA	Doppelbesteuerungsabkommen
dgl	dergleichen
dh	das heißt
ErbStG	Erbschafts- und Schenkungssteuergesetz
EStG	Einkommensteuergesetz
EStR	Einkommensteuerrichtlinien
etc	et cetera (und so weiter)
EU	Europäische Union
EWR	Europäischer Wirtschaftsraum
f	folgende /-r /-s
ff	fortfolgende /-r /-s
FAG	Finanzausgleichsgesetz
FLAF	Familienlastenausgleichsfonds
FLAG	Familienlastenausgleichsgesetz
F-VG	Finanz-Verfassungsgesetz
GebG	Gebührengesetz
gem	gemäß
GesbR	Gesellschaft bürgerlichen Rechts
GesSt	Gesellschaftsteuer
GmbH	Gesellschaft mit beschränkter Haftung
GoB	Grundsätze ordnungsmäßiger Buchführung
grds	grundsätzlich
GrESt-Ä	Grunderwerbsteuer-Äquivalent
GrEStG	Grunderwerbsteuergesetz
GWG	geringwertiges Wirtschaftsgut
idF	in der Fassung
idR	in der Regel
iHv	in Höhe von

iR	im Rahmen
iSd	im Sinn des
iVm	in Verbindung mit
iZm	im Zusammenhang mit
KESt	Kapitalertragsteuer
Kfz-Steuer	Kraftfahrzeugsteuer
KG	Kommanditgesellschaft
KStG	Körperschaftsteuergesetz
KStR	Körperschaftsteuerrichtlinien
KVG	Kapitalverkehrsteuergesetz
lit	litera (Buchstabe)
LRL	Richtlinien zur Liebhabereibeurteilung
LStR	Lohnsteuerrichtlinien
LVO	Liebhabereiverordnung
MiKö	Mindestkörperschaftsteuer
MRG	Mietrechtsgesetz
MU	Mitunternehmerschaft
NeuFöG	Neugründungsförderungsgesetz
NoVA	Normverbrauchsabgabe
oÄ	oder Ähnliches
OECD	Organisation für wirtschaftliche Zusammenarbeit und Entwicklung
OG	Offene Gesellschaft
Pkt	Punkt
PSG	Privatstiftungsgesetz
PVA	Pensionsversicherungsanstalt
Rz	Randzahl
SE	Societas Europaea (europäische Aktiengesellschaft)
sog	sogenannte/-er/-es
StiftR	Stiftungssteuerrichtlinien
TWA	Teilwertabschreibung
UGB	Unternehmensgesetzbuch
UStG	Umsatzsteuergesetz
usw	und so weiter
uU	unter Umständen
VereinsR	Vereinsrichtlinien
VfGH	Verfassungsgerichtshof
vGA	verdeckte Gewinnausschüttung
vgl	vergleiche
V	Verordnung (nach österreichischem Recht)
VPR	(österreichische) Verrechnungspreisrichtlinien
VVaG	Versicherungsverein auf Gegenseitigkeit
VwGH	Verwaltungsgerichtshof
WGG	Wohnungsgemeinnützigkeitsgesetz
Z	Ziffer
zB	zum Beispiel
zZ	zur Zeit
zzgl	zuzüglich

BASIC
LEVEL

Einteilung der Steuern

B 1. Nach welchen Gesichtspunkten werden die Abgaben im Finanz-Verfassungsgesetz unterschieden?

Die Kompetenzverteilung auf dem Gebiet des Abgabenwesens wird durch Art 13 B-VG einem eigenen Verfassungsgesetz vorbehalten: dem **Finanz-Verfassungsgesetz 1948** (F-VG).

Auf der Grundlage des Finanz-Verfassungsgesetzes werden im **Finanzausgleichsgesetz** die Erträgnisse (Ertragshoheit) und die Einhebung (Verwaltungshoheit) dem Bund, den Ländern oder Gemeinden zugewiesen. Beim Finanzausgleichsgesetz handelt es sich um ein – regelmäßig befristet erlassenes – einfaches Bundesgesetz (derzeit FAG 2008 für die Jahre 2008 bis 2014).

Die Abgaben gliedern sich unter dem Gesichtspunkt der Ertragshoheit in folgende Gruppen:

- **ausschließliche Bundesabgaben** (§ 6 Abs 1 Z 1 F-VG): Der Ertrag fließt alleine dem Bund zu (zB Dienstgeberbeitrag zum Ausgleichsfonds für Familienbeihilfen, Stempel- und Rechtsgebühren, Abgabe von land- und forstwirtschaftlichen Betrieben – siehe § 7 FAG 2008).
- **zwischen Bund und Ländern (Gemeinden) geteilte Abgaben** (§ 6 Abs 1 Z 2 F-VG): Der Ertrag fließt sowohl dem Bund als auch den Ländern (Gemeinden) zu; in dieser Kategorie bestehen drei Unterarten:
  - **gemeinschaftliche Bundesabgaben** (§ 6 Abs 1 Z 2 lit a F-VG): Die Erhebung erfolgt durch den Bund, der Ertrag wird zwischen Bund, Ländern und Gemeinden aufgeteilt (zB Einkommensteuer, Körperschaftsteuer, Umsatzsteuer, Grunderwerbsteuer – siehe § 8 Abs 1 FAG 2008).
  - **Zuschlagsabgaben** (§ 6 Abs 1 Z 2 lit b F-VG): Sie bestehen aus einer Stammabgabe des Bundes und Zuschlägen der Länder (Gemeinden); einzige Abgabe dieser Kategorie ist die Bundesautomaten- und VLT-Abgabe gemäß § 57 Abs 4 Glücksspielgesetz – siehe § 13a FAG 2008.
  - **Abgaben von demselben Besteuerungsgegenstand** (§ 6 Abs 1 Z 2 lit c F-VG): Bund und Länder (Gemeinden) erheben Abgaben von demselben Besteuerungsgegenstand; dazu gehörte früher die Gewerbesteuer (Bundesgewerbesteuer plus Gewerbesteuer der Gemeinden) – siehe § 13 FAG 1997; derzeit ist diese verfassungsgesetzlich mögliche Abgabenkategorie einfachgesetzlich nicht umgesetzt.
- **ausschließliche Landesabgaben** (§ 6 Abs 1 Z 3 F-VG): Der Ertrag fließt alleine den Ländern zu (zB Feuerschutzsteuer, Jagd- und Fischereiabgaben, Vergnügungssteuern mit Zweckbindung – siehe § 14 Abs 1 FAG 2008).

- **ausschließliche Gemeindeabgaben** (§ 6 Abs 1 Z 5 F-VG): Der Ertrag fließt alleine den Gemeinden zu (zB Grundsteuer, Kommunalsteuer, Vergnügungssteuern ohne Zweckbindung, Hundesteuer – siehe § 14 Abs 2 iVm Abs 1 FAG 2008).
- **zwischen Ländern und Gemeinden geteilte Abgaben** (§ 6 Abs 1 Z 4 F-VG): Der Ertrag fließt den Ländern und Gemeinden gemeinsam zu; das F-VG sieht drei Unterkategorien vor.

Quellen:	**Literatur:**
• F-VG 1948 idF BGBl I 103/2007	• *Beiser*, Steuern[12], Rz 291, Rz 380, Rz 665, Rz 694, Rz 722, Rz 745
• FAG 2008 idF BGBl I 40/2014	• *Doralt*, Steuerrecht 2014/15, Rz 2
	• *Doralt/Ruppe*, Steuerrecht II[7], Rz 11

B 2. Erklären Sie die Begriffe Personen-, Objekt- und Verkehrsteuern.

Steuern lassen sich nach verschiedenen Gesichtspunkten systematisieren. Eine mögliche Gliederung ist jene in **Personen- und Sachsteuern**.

- **Personensteuern** (auch Subjektsteuern genannt) sind Steuern, bei denen Steuergegenstand und Steuerhöhe durch personenbezogene Merkmale bestimmt sind. Der Steuergegenstand ist auf eine bestimmte Person bezogen; persönliche Merkmale (Wohnsitz, Familienstand, Alter usw) bestimmen die Höhe der Steuerschuld. Bei Personensteuern gibt es die Unterscheidung in unbeschränkte und beschränkte Steuerpflicht. Zu den Personensteuern zählen insbesondere die Einkommensteuer und die Körperschaftsteuer.
- Bei **Sachsteuern** (auch Objektsteuern genannt) wird die Höhe der Steuer grundsätzlich durch objektbezogene Merkmale bestimmt; zu den Objektsteuern zählt zB die Grundsteuer.

Der Begriff Verkehrsteuern ist der **Gliederung der Steuern nach der wirtschaftlichen Anknüpfung**, also nach dem Steuergegenstand, zuzuordnen. Neben den Verkehrsteuern unterscheidet man in diesem Zusammenhang noch Ertragsteuern (Einkommen- und Körperschaftsteuer), Vermögensteuern (Grundsteuer) und Verbrauchsteuern (Tabaksteuer, Mineralölsteuer).

Verkehrsteuern knüpfen an bestimmte Vorgänge im wirtschaftlichen oder im rechtlichen Verkehr an. Zu den Verkehrsteuern gehören zB die Umsatzsteuer, die Grunderwerbsteuer, die Gesellschaftsteuer, Rechtsgeschäftsgebühren nach dem GebG und die Versicherungssteuer.

Nach der Überwälzbarkeit der Steuerlast unterscheidet man **direkte Steuern und indirekte Steuern**. Bei einer direkten Steuer hat der Schuldner der Steuer auch die wirtschaftliche Last der Steuer zu tragen, während der Steuerschuldner einer indirekten Steuer die wirtschaftliche Last typischerweise auf seinen Vertragspartner überwälzen kann – zB indem er sie auf den Preis für seine Leistung aufschlägt. Personensteuern (Einkommen- und Körperschaftsteuer) sind direkte Steuern, während Sach- und Verkehrsteuern (zB Umsatzsteuer, Versicherungssteuer) indirekte Steuern sind

Quellen:	**Literatur:**
• Finanzwissenschaft	• *Doralt*, Steuerrecht 2014/15, Rz 2
	• *Doralt/Ruppe*, Steuerrecht I[11], Rz 16

B 3. Welche Funktionen können Steuern haben?

- **Finanzierungsfunktion**: Mit Steuern wird der überwiegende Großteil der Geldmittel für die Finanzierung der Budgets der Gebietskörperschaften (Bund, Länder und Gemeinden) aufgebracht. Die Finanzierung der Staatsausgaben ist die Primärfunktion von Steuern.
- **Umverteilungsfunktion**: Nur die Einkommensteuer (früher auch die Erbschafts- und Schenkungssteuer) hat durch ihren Charakter als Personensteuer und durch den progressiven Steuertarif die Funktion, zu einem Ausgleich der unterschiedlichen Leistungsfähigkeit (und damit Einkommen) der einzelnen Steuerpflichtigen beizutragen.
- **Lenkungsfunktion**: Verschiedene Steuern können durch die Ausgestaltung der Steuertatbestände oder durch Sondervorschriften oder Ausnahmeregelungen die Verhaltensweise der Steuerträger (also derjenigen, die die Steuerbelastung wirtschaftlich zu tragen haben) beeinflussen. So wird zB durch Prämien oder Sonderausgabenabzugsfähigkeit im EStG die private Pensionsvorsorge angeregt, durch eine niedrigere Mineralölsteuerbelastung der Einsatz von Kraftstoffen aus biologischen Energieträgern und durch die Ausgestaltung des NoVA-Tarifs die Anschaffung von Kraftfahrzeugen mit niedrigem Kohlendioxid-Ausstoß.

Quellen:	**Literatur:**
• Finanzwissenschaft	• *Beiser*, Steuern[12], Rz 1
	• *Doralt*, Steuerrecht 2014/15, Rz 3
	• *Doralt/Ruppe*, Steuerrecht II[7], Rz 7

Einkommensteuer

B 4. Auf welchen Prinzipien beruht das Einkommensteuerrecht?

- **Leistungsfähigkeitsprinzip**: Nach dem Prinzip der persönlichen Leistungsfähigkeit soll jede in Österreich ansässige natürliche Person zur Aufbringung des Bedarfs an staatlichen Mitteln entsprechend ihrer individuellen Leistungsfähigkeit beitragen. Personen in der gleichen wirtschaftlichen Ausgangslage sollen gleich und solche in besseren wirtschaftlichen Positionen sollen höher besteuert werden. Ausdruck des Leistungsfähigkeitsprinzips ist zB die Nichtbesteuerung des Existenzminimums.
- **Universalitätsprinzip**: Die Einkommensteuer ist von allen natürlichen Personen zu erheben, die über Einkommen verfügen; persönliche Steuerbefreiungen sind ausgeschlossen (persönliche Universalität). Der Einkommensteuer ist das gesamte Einkommen des Steuerpflichtigen zu unterwerfen; die Einkünfte sind gleichmäßig zu ermitteln und vollständig zu erfassen (sachliche Universalität).
- **Periodenprinzip**: Bei einer reinen Besteuerung nach der Leistungsfähigkeit müsste das Lebenseinkommen erfasst werden: Besteuerungsperioden mit niedrigen (oder sogar negativen) Einkommen und Perioden mit hohen Einkommen müssten zur Ermittlung der Leistungsfähigkeit zusammengefasst werden. Allerdings ist der Fiskus auf den sukzessiven Eingang von Steuern angewiesen. Daher wird das Einkommen des einzelnen Kalenderjahres der Einkommensteuer zugrunde gelegt (Abschnittsbesteuerung; Periodenprinzip).
- **Nettoprinzip**: Nach dem Nettoprinzip darf der Einkommensteuer nur das Einkommen unterworfen werden, das sich nach Abzug aller Ausgaben ergibt, die der Erzielung des Einkommens dienen; es darf kein fiktives Einkommen besteuert werden. Die Einkommensteuer ist keine Bruttosteuer auf Umsatz, Cashflow oder andere Bruttogrößen (objektives Nettoprinzip). Außerdem sind unvermeidbare Aufwendungen der Privatsphäre zu berücksichtigen. Daher darf beispielsweise nur das Einkommen besteuert werden, das dem Steuerpflichtigen nach Abzug des Existenzminimums verbleibt (subjektives Nettoprinzip).
- **Prinzip der Progression der Einkommensteuer**: Nutzentheoretischen Erwägungen zufolge steigt die Leistungsfähigkeit mit steigendem Einkommen nicht proportional, sondern überproportional. Zur Erzielung einer gleichen Steuerbelastung im Sinn einer gleichen Nutzeneinbuße muss der Einkommensteuertarif progressiv gestaltet sein. Auch die Zielsetzung der sozialen Einkommensumverteilung verlangt einen progressiven Tarif. Dem Progressionsprinzip widerspricht die Besteuerung der Kapitalerträge, der Veräußerungsgewinne aus Wertpapieren und der Veräußerungsgewinne von Grundstücken mit einem fixen Steuersatz von 25 %.

Quellen:
- Steuerrechtswissenschaft
- Verfassungsgerichtshofjudikatur

Literatur:
- *Beiser*, Steuern[12], Rz 6-26
- *Doralt*, Steuerrecht 2014/15, Rz 9
- *Doralt/Ruppe*, Steuerrecht I[11], Rz 22-28
- *Lang/Unger*, Steuerrecht graphisch[5], Rz 1

B 5. Wer ist einkommensteuerpflichtig?

Der Einkommensteuer unterliegen nur natürliche Personen. Da das Einkommensteuergesetz zB die Gewinnermittlung, die Verlustermittlung und -berücksichtigung, die Veranlagung und die Vorauszahlung umfassend regelt, verweist das Körperschaftsteuergesetz in diesen Bereichen auf das Einkommensteuergesetz und regelt nur die für die Körperschaftsbesteuerung spezifischen Abweichungen (vgl zB § 7 Abs 2 oder § 24 Abs 3 Z 1 KStG). Erzielt eine natürliche Person Einkünfte mittels einer **Mitunternehmerschaft** (zB einer Personengesellschaft) oder **Miteigentumsgemeinschaft** (zB einer Hauseigentümergemeinschaft), dann erfolgt die Ermittlung der Einkünfte nach den Regeln des EStG. Erzielt eine Körperschaft Einkünfte mittels einer Mitunternehmerschaft oder einer Miteigentumsgemeinschaft, dann erfolgt die Ermittlung der Einkünfte nach den Regeln des EStG und den gegebenenfalls im KStG davon vorgesehenen Abweichungen.

Quellen:
- § 1 Abs 1 EStG

Literatur:
- *Beiser*, Steuern[12], Rz 27
- *Doralt*, Steuerrecht 2014/15, Rz 3
- *Doralt/Ruppe*, Steuerrecht I[11], Rz 29

B 6. Was bedeutet unbeschränkte Steuerpflicht und unter welchen Voraussetzungen liegt sie vor?

Ist eine natürliche Person in Österreich unbeschränkt steuerpflichtig, so unterliegt sie mit ihrem gesamten Einkommen der Einkommensteuerpflicht in Österreich, unabhängig davon, wo auf der Welt die Einkünfte erzielt worden sind (§ 1 Abs 2 letzter Satz EStG). Dieses Prinzip wird „**Universalitätsprinzip**" oder „**Prinzip der Welteinkommensbesteuerung**" genannt.

Unbeschränkte Steuerpflicht in Österreich ist gegeben, wenn der Steuerpflichtige

a) entweder **einen Wohnsitz** in Österreich hat oder
b) seinen **gewöhnlichen Aufenthalt** in Österreich hat (§ 1 Abs 2 erster Satz EStG).

ad a) Ein Wohnsitz in Österreich liegt dann vor, wenn der Steuerpflichtige in Österreich eine **Wohnung** innehat unter Umständen, die darauf schließen lassen, dass er die Wohnung **beibehalten und benutzen** wird (§ 26 Abs 1 BAO). Einen Wohnsitz begründen zB ein Eigenheim, eine Eigentumswohnung, eine Mietwohnung, eine Ferienwohnung, ein Untermietzimmer, das Jugendzimmer im Elternhaus, ein auf Dauer gemietetes Hotelzimmer. Ein Wohnsitz besteht nur dann, wenn die Räumlichkeit für den Steuerpflichtigen jederzeit benutzbar ist, also nicht zB auf Dauer vermietet oder die Möbel abgedeckt sind oder Strom und Gas abgemeldet sind. Der steuerliche Wohnsitz ist vollkommen unabhängig vom Wohnsitz nach dem Meldegesetz („Meldezettel").
Von diesem Grundsatz bilden österreichische Zweitwohnsitze iSd der **Zweitwohnsitzverordnung** eine Ausnahme: Eine Wohnung im Inland begründet nicht automatisch einen Wohnsitz, wenn sich der Mittelpunkt der Lebensinteressen des Steuerpflichtigen länger als fünf Kalenderjahre im Ausland befindet. In diesem Fall begründet die Wohnung nur in jenen Jahren einen Wohnsitz, in denen sie allein oder gemeinsam mit anderen Wohnungen in Österreich an mehr als 70 Tagen benutzt wird (§ 1 Abs 1 ZweitwohnsitzV). Der Steuerpflichtige muss über die Benutzung der Wohnung(en) ein Verzeichnis führen (§ 1 Abs 2 ZweitwohnsitzV).

ad b) Ein gewöhnlicher Aufenthalt in Österreich liegt dann vor, wenn sich der Steuerpflichtige in Österreich unter Umständen aufhält, die erkennen lassen, dass er an diesem Ort oder in diesem Land **nicht nur vorübergehend verweilt**; dauert der Aufenthalt im Inland **länger als 6 Monate**, besteht die unbeschränkte Steuerpflicht (rückwirkend) für die gesamte Aufenthaltsdauer (§ 26 Abs 2 BAO). Der Aufenthaltsort kann innerhalb des Bundesgebietes wechseln (zB bei Herumreisen) und wird durch vorübergehende Fahrten ins Ausland nicht berührt. Ein Steuerpflichtiger kann immer nur einen gewöhnlichen Aufenthalt haben, aber unbegrenzt viele Wohnsitze.
Hat ein **EU- oder EWR-Bürger** weder einen Wohnsitz noch seinen gewöhnlichen Aufenthalt in Österreich, so kann er unter den Voraussetzungen des § 1 Abs 4 EStG auf **Antrag** wie ein unbeschränkt Steuerpflichtiger behandelt werden. Allerdings sind in diesem Fall nur die inländischen Einkünfte der Steuerpflicht unterworfen.

Diese Regelung soll Grenzpendlern Zugang zu Vergünstigungen (zB Alleinverdienerabsetzbetrag oder Anerkennung von außergewöhnlichen Belastungen) verschaffen, die nur unbeschränkt Steuerpflichtigen zukommen.

Hinweise:

- *siehe auch B 53; B 118; B 119*
- *zur (un)beschränkten Steuerpflicht in der KÖSt siehe B 55; B 56, B 57 und A 27*
- *zur (un)beschränkten Steuerpflicht und Doppelbesteuerung siehe A 35 und A 36*

Quellen:

- § 1 Abs 2 und 4 EStG
- § 26 BAO
- Zweitwohnsitz-Verordnung (BGBl II 2003/528)
- EStR 2000 Rz 1, 2, 15-26, 36-38
- LStR 2002 Rz 1-13

Literatur:

- *Beiser*, Steuern[12], Rz 28-40
- *Doralt*, Steuerrecht 2014/15, Rz 10-13
- *Doralt/Ruppe*, Steuerrecht I[11], Rz 29-32
- *Lang/Unger*, Steuerrecht graphisch[5], Rz 3

B 7. Erklären Sie die Begriffe Einnahmen, Einkünfte und Einkommen.

Einnahmen sind die Erträge aus einkunftserzielenden Tätigkeiten. Einnahmen im betrieblichen Bereich sind im Gesetz nicht definiert; § 15 EStG behandelt ausschließlich Einnahmen im Rahmen der außerbetrieblichen Einkunftsarten. Die Einnahmen sind eine Bruttogröße.
Das Gegenteil von Einnahmen sind **Ausgaben** (auch **Aufwendungen** genannt): Betriebsausgaben (§ 4 Abs 4 EStG) sind Aufwendungen zur Einkunftserzielung bei den betrieblichen Einkunftsarten; Werbungskosten (§ 16 EStG) sind Aufwendungen zur Einkunftserzielung bei den außerbetrieblichen Einkunftsarten.

Einkünfte ergeben sich aus den Erträgen (Einnahmen) abzüglich der Aufwendungen (Ausgaben). Die Einkünfte sind eine Nettogröße. Sie können positiv oder negativ sein. Einkommensteuerrechtlich relevante Einkünfte können nur aus einer der in § 2 Abs 3 EStG aufgezählten sieben Einkunftsarten stammen.

Einkommen ist gemäß § 2 Abs 2 EStG der Gesamtbetrag der Einkünfte aus den einzelnen Einkunftsarten nach Ausgleich mit Verlusten aus den einzelnen Einkunftsarten und nach Abzug der Sonderausgaben (§ 18 EStG) und außergewöhnlichen Belastungen (§§ 34 und 35 EStG) sowie der Freibeträge nach § 104 EStG (Landarbeiterfreibetrag), § 105 EStG (Freibetrag für Inhaber von Amtsbescheinigungen und Opferausweisen nach dem Opferfürsorgegesetz) und § 106a EStG (Kinderfreibetrag). Das Einkommen kann positiv oder negativ sein. Das Einkommen ist Bemessungsgrundlage für die Ermittlung der Einkommensteuer; auf das Einkommen ist daher der Einkommensteuertarif anzuwenden.

Quellen:

- § 2, § 15 und §§ 21-32 EStG

Literatur:

- *Beiser*, Steuern[12], Rz 41, Rz 69
- *Doralt*, Steuerrecht 2014/15, Rz 14
- *Doralt/Ruppe*, Steuerrecht I[11], Rz 41

B 8. Was bedeutet der einkommensteuerliche Begriff „Liebhaberei"?

Ein Steuerpflichtiger möchte mit seiner Arbeit normalerweise Geld verdienen, um davon leben zu können. Seine Tätigkeit dient also der **Einkunftserzielung**. Dabei kann es durchaus vorkommen, dass seine Tätigkeit über einige Zeit zu einem Verlust führt. Dieser wird idR auch steuerlich anerkannt.

Betreibt ein Steuerpflichtiger hingegen ein Hobby oder geht er sonstigen privaten Bedürfnissen oder Neigungen nach, dann möchte er mit dieser Tätigkeit keine Einkünfte erzielen. Es handelt sich um – steuerlich unbeachtliche – **Einkommensverwendung**. Das hat zur Konsequenz, dass Verluste aus diesen Tätigkeiten die Steuerbemessungsgrundlage nicht mindern. Zufällige Überschüsse in einem Kalenderjahr zählen nicht zu den Einkünften und sind daher nicht steuerbar.

Da eine Grenze oft nicht leicht gezogen werden kann (zB Bewirtschaften eines Bauernhofs, Betrieb eines Pferdegestüts, Vermögensanlage), bedient sich die **Liebhabereiverordnung** (LVO) in manchen Fällen einer Rechtsvermutung:

- Einkünftevermutung (gewerbliche Tätigkeiten; § 1 Abs 1 LVO),
- widerlegbare Liebhabereivermutungen (zB Sportausübung oder Bewirtschaftung von Eigentumswohnungen; § 1 Abs 2 LVO),
- unwiderlegbare Einkünftevermutung (bei Gesamtrentabilität eines Betriebes; § 1 Abs 3 LVO).

Hinweis:
- *zur Liebhaberei in der USt siehe auch B 80*

Quellen:
- § 2 Abs 3 EStG (weil nur Erträge aus einer Einkunftsquelle der Einkommensteuer unterliegen und die Liebhabereitätigkeit keine Einkunftsquelle darstellt)
- Liebhabereiverordnung BGBl 1993/33
- EStR 2000 Rz 102
- Liebhabereirichtlinien (LRL 2012)

Literatur:
- *Beiser*, Steuern[12], Rz 21-23a
- *Doralt*, Steuerrecht 2014/15, Rz 37-41
- *Doralt/Ruppe*, Steuerrecht I[11], Rz 45-48
- *Lang/Unger*, Steuerrecht graphisch[5], Rz 16

B 9. Wie werden die Einkünfte eingeteilt?

1. Nach der Art der Einkünfteermittlung unterscheidet man betriebliche und außerbetriebliche Einkünfte:

   Zu den **betrieblichen Einkünften** gehören die ersten 3 Einkunftsarten:
   - Einkünfte aus Land- und Forstwirtschaft
   - Einkünfte aus selbständiger Arbeit
   - Einkünfte aus Gewerbebetrieb

Bei den betrieblichen Einkunftsarten ergeben sich die Einkünfte aus einer Gewinnermittlung, daher werden sie auch „Gewinneinkünfte" genannt.

Zu den **außerbetrieblichen Einkünften** gehören die letzten 4 Einkunftsarten:
- Einkünfte aus nichtselbständiger Arbeit
- Einkünfte aus Kapitalvermögen
- Einkünfte aus Vermietung und Verpachtung
- sonstige Einkünfte

Bei den außerbetrieblichen Einkunftsarten ergeben sich die Einkünfte aus einer Ermittlung des Überschusses der Einnahmen über die Werbungskosten, daher werden sie auch „Überschusseinkünfte" genannt.

2. Nach der Subsidiarität unterscheidet man Haupt- und Nebeneinkünfte:

Zu den **Haupteinkünften** gehören die ersten vier Einkunftsarten:
- Einkünfte aus Land- und Forstwirtschaft
- Einkünfte aus selbständiger Arbeit
- Einkünfte aus Gewerbebetrieb
- Einkünfte aus nichtselbständiger Arbeit

Zu den **Nebeneinkünften** gehören die letzten drei Einkunftsarten:
- Einkünfte aus Kapitalvermögen
- Einkünfte aus Vermietung und Verpachtung
- sonstige Einkünfte

Erträge aus einer Tätigkeit oder einem Wirtschaftsgut führen nur dann zu Einkünften aus einer Nebeneinkunftsart, wenn die Tätigkeit nicht einer Haupteinkunftsart bzw das Wirtschaftsgut nicht dem Betriebsvermögen zuzurechnen ist. So gehören zB die Erträge aus der Veräußerung einer 5 %-Beteiligung an einer AG nur dann zu den Einkünften aus Kapitalvermögen, wenn sich die Aktien im Privatvermögen befunden haben. Haben sie sich jedoch im Betriebsvermögen eines Gewerbetreibenden befunden, gehört der Überschuss des Verkaufserlöses über die Anschaffungskosten zu den Einkünften aus Gewerbebetrieb.

Hinweis:
- *siehe auch B 12; A 1 und A 2*

Quellen:
- Steuerrechtswissenschaft

Literatur:
- *Beiser*, Steuern[12], Rz 51-65
- *Doralt*, Steuerrecht 2014/15, Rz 15-17
- *Doralt/Ruppe*, Steuerrecht I[11], Rz 42 f
- *Lang/Unger*, Steuerrecht graphisch[5], Rz 5

B 10. Was bedeutet „steuerbar“ und „steuerpflichtig“ in der Einkommensteuer?

„Steuerbar“ sind alle Einnahmen, die unter eine der sieben Einkunftsarten fallen. Wenn eine Einnahme steuerbar ist, bedeutet das, dass sie den Tatbestand des §§ 21, 22, 23, 25, 27, 28 oder 29 EStG erfüllt. Nicht unter einen dieser Tatbestände fällt zB eine Erbschaft oder Schenkung, ein Lotterie- oder Casinogewinn, ein Finderlohn, eine Einnahme aus einer Liebhabereitätigkeit, ein Gewinn aus der Veräußerung von Privatvermögen (wenn weder eine Veräußerung von Kapitalvermögen, noch eine private Grundstücksveräußerung noch ein Spekulationsgewinn vorliegt) oder eine in § 26 EStG aufgezählte Einnahme. Die Tatsache, dass eine Einnahme „steuerbar“ ist, bedeutet noch nicht, dass sie auch tatsächlich besteuert wird.

Ist eine Einnahme in § 3 EStG aufgezählt, dann würde sie zwar grundsätzlich unter eine Einkunftsart subsumierbar sein (wäre also „steuerbar“), wird aber von der Steuerpflicht befreit (ist daher „steuerfrei“) und erhöht die Einkünfte des Steuerpflichtigen nicht.

Ausgaben, die mit nicht steuerbaren Einnahmen in unmittelbarem wirtschaftlichen Zusammenhang stehen (zB der Preis für den Kauf eines Lotterieloses), sind nicht abzugsfähig, weil sie genauso wenig zu einer Einkunftsart gehören wie die Einnahme.

Ausgaben, die mit nicht steuerpflichtigen Einnahmen in unmittelbarem wirtschaftlichen Zusammenhang stehen, sind aufgrund der ausdrücklichen Anordnung des § 20 Abs 2 EStG nicht abzugsfähig.

Hinweis:
- *siehe auch A 1*

Quellen:
- Steuerrechtswissenschaft

Literatur:
- *Beiser*, Steuern[12], Rz 47-49
- *Doralt*, Steuerrecht 2014/15, Rz 15
- *Doralt/Ruppe*, Steuerrecht I[11], Rz 40
- *Lang/Unger*, Steuerrecht graphisch[5], Rz 2

B 11. Worin besteht der Unterschied zwischen Betriebsvermögen und Privatvermögen?

Wirtschaftsgüter, die der Erzielung betrieblicher Einkünfte dienen, werden **Betriebsvermögen** genannt. Wertveränderungen von Wirtschaftsgütern des Betriebsvermögens sind steuerwirksam: Wertsteigerungen erhöhen die Bemessungsgrundlage, Wertminderungen vermindern die Bemessungsgrundlage.

Wirtschaftsgüter, die der Erzielung außerbetrieblicher Einkünfte dienen oder die überhaupt nicht zur Einkünfteerzielung genutzt werden, nennt man **Privatvermögen**. Wertveränderungen von Wirtschaftsgütern des Privatvermögens sind grundsätzlich nicht steuerwirksam: Weder Wertsteigerungen noch Wertminderungen haben eine steuerliche Auswirkung. Von diesem Grundsatz bestehen jedoch folgende Ausnahmen:

- Die Absetzung für Abnutzung ist auch für Privatvermögen möglich, soweit es zur Einkünfteerzielung genutzt wird.
- Die realisierten Wertsteigerungen von **Kapitalvermögen** iSd § 27 Abs 3 EStG sind steuerpflichtig.
- Private **Grundstücksveräußerungen** iSd § 30 EStG sind steuerpflichtig.
- **Spekulationsgeschäfte** iSd § 31 EStG sind steuerpflichtig.

Die unterschiedliche Behandlung von Wertveränderungen des Betriebsvermögens und von Wertveränderungen des Privatvermögens nennt man „**Dualismus der Einkunftsarten**" bzw „Dualismus der Einkunftsermittlung". Der Dualismus der Einkunftsarten hat durch die Einführung der Besteuerung von Veräußerungsgewinnen aus Kapitalvermögen und von Immobilienvermögen seit 1. 4. 2012 massiv an Bedeutung verloren.

Hinweis:

- *siehe auch B 9; A 1*

Quellen:

- Steuerrechtswissenschaft (Reinvermögenszugangstheorie bzw Quellentheorie)
- § 16 Abs 1 Z 8 EStG (AfA im außerbetrieblichen Bereich)
- § 27 Abs 3 EStG (realisierte Wertsteigerungen von Kapitalvermögen)
- § 30 EStG (private Grundstücksveräußerungen)
- § 31 EStG (Spekulationsgeschäfte)

Literatur:

- *Beiser*, Steuern[12], Rz 51 f, Rz 59, 59g und 61a
- *Doralt*, Steuerrecht 2014/15, Rz 16

B 12. Das Schema der Einkommensermittlung

Einkünfte (Nettogröße):

1. Einkünfte aus Land- und Forstwirtschaft (betriebliche Haupteinkunftsart)
2. Einkünfte aus selbständiger Arbeit (betriebliche Haupteinkunftsart)
3. Einkünfte aus Gewerbebetrieb (betriebliche Haupteinkunftsart)
4. Einkünfte aus nichtselbständiger Arbeit (außerbetriebliche Haupteinkunftsart)
5. Einkünfte aus Kapitalvermögen (außerbetriebliche Nebeneinkunftsart)
6. Einkünfte aus Vermietung und Verpachtung (außerbetriebliche Nebeneinkunftsart)
7. Sonstige Einkünfte (außerbetriebliche Nebeneinkunftsart)

⇨ innerbetrieblicher Verlustausgleich (zB laufender Verlust aus Gewerbebetrieb 1 mit Aufgabegewinn aus Gewerbebetrieb 1)

⇨ horizontaler Verlustausgleich (zB Verluste aus Gewerbebetrieb 1 mit Gewinnen aus Gewerbebetrieb 2)

⇨ vertikaler Verlustausgleich (zB Gesamtverlust aus beiden Gewerbebetrieben mit Einkünften aus nichtselbständiger Arbeit)

+/– Abzug oder Hinzurechnung von Einkünfteverteilungen (zB Künstler/Schriftsteller)

= **Summe der Einkünfte**

– Veranlagungsfreibetrag für Arbeitnehmer (§ 41 Abs 3 EStG) 730 € – Einschleifregelung

= **Gesamtbetrag der Einkünfte**

– Sonderausgaben (§ 18 Abs 1–5)

– Verlustabzug (§ 18 Abs 6–7)

– außergewöhnliche Belastungen ohne Selbstbehalt (§ 34 Abs 1–5)

– außergewöhnliche Belastungen mit Selbstbehalt (§ 34 Abs 6)

– Freibetrag gem § 104 (Landarbeiterfreibetrag; 171 €)

– Freibetrag gem § 105 (für Opfer der NS-Herrschaft; 801 €)

– Freibetrag gem § 106a (Kinderfreibetrag; 220 € bzw 132 €)

= **steuerpflichtiges Einkommen (§ 2 Abs 2 EStG, Bemessungsgrundlage)**

⇨ Einkommensteuersatz laut Tarif (§ 33; progressiver Durchschnittssatztarif)

⇨ halber Durchschnittssteuersatz (§ 37, § 38) für bestimmte begünstigte Einkommensteile

= **Einkommensteuerschuld vor Abzug der Absetzbeträge**

– Alleinverdienerabsetzbetrag (§ 33 Abs 4 Z 1; 494 € + Kinderzuschläge)

– Alleinerzieherabsetzbetrag (§ 33 Abs 4 Z 2; 494 € + Kinderzuschläge)

– Unterhaltsabsetzbetrag (§ 33 Abs 4 Z 3; ab 29,20 € pro Monat)

– Verkehrsabsetzbetrag (§ 33 Abs 5 Z 1; 291 €)

– Arbeitnehmerabsetzbetrag (§ 33 Abs 5 Z 2; 54 €)

– Grenzgängerabsetzbetrag (§ 33 Abs 5 Z 3; 54 €)

– Pendlereuro (§ 33 Abs 5 Z 4; abhängig von der Fahrtstrecke)

– Pendlerausgleichsbetrag (§ 33 Abs 5 Z 5; abhängig vom Einkommensteuerbetrag)

– Pensionistenabsetzbetrag (§ 33 Abs 6; 400 € bzw 764 € – Einschleifregelung)

– Steuernachlass bei Schulderlass iR eines Insolvenzverfahrens (§ 36)

= **Einkommensteuerschuld nach Abzug der Absetzbeträge**

– Steuer für sonstige Bezüge (§ 67 und § 68)

– bereits entrichtete Lohnsteuer

– bereits entrichtete KESt (bei Antragsveranlagung oder wenn nicht endbesteuert)

– Steuervorauszahlung bei einer Grundstücksveräußerung

= **festgesetzte Einkommensteuer**

– vierteljährliche Vorauszahlungen

= **Steuerschuld/Gutschrift**

Hinweis:
- *siehe auch B 9; B 43*

Quellen:	**Literatur:**
▪ Steuerrechtswissenschaft	▪ *Doralt*, Steuerrecht 2014/15, Rz 142, Rz 161 ▪ *Doralt/Ruppe*, Steuerrecht I[11], Rz 41

B 13. Welche Arten der zeitlichen Zuordnung von Einnahmen und Ausgaben gibt es; auf welche Einkünfte werden sie jeweils angewendet?

Einnahmen und Ausgaben können entweder nach dem Kriterium der **wirtschaftlichen Zugehörigkeit** einer bestimmten Besteuerungsperiode zugerechnet werden oder nach dem **Zu- und Abflussprinzip**.

Werden die betrieblichen Einkünfte aufgrund des **Betriebsvermögensvergleichs** (Bilanzierung) ermittelt, so richtet sich die zeitliche Zuordnung von Einnahmen und von Ausgaben nach deren wirtschaftlicher Zugehörigkeit. Das Prinzip der wirtschaftlichen Zuordnung ergibt sich für den Ersteller einer Unternehmensbilanz („§ 5 Abs 1-Ermittler") aus § 198 UGB, in welchem die Aufnahme von Forderungen, Verbindlichkeiten, Rechnungsabgrenzungsposten und Rückstellungen in die Bilanz vorgesehen ist. Für den Ersteller einer Steuerbilanz („§ 4 Abs 1-Ermittler") ergibt sich das Prinzip der wirtschaftlichen Zuordnung aus § 4 Abs 2 erster Satz EStG, dessen Verweis auf die „Grundsätze ordnungsmäßiger Buchführung" an die unternehmensrechtlichen Bilanzierungsvorschriften (§ 195 erster Satz UGB) anknüpft.

Für Einnahmen und Ausgaben im Rahmen der betriebliche Einkünfte, die aufgrund einer **Einnahmen-Ausgabenrechnung** ermittelt werden, und im Rahmen aller **außerbetrieblichen Einkünfte** gilt das Zu- und Abflussprinzip (§ 19 EStG). Eine Ausnahme vom Zufluss-Abfluss-Prinzip besteht jedoch für Vorauszahlungen von Beratungs-, Fremdmittel-, Mietkosten und Ähnlichem.

Derartige Vorauszahlungen können nur dann im Zeitpunkt der Zahlung voll als Ausgabe geltend gemacht werden, wenn sie lediglich das laufende und das darauf folgende Jahr betreffen. Andernfalls müssen sie gleichmäßig auf den Zeitraum der Vorauszahlung verteilt werden (§ 4 Abs 6 EStG für den betrieblichen Bereich; § 19 Abs 3 EStG für den außerbetrieblichen Bereich). Für Einnahmen besteht keine Verteilungspflicht, sie sind daher immer im Zuflusszeitpunkt anzusetzen.

Quellen:	**Literatur:**
▪ § 198 UGB; § 4 Abs 2 erster Satz; § 4 Abs 6; § 19 EStG ▪ EStR 2000 Rz 663-664a; Rz 4601-4632 ▪ LStR 2002 Rz 631-644	▪ *Beiser*, Steuern[12], Rz 134-141 ▪ *Doralt*, Steuerrecht 2014/15, Rz 42 f ▪ *Doralt/Ruppe*, Steuerrecht I[11], Rz 49-51 ▪ *Lang/Unger*, Steuerrecht graphisch[5], Rz 17

B 14. Welche Gewinnermittlungsarten gibt es?

- **Steuerliche** Gewinnermittlung durch **Betriebsvermögensvergleich** (§ 4 Abs 1 EStG)
- **Unternehmensrechtliche** Gewinnermittlung durch **Betriebsvermögensvergleich** (§ 5 Abs 1 EStG)
- **Einnahmen-Ausgabenrechnung** (§ 4 Abs 3 EStG)
- **Pauschalierung** (Besteuerung nach Durchschnittssätzen, § 17 EStG)

Hinweis:
siehe auch B 15, B 16 und B 17; A 5; A 6; A 16

Quellen:	**Literatur:**
• § 4 Abs 1; § 5 Abs 1; § 4 Abs 3; § 17 EStG	• *Beiser*, Steuern[12], Rz 161-164
• EStR 2000 Rz 414	• *Doralt*, Steuerrecht 2014/15, Rz 48
	• *Doralt/Ruppe*, Steuerrecht I[11], Rz 158
	• *Lang/Unger*, Steuerrecht graphisch[5], Rz 21

B 15. Was kennzeichnet die beiden Arten der Gewinnermittlung durch Betriebsvermögensvergleich?

Grundsätzlich ist der steuerliche Gewinn der durch **doppelte Buchführung** zu ermittelnde Unterschiedsbetrag zwischen dem Betriebsvermögen am Schluss des Wirtschaftsjahres und dem Betriebsvermögen am Schluss des vorangegangenen Wirtschaftsjahres. Der Gewinn wird durch Entnahmen nicht gekürzt und durch Einlagen nicht erhöht (§ 4 Abs 1 erster und zweiter Satz EStG). Das gilt sowohl für die Gewinnermittlung nach § 4 Abs 1 EStG als auch für die Gewinnermittlung nach § 5 Abs 1 EStG.

Ein Unterschied besteht jedoch bezüglich der Buchführungsgrundsätze:

Steuerpflichtige, die nicht aufgrund des Unternehmensgesetzbuches, sondern aufgrund des Steuerrechts zur Buchführung verpflichtet sind („§ 4 Abs 1-Ermittler"), müssen sich bei der Erstellung ihrer Bilanz an die **allgemeinen** Grundsätze ordnungsmäßiger Buchführung halten (§ 4 Abs 2 erster Satz EStG).

Dagegen sind für die Gewinnermittlung jener rechnungslegungspflichtigen Unternehmer, die Einkünfte aus Gewerbebetrieb beziehen („§ 5 Abs 1-Ermittler"), zusätzlich zu den allgemeinen Grundsätzen ordnungsmäßiger Buchführung auch noch die **unternehmensrechtlichen** Grundsätze ordnungsmäßiger Buchführung **(GoB)** maßgebend, soweit dem nicht zwingende Vorschriften des EStG entgegenstehen (§ 5 Abs 1 erster Satz EStG) – „Maßgeblichkeit der Unternehmensbilanz für die Steuerbilanz" oder „Maßgeblichkeitsprinzip".

Hinweis:
- *siehe auch B 14 und B 16; A 5*

Quellen:
- § 4 Abs 1 und Abs 2; § 5 Abs 1 EStG
- EStR 2000 Rz 416-434

Literatur:
- *Beiser*, Steuern[12], Rz 162-164
- *Doralt*, Steuerrecht 2014/15, Rz 53, Rz 55
- *Doralt/Ruppe*, Steuerrecht I[11], Rz 160-169, Rz 200-215

B 16. Erläutern Sie den Unterschied zwischen der Gewinnermittlung gem § 4 Abs 1 EStG und § 5 Abs 1 EStG.

- Steuerpflichtige, die ihren Gewinn nach § 5 Abs 1 EStG ermitteln, können **gewillkürtes Betriebsvermögen** haben; wer seinen Gewinn nach § 4 Abs 1 EStG ermittelt, kann ausschließlich notwendiges Betriebsvermögen haben.
- **Rückstellungen** und **Rechnungsabgrenzungsposten** sind bei der Gewinnermittlung nach § 5 Abs 1 EStG aufgrund der Maßgeblichkeit der Unternehmensbilanz für die Steuerbilanz zwingend; bei der Gewinnermittlung nach § 4 Abs 1 EStG sind sie fakultativ.
- Die **Bewertung des Betriebsvermögens** erfolgt bei der Gewinnermittlung nach § 5 Abs 1 EStG grundsätzlich nach den unternehmensrechtlichen Vorschriften, es sei denn, steuerrechtliche Vorschriften gingen vor. Bei der Gewinnermittlung nach § 4 Abs 1 EStG erfolgt eine ausschließlich steuerliche Bewertung aufgrund des § 6 EStG.
- Wer seinen Gewinn nach § 5 Abs 1 EStG ermittelt, kann ein vom Kalenderjahr **abweichendes Wirtschaftsjahr** beantragen; wer seinen Gewinn nach § 4 Abs 1 EStG ermittelt, kann das nicht (außer, er ist ein buchführender Land- und Forstwirt).

Hinweis:
- *siehe auch B 14 und B 15; A 5*

Quellen:
- § 4 Abs 1; § 5 Abs 1 EStG
- EStR 2000 Rz 416

Literatur:
- *Beiser*, Steuern[12], Rz 164
- *Doralt*, Steuerrecht 2014/15, Rz 55
- *Doralt/Ruppe*, Steuerrecht I[11], Rz 161-167
- *Lang/Unger*, Steuerrecht graphisch[5], Rz 23

B 17. Unter welchen Voraussetzungen sind die beiden vereinfachten Arten der Gewinnermittlung, nämlich die Einnahmen-Ausgabenrechnung und die Pauschalierung, zulässig?

Der **Überschuss der Betriebseinnahmen über die Betriebsausgaben** darf als Gewinn angesetzt werden, wenn

- **keine Buchführungspflicht** nach dem Unternehmensgesetzbuch oder anderen gesetzlichen Vorschriften (vgl § 124 BAO) oder wegen des Überschreitens der betragsmäßigen Grenzen des § 125 Abs 1 lit a und b BAO besteht
- **nicht freiwillig Bücher geführt werden**, die eine Gewinnermittlung nach § 4 Abs 1 EStG ermöglichen (§ 4 Abs 3 EStG).

Wegen des Wegfalls der aufwendigen doppelten Buchführung stellt die Einnahmen-Ausgabenrechnung eine vereinfachte Form der Gewinnermittlung dar.

Die Anwendung der Pauschalierung setzt voraus, dass

- **keine Buchführungspflicht** nach dem Unternehmensgesetzbuch oder anderen gesetzlichen Vorschriften (vgl § 124 BAO) oder wegen des Überschreitens der betragsmäßigen Grenzen des § 125 Abs 1 lit a und b BAO besteht
- **nicht freiwillig Bücher geführt werden**, die eine Gewinnermittlung nach § 4 Abs 1 EStG ermöglichen
- die Umsätze des vorausgegangenen Wirtschaftsjahres nicht mehr als **220.000 €** betragen haben und
- aus der Aufstellung der Betriebsausgaben in der **Steuererklärung** hervorgeht, dass von der Pauschalierung Gebrauch gemacht wird (§ 17 Abs 2 EStG).

Es gibt zwei Arten der Pauschalierung: die Voll- und die Teilpauschalierung. Bei der **Vollpauschalierung** wird der Gewinn als Prozentsatz von den Betriebseinnahmen oder vom Einheitswert festgelegt (zB: „Der Gewinn ist mit einem Durchschnittssatz von 3.630 € zuzüglich 2 % der Betriebseinnahmen anzusetzen" – § 3 Abs 1 V Lebensmittelhandel). Eine ähnliche Bestimmung enthält die Verordnung für die Ermittlung des Gewinnes aus Land- und Forstwirtschaft.

Bei der **Teilpauschalierung** werden die Betriebsausgaben mit einem Prozentsatz der Umsätze festgelegt. Die Durchschnittssätze können sich entweder aus dem Gesetz ergeben (§ 17 EStG – sogenannte „**Basispauschalierung**") oder aus diversen Verordnungen, die sich auf § 17 EStG stützen (zB für Schriftsteller und Künstler, für Drogisten oder für Handelsvertreter). Für Tagesmütter und Pflegepersonal ist eine „De-facto-Teilpauschalierung" in den EStR 2000 vorgesehen. Auch bei Einkünften aus nichtselbständiger Arbeit können Werbungskosten uU pauschaliert sein; die Pauschalierung von Werbungskosten ist jedoch keine Form der Gewinnermittlung durch Pauschalierung.

Hinweis:
- *siehe auch A 6 und A 16*

Quellen:
- § 4 Abs 3; § 17 EStG
- EStR 2000 Rz 1653

Literatur:
- *Doralt*, Steuerrecht 2014/15, Rz 50 f; Rz 117
- *Doralt/Ruppe*, Steuerrecht I[11], Rz 228-244

B 18. Welchen Vermögensbereichen können Wirtschaftsgüter zugerechnet werden?

Es gibt drei Vermögensbereiche, zu denen ein Wirtschaftsgut gehören kann:

- Zum **notwendigen Betriebsvermögen** gehören alle Wirtschaftsgüter, die objektiv erkennbar dem Betrieb dienen.
- Zum **notwendigen Privatvermögen** gehören alle Wirtschaftsgüter, die objektiv erkennbar der privaten Bedürfnisbefriedigung dienen.
- Zum **gewillkürten Betriebsvermögen** gehören alle Wirtschaftsgüter, die weder notwendiges Betriebsvermögen noch notwendiges Privatvermögen darstellen, aber von ihrer Natur her geeignet sind, betriebliche Interessen zu fördern, und die von einem „§ 5 Abs 1-Ermittler" in die Bilanz aufgenommen worden sind.

Hinweis:
- *siehe auch B 19, A 7*

Quellen:
- Verwaltungsgerichtshofjudikatur
- EStR 2000 Rz 469-478; 589-595; 602

Literatur:
- *Beiser*, Steuern[12], Rz 155-158
- *Doralt*, Steuerrecht 2014/15, Rz 57 f
- *Doralt/Ruppe*, Steuerrecht I[11], Rz 176-182
- *Lang/Unger*, Steuerrecht graphisch[5], Rz 29

B 19. Wie werden gemischt genutzte Wirtschaftsgüter dem Betriebsvermögen bzw dem Privatvermögen zugeordnet?

- **Bewegliche Wirtschaftsgüter** werden nach dem Überwiegensprinzip (auch „Alles-oder-Nichts"-Prinzip genannt) zugeordnet: Wird ein bewegliches Wirtschaftsgut zu mehr als 50 % privat genutzt, gehört es zum Privatvermögen; der betrieblich genutzte Anteil stellt eine Einlage dar. Wird ein bewegliches Wirtschaftsgut dagegen zu mehr als 50 % betrieblich genutzt, gehört es zum Betriebsvermögen; der privat genutzte Anteil stellt eine Entnahme dar.

- **Unbewegliche Wirtschaftsgüter** werden entsprechend ihrer Nutzung anteilig zugeordnet: Zu dem Prozentsatz, zu dem ein Gebäude betrieblich genutzt wird, gehört es zum Betriebsvermögen; zu dem Prozentsatz, zu dem es privat genutzt wird, gehört es zum Privatvermögen. Allerdings gibt es eine „Bagatellgrenze" in der Höhe von 20 %: Bei anders gearteter Nutzung unter 20 % wird das Überwiegensprinzip angewendet: Wird das Gebäude zu weniger als 20 % betrieblich genutzt, so gehört es zur Gänze zum Privatvermögen, der betrieblich genutzte Anteil stellt eine Einlage dar. Wird das Gebäude zu weniger als 20 % privat genutzt, so gehört es zur Gänze zum Betriebsvermögen, der privat genutzte Anteil stellt eine Entnahme dar.

Hinweis:

- *siehe auch B 18, A 7*

Quellen:

- Verwaltungsgerichtshofjudikatur
- EStR 2000 Rz 479-481; 557-572

Literatur:

- *Beiser*, Steuern[12], Rz 160
- *Doralt*, Steuerrecht 2014/15, Rz 59
- *Doralt/Ruppe*, Steuerrecht I[11], Rz 183-187
- *Lang/Unger*, Steuerrecht graphisch[5], Rz 30 ff

B 20. Welche Wirtschaftsgüter gehören zum (abnutzbaren) Anlagevermögen, welche zum Umlaufvermögen?

Als **Anlagevermögen** sind Gegenstände auszuweisen, die dazu bestimmt sind, dauernd dem Geschäftsbetrieb zu dienen (§ 198 Abs 2 UGB). „Dauernd" bedeutet eine Zeitspanne, die der betriebsgewöhnlichen Nutzungsdauer bzw dem größeren Teil davon entspricht. Typisches Anlagevermögen sind Betriebsgebäude, Maschinen, Geschäftseinrichtung etc.

Wirtschaftsgüter, die länger als ein Jahr verwendet oder genutzt werden können und deren Wert durch die Verwendung oder Nutzung allmählich aufgezehrt wird, sind **abnutzbare** Wirtschaftsgüter des Anlagevermögens.

Als **Umlaufvermögen** sind Gegenstände auszuweisen, die nicht dazu bestimmt sind, dauernd dem Geschäftsbetrieb zu dienen (§ 198 Abs 4 UGB). Wirtschaftsgüter, deren Nutzungsdauer nicht länger als ein Jahr ist, sind immer Umlaufvermögen. Typisches Umlaufvermögen sind Waren, die zum Verkauf bestimmt sind, Hilfs- und Betriebsstoffe sowie Forderungen.

Quellen:

- § 198 Abs 2 und Abs 4 UGB
- EStR 2000 Rz 604-622

Literatur:

- *Doralt*, Steuerrecht 2014/15, Rz 85-88
- *Doralt/Ruppe*, Steuerrecht I[11], Rz 348; Rz 419

B 21. Was bedeuten die Begriffe „Einlage" und „Entnahme"? Wie sind Einlagen und Entnahmen steuerlich zu behandeln?

- **Einlagen** sind Wertzuflüsse aus dem außerbetrieblichen Bereich in das Betriebsvermögen, die das Eigenkapital des Betriebes erhöhen und nicht durch den Betrieb selbst erwirtschaftet worden sind (vgl § 4 Abs 1 vierter Satz EStG).
- **Entnahmen** sind Wertabflüsse aus dem betrieblichen Bereich in das Privatvermögen, die das Eigenkapital des Betriebes vermindern und nicht durch den Betrieb verursacht worden sind (vgl § 4 Abs 1 dritter Satz EStG).

Einlagen und Entnahmen müssen nicht aus körperlichen Wirtschaftsgütern bestehen, sondern können auch eine bloße betriebliche Verwendung eines an sich privaten Wirtschaftsguts („**Nutzungseinlage**") bzw eine bloße private Verwendung eines an sich betrieblichen Wirtschaftsguts („**Nutzungsentnahme**") darstellen.

Da Einlagen keinen betrieblich veranlassten Wertzugang darstellen, erhöhen sie den steuerlichen Gewinn nicht – das Betriebsvermögen am Ende des Wirtschaftsjahres ist daher um die während des Jahres getätigten Einlagen zu kürzen (§ 4 Abs 1 zweiter Satz EStG).

Spiegelgleich sind Entnahmen kein betrieblich veranlasster Wertabgang und vermindern den steuerlichen Gewinn nicht – das Betriebsvermögen am Ende des Wirtschaftsjahres ist daher um die während des Jahres getätigten Entnahmen zu erhöhen (§ 4 Abs 1 zweiter Satz EStG).

Hinweis:
- *zum Einlagenbegriff in der KÖSt siehe B 60; A 28*

Quellen:	**Literatur:**
• § 4 Abs 1 zweiter bis vierter Satz EStG	• *Beiser*, Steuern[12], Rz 151-154
• EStR 2000 Rz 435-448	• *Doralt*, Steuerrecht 2014/15, Rz 63
	• *Doralt/Ruppe*, Steuerrecht I[11], Rz 192-199

B 22. Welche allgemeinen Bewertungsgrundsätze gibt es?

Bei der Bewertung von Wirtschaftsgütern im Rahmen der Erstellung einer Bilanz sind folgende Grundsätze zu berücksichtigen:

- der **Grundsatz der Einzelbewertung**: Ein einziges Wirtschaftsgut (zB Gebäude) ist einheitlich zu bewerten; die Wertveränderungen verschiedener Wirtschaftsgüter dürfen nicht miteinander ausgeglichen werden.
- der **Grundsatz der Stichtagsbewertung**: Jedes Wirtschaftsgut ist mit jenem Wert anzusetzen, den es am Bilanzstichtag (= dem letzten Tag des Wirtschaftsjahres) hat. Daher fließen Wertveränderungen, die vor dem Bilanzstichtag erfolgt sind, auch

dann in den Bilanzansatz ein, wenn sie erst nach dem Bilanzstichtag (aber noch vor der Bilanzerstellung) bekannt geworden sind (sogenannte **„werterhellende" Umstände**). Dagegen dürfen Wertveränderungen, die erst nach dem Bilanzstichtag erfolgt sind, nicht bei der Bilanzerstellung dieses Jahres berücksichtigt werden (auch, wenn sie noch vor der Bilanzerstellung bekannt geworden sind), sondern erst bei der Bilanzerstellung des folgenden Jahres (sogenannte **„wertbeeinflussende"** oder **„wertverändernde" Umstände**).

- der **Grundsatz der Bewertungsstetigkeit** oder **materielle Bilanzkontinuität**: Bei Bewertungswahlrechten ist der einmal gewählte Ansatz auch in den Bilanzen der Folgejahre beizubehalten, um eine Vergleichbarkeit der einzelnen Wirtschaftsjahre zu gewährleisten.
- das **Realisationsprinzip**: Gewinne aus einem „schwebenden Geschäft" dürfen nicht ausgewiesen werden. Ein Gewinn darf erst dann bilanziert werden, wenn die dem Gewinn zugrunde liegende Leistung erbracht ist (also kein schwebendes Geschäft mehr vorliegt) und die aus dem Geschäft resultierende Forderung damit durchsetzbar geworden ist.
- das **Vorsichtsprinzip**: der Bilanzierende muss sich (aus Gründen des unternehmensrechtlichen Gläubigerschutzes) tendenziell ärmer rechnen, als er tatsächlich ist, dh bei einer gegebenen Bewertungsbandbreite den Wert von Wirtschaftsgütern eher niedrig ansetzen und den Wert von Verbindlichkeiten eher hoch ansetzen.
- das **imparitätische Realisationsprinzip** oder **Imparitätsprinzip**, dh die Ungleichbehandlung von Gewinnen und Verlusten hinsichtlich des Realisationszeitpunktes: Gewinne dürfen immer erst ausgewiesen werden, wenn sie bereits realisiert worden sind (siehe Realisationsprinzip), während Verluste unter Umständen schon vor ihrer tatsächlichen Realisierung auszuweisen sind.

Hinweis:

• *siehe auch A 9; A 10*

Quellen:

- § 196 Abs 2; § 201 Abs 2 Z 3 UGB; EStR 2000 Rz 425; 2135-2139 (Einzelbewertung)
- § 201 Abs 2 Z 4 lit b UGB; EStR 2000 Rz 2130-2132 (Stichtagsbewertung)
- § 201 Abs 2 Z 1 UGB; EStR 2000 Rz 423; 2126-2128 (Bewertungsstetigkeit)
- § 201 Abs 2 Z 4 lit a UGB; EStR 2000 Rz 2140-2142 (Realisationsprinzip)
- § 201 Abs 2 Z 4 UGB (Vorsichtsprinzip)
- § 201 Abs 2 Z 4 lit a und lit b UGB; EStR 2000 Rz 2150-2152 (Imparitätsprinzip)

Literatur:

- *Beiser*, Steuern[12], Rz 20, Rz 185-202
- *Doralt*, Steuerrecht 2014/15, Rz 69-74
- *Doralt/Ruppe*, Steuerrecht I[11], Rz 298-313

B 23. Welche Bewertungsmaßstäbe gibt es? Wie werden sie jeweils definiert?

Folgende vier Werte gehören zu den Bewertungsmaßstäben: die Anschaffungskosten, die Herstellungskosten, der Teilwert und der gemeine Wert.

- **Anschaffungskosten** sind die Aufwendungen, die getätigt werden, um einen Vermögensgegenstand zu **erwerben** und ihn in einen **betriebsbereiten Zustand** zu versetzen, soweit sie dem Vermögensgegenstand einzeln zugeordnet werden können. Zu den Anschaffungskosten gehören auch die **Nebenkosten** sowie die nachträglichen Anschaffungskosten. Anschaffungspreisminderungen sind abzusetzen (§ 203 Abs 2 UGB).
- **Herstellungskosten** sind die Aufwendungen, die für die **Herstellung** eines Vermögensgegenstandes, seine **Erweiterung** oder für eine über seinen ursprünglichen Zustand hinausgehende **wesentliche Verbesserung** getätigt werden (§ 203 Abs 3 erster Satz UGB).
- **Teilwert** ist der Betrag, den der **Erwerber des ganzen Betriebes** im Rahmen des Gesamtkaufpreises für das einzelne Wirtschaftsgut ansetzen würde; dabei ist davon auszugehen, dass der Erwerber **den Betrieb fortführt** (§ 6 Z 1 vierter Satz EStG und § 12 zweiter Satz BewG) – sogenanntes „Going-concern-Prinzip".
- Der **gemeine Wert** wird durch den Preis bestimmt, der **im gewöhnlichen Geschäftsverkehr** nach der Beschaffenheit des Wirtschaftsgutes **bei einer Veräußerung** zu erzielen wäre. Dabei sind alle Umstände, die den Preis beeinflussen, zu berücksichtigen. Ungewöhnliche oder persönliche Verhältnisse sind nicht zu berücksichtigen (§ 10 Abs 2 BewG).
  Der gemeine Wert entspricht dem **Verkehrswert** und dem **Liquidationswert**. Er wird manchmal mit dem Händlerverkaufspreis = Wiederbeschaffungswert gleichgesetzt.

Hinweis:

- *siehe auch A 10*

Quellen:

- § 203 Abs 2 UGB (Anschaffungskosten)
- § 203 Abs 3 UGB (Herstellungskosten)
- § 6 Z 1 vierter Satz EStG und § 12 zweiter Satz BewG (Teilwert)
- § 10 Abs 2 BewG (gemeiner Wert)
- EStR 2000 Rz 2164-2194 (Anschaffungskosten)
- EStR 2000 Rz 2195-2229 (Herstellungskosten)
- EStR 2000 Rz 2230-2262 (Teilwert)

Literatur:

- *Beiser*, Steuern[12], Rz 203-208
- *Doralt*, Steuerrecht 2014/15, Rz 75-84
- *Doralt/Ruppe*, Steuerrecht I[11], Rz 315-346
- *Lang/Unger*, Steuerrecht graphisch[5], Rz 33-36

B 24. Wie sind Wirtschaftsgüter des abnutzbaren Anlagevermögens zu bewerten?

Wirtschaftsgüter des abnutzbaren Anlagevermögens werden in der Bilanz mit den Anschaffungs- oder Herstellungskosten angesetzt. Dieser Wert wird in den Folgejahren um die jährliche Absetzung für Abnutzung (AfA) verringert.

Ist zu einem Bilanzstichtag der **Teilwert** eines Wirtschaftsgutes niedriger als die Anschaffungs- oder Herstellungskosten vermindert um die kumulierte AfA und ist diese **Wertminderung voraussichtlich von Dauer**, dann

- **darf** der Bilanzersteller, der seinen Gewinn nach **§ 4 Abs 1 EStG** ermittelt, den niedrigeren Teilwert ansetzen.
- **muss** der Bilanzersteller, der seinen Gewinn nach **§ 5 Abs 1 EStG** ermittelt, den niedrigeren Teilwert ansetzen (sogenannte „Teilwertabschreibung“).

Ist zu einem späteren Bilanzstichtag der Teilwert des abgewerteten Wirtschaftsguts entgegen der ursprünglichen Prognose wieder über den Wert gestiegen, der sich aus der Teilwertabschreibung vermindert um die darauf folgende AfA ergibt (Buchwert), dann

- **darf** der Bilanzersteller, der seinen Gewinn nach **§ 4 Abs 1 EStG** ermittelt, den höheren Teilwert **nicht** ansetzen (sogenannter **„uneingeschränkter Wertzusammenhang“**).
- **darf** der Bilanzersteller, der seinen Gewinn nach **§ 5 Abs 1 EStG** ermittelt, den höheren Teilwert nur dann ansetzen, wenn auch in der Unternehmensbilanz eine Zuschreibung erfolgt ist (§ 6 Z 1 letzter Satz iVm § 6 Z 13 EStG).

Aufgrund der schwierigen Bewertung dürfen unkörperliche (= immaterielle) Wirtschaftsgüter des Anlagevermögens nur dann in die Bilanz aufgenommen werden, wenn sie entgeltlich erworben worden sind. Für **selbst hergestellte immaterielle Wirtschaftsgüter** des Anlagevermögens besteht ein **Aktivierungsverbot** (§ 4 Abs 1 letzter Satz EStG).

Hinweis:
- *siehe auch A 9 und A 10*

Quellen:
- § 203; § 204 UGB
- § 4 Abs 1 letzter Satz; § 6 Z 1 letzter Satz EStG
- EStR 2000 Rz 613 f; 623-631; 2143-2152

Literatur:
- *Beiser*, Steuern[12], Rz 209
- *Doralt*, Steuerrecht 2014/15, Rz 86
- *Doralt/Ruppe*, Steuerrecht[11], Rz 347-353; 371-373
- *Lang/Unger*, Steuerrecht graphisch[5], Rz 38 und 41 f

B 25. Wie sind Wirtschaftsgüter des nicht abnutzbaren Anlagevermögens und des Umlaufvermögens zu bewerten?

Wirtschaftsgüter des nicht abnutzbaren Anlagevermögens (zB Grundstücke und Beteiligungen) und des Umlaufvermögens werden in der Bilanz mit den Anschaffungs- oder Herstellungskosten angesetzt.

Ist zu einem Bilanzstichtag der **Teilwert** eines Wirtschaftsgutes niedriger als die Anschaffungs- oder Herstellungskosten und ist diese **Wertminderung voraussichtlich von Dauer**, dann

- **darf** der Bilanzersteller, der seinen Gewinn nach **§ 4 Abs 1 EStG** ermittelt, den niedrigeren Teilwert ansetzen.
- **muss** der Bilanzersteller, der seinen Gewinn nach **§ 5 Abs 1 EStG** ermittelt, den niedrigeren Teilwert ansetzen (sogenannte „Teilwertabschreibung"). Der § 5 Abs 1-Ermittler **darf Finanzanlagen** auch dann auf den niedrigeren Wert abschreiben, wenn die Wertminderung voraussichtlich **nicht von Dauer** sein wird. Bei **Umlaufvermögen** muss der § 5 Abs 1-Ermittler unabhängig von der Dauer der Wertminderung **immer** auf den niedrigeren Teilwert **abwerten** (sogenanntes **„strenges** oder **unbedingtes Niederstwertprinzip"**).

Ist zu einem späteren Bilanzstichtag der Teilwert des abgewerteten Wirtschaftsguts entgegen der ursprünglichen Prognose wieder über den Wert gestiegen, der sich aus der Teilwertabschreibung ergibt (Buchwert), dann

- **darf** sowohl der Bilanzersteller, der seinen Gewinn nach **§ 4 Abs 1 EStG** ermittelt, als auch der Bilanzersteller, der seinen Gewinn nach **§ 5 Abs 1 EStG** ermittelt, den höheren Teilwert ansetzen. Der Wert der Wirtschaftsgüter darf nach der Zuschreibung jedoch die historischen Anschaffungs- oder Herstellungskosten nicht übersteigen (sogenannter „**eingeschränkter Wertzusammenhang**").
- **muss** der Bilanzersteller, der seinen Gewinn nach **§ 5 Abs 1 EStG** ermittelt, den höheren Teilwert einer **Beteiligung** ansetzen, wenn in der Unternehmensbilanz eine Zuschreibung zulässig ist (§ 6 Z 13 EStG).

Hinweis:
- *siehe auch A 9 und A 10*

Quellen:
- § 204 Abs 2; §§ 206-208 UGB
- § 6 Z 2 und Z 13 EStG
- EStR 2000 Rz 2143-2152

Literatur:
- *Beiser*, Steuern[12], Rz 209
- *Doralt*, Steuerrecht 2014/15, Rz 87 f
- *Doralt/Ruppe*, Steuerrecht I[11], Rz 354-366
- *Lang/Unger*, Steuerrecht graphisch[5], Rz 38 und 41 f

B 26. Erläutern Sie die Begriffe „Betriebseinnahme“ und „Betriebsausgabe“.

- **Betriebseinnahmen** sind alle betrieblich veranlassten Zugänge von Geld oder geldwerten Vorteilen, soweit den Zugängen bereits eine Gewinnrealisation zugrunde liegt.
- **Betriebsausgaben** sind Aufwendungen oder Ausgaben, die durch den Betrieb veranlasst sind (§ 4 Abs 4 erster Satz EStG). Betriebsausgaben müssen nicht „notwendig“ im Sinn von „unvermeidbar“ sein – es genügt die betriebliche Veranlassung.

  Ausgaben sind durch den Betrieb veranlasst, wenn sie
  - **objektiv** im Zusammenhang mit einer betrieblichen Tätigkeit stehen,
  - **subjektiv** dem Betrieb zu dienen bestimmt sind oder den Steuerpflichtigen unfreiwillig treffen und
  - nicht unter das **Abzugsverbot** des § 20 EStG fallen.

  Betriebsausgaben sind grundsätzlich in ihrer tatsächlichen Höhe anzuerkennen, auch wenn diese nicht mehr angemessen erscheint.

Hinweis:
- *siehe auch A 11*

Quellen:
- § 4 Abs 4 erster Satz EStG
- EStR 2000 Rz 1001-1078 (Betriebseinnahmen)
- EStR 2000 Rz 1079-1118 (Betriebsausgaben)

Literatur:
- *Beiser*, Steuern[12], Rz 69
- *Doralt*, Steuerrecht 2014/15, Rz 94
- *Doralt/Ruppe*, Steuerrecht I[11], Rz 257-272; 293-297/1

B 27. Erklären Sie die Begriffe „Aktivieren“ und „Abschreiben“ von abnutzbaren Wirtschaftsgütern des Anlagevermögens.

Wirtschaftsgüter des Anlagevermögens stehen auf der Aktivseite der Bilanz. Diesem Aktivwert stehen die Aufwendungen für die Anschaffung oder Herstellung von Betriebsvermögen auf der Passivseite der Bilanz gegenüber, sodass sich beide Beträge rechnerisch ausgleichen. Daher können Aufwendungen für die Anschaffung oder Herstellung von Wirtschaftsgütern des Anlagevermögens in der Regel nicht sofort in ihrer tatsächlichen Höhe gewinnmindernd geltend gemacht werden. Immer, wenn die Aufwendungen für ein Wirtschaftsgut nicht sofort als Betriebsausgabe abzugsfähig sind, spricht man davon, dass das Wirtschaftsgut „**aktiviert**“ werden muss.

Die Anschaffungs- oder Herstellungskosten für ein abnutzbares Wirtschaftsgut des Anlagevermögens können also nicht sofort im Zeitpunkt der Verausgabung vom Gewinn abgezogen werden, sondern sind auf die betriebsgewöhnliche Nutzungsdauer des Wirtschaftsgutes zu verteilen.

Die Verteilung der Anschaffungs- oder Herstellungskosten auf die betriebsgewöhnliche Nutzungsdauer erfolgt mittels Absetzung für Abnutzung (AfA): Bei einer betriebsgewöhnlichen Nutzungsdauer von zB zehn Jahren wird der Wert, mit dem das Wirtschaftsgut in der Bilanz angesetzt ist, jährlich um ein Zehntel vermindert („**abgeschrieben**"), sodass das Wirtschaftsgut in zehn Jahren, also zum Ende seiner betriebsgewöhnlichen Nutzungsdauer, keinen Wert mehr in der Bilanz hat („auf 0 abgeschrieben ist").

Aus technischen Gründen bleiben an und für sich „auf 0 abgeschriebene" Wirtschaftsgüter jedoch mit einem „Erinnerungs-Cent" in der Bilanz stehen.

Hinweis:
- *zur Sofortabschreibung siehe B 29*
- *siehe auch B 28; A 12*

Quellen:	**Literatur:**
▪ § 7 EStG	▪ *Beiser*, Steuern[12], Rz 222
▪ EStR 2000 Rz 3101 ff	▪ *Doralt*, Steuerrecht 2014/15, Rz 56
	▪ *Doralt/Ruppe*, Steuerrecht I[11], Rz 171-173
	▪ *Lang/Unger*, Steuerrecht graphisch[5], Rz 45

B 28. Zu welchem Zeitpunkt kann mit der AfA begonnen werden?

Die AfA kann grundsätzlich erst ab dem Zeitpunkt der **Inbetriebnahme** des Wirtschaftsguts des abnutzbaren Anlagevermögens angesetzt werden. Erfolgt die Inbetriebnahme des Wirtschaftsgutes in der ersten Hälfte des Wirtschaftsjahres, so kann für dieses Wirtschaftsjahr der ganze AfA-Betrag angesetzt werden („Ganzjahres-AfA"). Erfolgt die Inbetriebnahme erst in der zweiten Hälfte des Wirtschaftsjahres, so kann für dieses Wirtschaftsjahr nur der halbe AfA-Betrag („Halbjahres-AfA") angesetzt werden.

Hinweis:
- *zur Sofortabschreibung siehe B 29*
- *siehe auch B 27; A 12*

Quellen:	**Literatur:**
▪ § 7 Abs 2 EStG	▪ *Doralt*, Steuerrecht 2014/15, Rz 107
▪ EStR 2000 Rz 3126-3133; 3145	▪ *Doralt/Ruppe*, Steuerrecht I[11], Rz 423-424

B 29. Was ist ein geringwertiges Wirtschaftsgut?

Ein geringwertiges Wirtschaftsgut (GWG) ist ein Wirtschaftsgut, dessen Anschaffungs- oder Herstellungskosten weniger als **400 €** betragen. Geringwertige Wirtschaftsgüter müssen nicht aktiviert werden – die Anschaffungs- oder Herstellungskosten sind daher unabhängig von der betriebsgewöhnlichen Nutzungsdauer des Wirtschaftsguts immer im Jahr der Verausgabung sofort in voller Höhe als Betriebsausgaben abzugsfähig. Der Steuerpflichtige kann jedoch das GWG freiwillig aktivieren. Das Wahlrecht zwischen Sofortabschreibung oder Aktivierung gilt für alle Gewinnermittlungsarten und auch für den außerbetrieblichen Bereich.

Hinweis:
- *zur Aktivierung siehe B 27*

Quellen:
- § 13 EStG
- EStR 2000 Rz 3893-3900

Literatur:
- *Beiser*, Steuern[12], Rz 224
- *Doralt*, Steuerrecht 2014/15, Rz 110
- *Doralt/Ruppe*, Steuerrecht I[11], Rz 439-441

B 30. Was sind stille Reserven und wie entstehen sie?

Stille Reserven sind der Unterschiedsbetrag zwischen dem Veräußerungswert eines Wirtschaftsgutes und dem niedrigeren Buchwert. Stille Reserven scheinen in der Bilanz nicht auf, sondern werden grundsätzlich erst bei Veräußerung des Wirtschaftsgutes realisiert.

Stille Reserven entstehen durch Unterbewertung von Aktiva bzw Überbewertung von Passiva.

Zur **Unterbewertung von Aktiva** kann es beispielsweise kommen, wenn ein Wirtschaftsgut rascher abgeschrieben worden ist, als es seiner tatsächlichen Entwertung entspricht, oder wenn das Wirtschaftgut in seinem Wert über die seinerzeitigen Anschaffungs- oder Herstellungskosten gestiegen ist (insbesondere bei Grundstücken – aufgrund des Anschaffungskostenprinzips führt die Wertsteigerung nicht zu einer Aufwertung in der Bilanz).

Die **Überbewertung von Passiva** kann beispielsweise im Vorsichtsprinzip begründet sein, wonach Aktiva eher niedrig, Schulden, Rückstellungen und passive Rechnungsabgrenzungen eher hoch anzusetzen sind.

Hinweis:
- *zu den Anschaffungs- und Herstellungskosten siehe B 23*
- *zum Vorsichtsprinzip (unternehmensrechtliche GoB) siehe B 15*
- *siehe auch A 12*

Quellen:
- § 12 EStG
- EStR 2000 Rz 3861 ff (zur Übertragung stiller Reserven)

Literatur:
- *Beiser*, Steuern[12], Rz 239
- *Doralt*, Steuerrecht 2014/15, Rz 77
- *Doralt/Ruppe*, Steuerrecht I[11], Rz 445-459
- *Lang/Unger*, Steuerrecht graphisch[5], Rz 50

B 31. Erklären Sie den Unterschied zwischen Rückstellungen und Rücklagen.

Rückstellungen sind Passivposten für drohende Verbindlichkeiten, die dem Grunde und/oder der Höhe nach ungewiss sind und ihre wirtschaftliche Ursache in einer abgelaufenen Periode haben. Rückstellungen zählen zum **Fremdkapital**; sie setzen eine **drohende Verbindlichkeit gegenüber Dritten** voraus.

Rückstellungen sind in der **Unternehmensbilanz** zwingend auszuweisen; bei der Gewinnermittlung nach **§ 4 Abs 1 EStG** sind sie zulässig. Im Steuerrecht ist die Bildung von Rückstellungen im Vergleich zur Unternehmensbilanz jedoch eingeschränkt (pauschale Rückstellungen oder Aufwandsrückstelllungen sind zB nicht zulässig). Bei Gewinnermittlung nach **§ 4 Abs 3 EStG** ist die Bildung von Rückstellungen unzulässig.

Rücklagen sind Vorsorgen für das Unternehmen **ohne drohende Verbindlichkeit gegenüber Dritten**. Sie stärken das Eigenkapital und dienen beispielsweise dazu, Geschäftsrisiken auszugleichen oder Investitionsvorhaben aus Eigenmitteln finanzieren zu können. Rücklagen werden aus dem Gewinn oder aus Kapitaleinlagen gebildet (Gewinnrücklage, Kapitalrücklage); sie gehören zum **Eigenkapital**. Bei Kapitalgesellschaften wird eine Rücklage für jenen Teil des Gewinns gebildet, der nicht ausgeschüttet werden soll (Verminderung des unternehmensrechtlich ausschüttbaren Gewinns). Eine Rücklagenbildung zulasten des Gewinnes ist grundsätzlich nur in der Unternehmensbilanz möglich, im Steuerrecht sind die Rücklagen Teil des Gewinnes („versteuerte Rücklagen"). Nur in Ausnahmefällen, insbesondere zur Investitionsförderung, müssen Rücklagen nicht versteuert werden („nicht versteuerte Rücklagen").

In der **Unternehmensbilanz** ist die genaue Aufgliederung des Eigenkapitals in Nennkapital, Kapitalrücklagen, Gewinnrücklagen und Bilanzgewinn grundsätzlich nur für Kapitalgesellschaften vorgesehen (vgl § 224 Abs 3 A UGB). Für Einzelunternehmen und Personengesellschaften spielt die Bildung versteuerter Rücklagen idR keine Rolle. Unversteuerte Rücklagen sind hingegen stets auszuweisen (vgl § 198 UGB und § 224 Abs 3 B UGB).

Hinweis:
- *siehe auch A 13*

Quellen:
- § 198 Abs 8 UGB
- § 9; § 14 EStG
- EStR 2000 Rz 3301-3532

Literatur:
- *Beiser*, Steuern[12], Rz 237-238
- *Doralt*, Steuerrecht 2014/15, Rz 98-106
- *Doralt/Ruppe*, Steuerrecht I[11], Rz 396-418
- *Lang/Unger*, Steuerrecht graphisch[5], Rz 43 f

B 32. Wie kann der Firmenwert abgeschrieben werden?

Ein **selbstgeschaffener Firmenwert** (zB durch Werbemaßnahmen) darf unternehmens- und steuerrechtlich nicht angesetzt werden.

Ein entgeltlich **erworbener Firmenwert** (sogenannter „derivativer" Firmenwert) muss unternehmensrechtlich und steuerrechtlich angesetzt werden. Der Firmenwert ist die **Differenz** zwischen dem Kaufpreis für ein Unternehmen und dem Wert der einzelnen Wirtschaftsgüter des Unternehmens bewertet mit dem Teilwert abzüglich der Schulden (§ 203 Abs 5 erster Satz UGB). Mit dem Firmenwert werden dem Verkäufer die Ertragschancen für die folgenden Jahre nach dem Kauf abgegolten.

Der Firmenwert darf nicht sofort abgeschrieben werden, sondern ist **zu aktivieren**: Unternehmensrechtlich ist der Firmenwert immer auf die voraussichtliche Nutzungsdauer zu verteilen (§ 203 Abs 5 zweiter Satz UGB). Im Steuerrecht ist der Firmenwert nur dann auf die voraussichtliche Nutzungsdauer zu verteilen, wenn der Erwerber des Unternehmens Einkünfte aus selbständiger Tätigkeit erzielt. Bei Einkünften aus Land- und Forstwirtschaft oder aus Gewerbebetrieb gilt der Firmenwert als abnutzbares Anlagevermögen (§ 6 Z 1 EStG) und ist auf die gesetzlich festgelegte Nutzungsdauer von **15 Jahren** verteilt abzuschreiben (§ 8 Abs 3 EStG).

Hinweis:
- *zur Aktivierung siehe B 27*
- *siehe A 14*

Quellen:
- § 203 Abs 5 UGB
- § 6 Z 1; § 8 Abs 3 EStG
- EStR 2000 Rz 2287-2300; 3187-3195

Literatur:
- *Beiser*, Steuern[12], Rz 202
- *Doralt*, Steuerrecht 2014/15, Rz 107
- *Doralt/Ruppe*, Steuerrecht I[11], Rz 349-350

B 33. Unter welchen Voraussetzungen kann ein Gewinnfreibetrag in Anspruch genommen werden?

Eine natürliche Person kann bei der Gewinnermittlung ihres Betriebes pro Kalenderjahr einen Gewinnfreibetrag von höchstens 45.350 € geltend machen. Der Gewinnfreibetrag ist zweigeteilt:

Für die ersten 30.000 € Gewinn kann ein Grundfreibetrag ohne weitere Voraussetzungen geltend gemacht werden. Das heißt: 13 % des Gewinns stellen eine fiktive Betriebsausgabe dar.

Für den Teil des Gewinns, der zwischen 30.000 € und 100.000 € liegt, kann ein investitionsbedingter Gewinnfreibetrag geltend gemacht werden. Das heißt: Der Betrag, der den Anschaffungs- oder Herstellungskosten eines begünstigten Wirtschaftsguts entspricht (bestimmte abnutzbare körperliches Wirtschaftsgüter des Anlagevermögens und Wohnbauanleihen), vermindert als fiktive Betriebsausgabe den Gewinn. Die AfA des angeschafften Wirtschaftsguts wird dadurch nicht berührt. Wird der Gewinn des

Betriebes durch Pauschalierung ermittelt, steht nur der Grundfreibetrag, nicht der investitionsbedingte Freibetrag zu. Der Gewinnfreibetrag nimmt mit der Höhe des Gewinnes ab und beträgt zwischen 175.000 € und 350.000 € 7 % und zwischen 350.000 € und 580.000 € 4,5 %.

Hinweis:
siehe auch A 15

Quellen:
- § 10 EStG idF AbgÄG 2014
- EStR 2000 Rz 3819-3848

Literatur:
- *Beiser*, Steuern[12], Rz 243-247
- *Doralt*, Steuerrecht 2014/15, Rz 114 f
- *Doralt/Ruppe*, Steuerrecht I[11], Rz 462/1-462/5
- *Lang/Unger*, Steuerrecht graphisch[5], Rz 47

B 34. Erläutern Sie den Unterschied zwischen der Gewinnermittlung durch Betriebsvermögensvergleich und der Gewinnermittlung gem § 4 Abs 3 EStG.

- Bei der Gewinnermittlung durch Betriebsvermögensvergleich (§ 4 Abs 1 EStG oder § 5 Abs 1 EStG) gilt das Prinzip der wirtschaftlichen Zuordnung von Aufwendungen und Einnahmen, bei der Einnahmen-Ausgabenrechnung (§ 4 Abs 3 EStG) gilt das **Zu- und Abflussprinzip**. Ausgenommen davon sind lediglich die in § 4 Abs 6 EStG aufgezählten Vorauszahlungen.
- Bei der Gewinnermittlung durch Betriebsvermögensvergleich (§ 4 Abs 1 EStG oder § 5 Abs 1 EStG) steht der **Verlustabzug** zeitlich unbegrenzt zu (§ 18 Abs 6 EStG). Dagegen können bei der Gewinnermittlung nach § 4 Abs 3 EStG nur solche Verluste abgezogen werden, die in den vorangegangenen drei Jahren entstanden sind (§ 18 Abs 7 EStG).
- Die Wertminderung von aktivierungspflichtigem Anlagevermögen wirkt sich bei der Gewinnermittlung nach § 4 Abs 3 EStG nur durch die AfA bzw AfaA auf den Gewinn aus; eine **Teilwertabschreibung** ist nicht zulässig. Dagegen kommen bei der Gewinnermittlung durch Betriebsvermögensvergleich beide Möglichkeiten in Betracht.
- **Rechnungsabgrenzungsposten** und **Rückstellungen** können bei der Gewinnermittlung nach § 4 Abs 3 EStG nicht gebildet werden; bei der Gewinnermittlung nach § 4 Abs 1 EStG können sie, bei der Gewinnermittlung nach § 5 Abs 1 EStG müssen sie gebildet werden.
- In der Abgabenerklärung (Einnahmen-Ausgabenrechnung) unterlaufene Irrtümer kann der „§ 4 Abs 3-Ermittler" bis zur Rechtskraft des Abgabenbescheides berichtigen; für die Änderung der Unternehmensbilanz ist der Steuerpflichtige auf die Zustimmung des Finanzamts angewiesen (**Bilanzänderung**, § 4 Abs 2 Z 1 EStG).

Dagegen ist eine Bilanz, die den Grundsätzen ordnungsmäßiger Buchführung oder den zwingend einkommensteuerlichen Normen nicht entspricht, verpflichtend zu berichtigen (**Bilanzberichtigung**, § 4 Abs 2 Z 2 EStG).

Hinweis:
- *siehe auch B 14 und B 17; A 16*

Quellen:	**Literatur:**
▪ § 4; § 5; § 18 Abs 6 und Abs 7; § 19 EStG	▪ *Beiser*, Steuern[12], Rz 146 und Rz 162-164
▪ EStR 2000 Rz 686-688	▪ *Doralt*, Steuerrecht 2014/15, Rz 117
	▪ *Doralt/Ruppe*, Steuerrecht I[11], Rz 228-234

B 35. Was ist beim Wechsel der Gewinnermittlungsart zu beachten?

Zwischen den einzelnen Gewinnermittlungsarten bestehen Unterschiede – zB beim Zu- oder Abflusszeitpunkt einer Betriebseinnahme oder -ausgabe. Diesen Unterschieden ist beim Wechsel der Gewinnermittlungsart durch Zu- und Abschläge Rechnung zu tragen, damit zB Betriebsausgaben nicht doppelt berücksichtigt werden.

Überwiegen die Zuschläge, kommt es zu einem **Übergangsgewinn**, der im ersten Gewinnermittlungszeitraum nach dem Wechsel der Gewinnermittlungsart zu versteuern ist. Überwiegen dagegen die Abschläge, kommt es zu einem **Übergangsverlust**, der zu gleichen Teilen in den **sieben** Gewinnermittlungszeiträumen zu berücksichtigen ist, die auf den Wechsel der Gewinnermittlungsart folgen (§ 4 Abs 10 Z 1 zweiter Satz EStG).

Auch Änderungen der Bilanzansätze – weil zB unterschiedliche Bewertungsvorschriften bestehen – ist durch Zu- oder Abschläge Rechnung zu tragen (§ 4 Abs 10 Z 2 EStG).

Hinweis:
- *siehe auch A 16*

Quellen:	**Literatur:**
▪ § 4 Abs 10 EStG	▪ *Doralt*, Steuerrecht 2014/15, Rz 118 f
▪ EStR 2000 Rz 689-730	▪ *Doralt/Ruppe*, Steuerrecht I[11], Rz 251-256

B 36. Wie ist der Leistungsaustausch zwischen einem Mitunternehmer und seiner Mitunternehmerschaft zu behandeln?

Ein Mitunternehmer kann zu seiner Mitunternehmerschaft auf drei verschiedene Arten in Leistungsaustausch treten:

1) durch zivilrechtliche Verträge als Privatperson
2) durch zivilrechtliche Verträge als Unternehmer und
3) aufgrund des Gesellschaftsrechts.

ad 1) Zivilrechtliche Verträge zwischen einem Mitunternehmer als Privatperson und seiner Mitunternehmerschaft sind **grundsätzlich anzuerkennen**, wenn sie zu fremdüblichen Konditionen abgeschlossen worden sind. Ein fremdüblicher Kaufvertrag zwischen einem Mitunternehmer und seiner Mitunternehmerschaft ist daher steuerlich genauso zu behandeln wie ein Kaufvertrag unter Fremden. Gewisse zivilrechtliche Verträge sind jedoch von Gesetzes wegen nicht anzuerkennen: Das betrifft

- **Dienst- oder Werkverträge,**
- **Darlehensverträge und**
- **Mietverträge**.

Vergütungen, die der Mitunternehmer von seiner Mitunternehmerschaft für die Tätigkeit im Dienste der Gesellschaft (Dienstverträge), für die Hingabe von Darlehen (Darlehensverträge) oder für die Überlassung von Wirtschaftsgütern (Mietverträge) erhält, sind beim Mitunternehmer betriebliche Einkünfte aus der Mitunternehmerschaft als „**Gewinnvoraus**". Die Aufwendungen für diese Vergütungen bleiben aber bei der Gesellschaft unternehmensrechtlich als Aufwand abzugsfähig.

ad 2) Zivilrechtliche Verträge zwischen einem Mitunternehmer als Unternehmer und seiner Mitunternehmerschaft („zwischenbetriebliche Leistungen") sind **immer anzuerkennen**, wenn sie zu fremdüblichen Konditionen abgeschlossen worden sind. Auch Darlehens- oder Mietverträge, die ein Mitunternehmer im Rahmen seines Betriebes mit der Mitunternehmerschaft abschließt, sind anzuerkennen. Die Einnahmen aus dem Geschäft sind daher Betriebseinnahmen beim Mitunternehmer aus seinem (Einzel-)Betrieb (nicht aus der Mitunternehmerschaft), der Aufwand ist für die Gesellschaft eine Betriebsausgabe.

ad 3) Alle anderen Arten von Leistungsaustausch stellen **Entnahmen** bzw **Einlagen** dar. Dazu gehören alle nicht zu fremdüblichen Konditionen abgeschlossenen Geschäfte, auch wenn sie der Mitunternehmer im Rahmen einer zwischenbetrieblichen Leistung tätigt.

Hinweis:

- *zu Entnahmen und Einlagen siehe B 21*
- *siehe auch B 37; A 4, A 18 und A 22, A 67*

Quellen:

- § 21 Abs 2 Z 2; § 22 Z 3; § 23 Z 2 EStG
- EStR 2000 Rz 5860-5882

Literatur:

- *Beiser*, Steuern[12], Rz 254-262
- *Doralt*, Steuerrecht 2014/15, Rz 125
- *Doralt/Ruppe*, Steuerrecht I[11], Rz 534; 543-550

B 37. Erklären Sie die Begriffe „Sonderbetriebsvermögen" und „Sonderbetriebsausgabe".

- **Sonderbetriebsvermögen** sind Wirtschaftsgüter, die zwar dem Betrieb der Mitunternehmerschaft dienen (und daher deren notwendiges Betriebsvermögen darstellen), aber im (Allein-)Eigentum eines der Gesellschafter stehen. Weiters gehören auch Aufwendungen eines Mitunternehmers für dessen Beteiligung (zB Finanzierungskosten) zum Sonderbetriebsvermögen. Sonderbetriebsvermögen ist nicht in der einheitlichen Bilanz der Mitunternehmerschaft, sondern in der **Ergänzungsbilanz** des jeweiligen Gesellschafters auszuweisen. Sonderbetriebsvermögen eines Gesellschafters stellt zB ein dem Gesellschafter gehörendes Gebäude dar, das dieser an die Gesellschaft vermietet.
- Durch die betriebliche Verwendung des Wirtschaftsguts des einen Gesellschafters wird das Wirtschaftsgut in den Betrieb eingelegt – die Wertveränderungen sind daher ab der **Einlage** steuerlich wirksam. Wenn der Gesellschafter das zuvor der Gesellschaft vermietete Gebäude einem Dritten verkauft, dann hat er die Entnahme mit dem Teilwert des Gebäudes zu bewerten und die Differenz zum Teilwert des Gebäudes im Zeitpunkt der Einlage zu versteuern.
- **Sonderbetriebsausgaben** sind Aufwendungen, die ein Mitunternehmer für sein Sonderbetriebsvermögen tätigt. Zu den Sonderbetriebsausgaben gehört zB der Zinsaufwand für die Fremdfinanzierung des Gebäudes, das der Mitunternehmer seiner Gesellschaft vermietet hat.

Hinweis:
- *siehe auch B 36, A 4, A 18 und A 22*
- *zu Entnahmen und Einlagen siehe B 21*
- *zu Betriebsausgaben siehe B 26*

Quellen:	**Literatur:**
▪ Steuerrechtswissenschaft	▪ *Beiser*, Steuern[12], Rz 253, Rz 260-262
▪ Verwaltungsgerichtshofjudikatur	▪ *Doralt*, Steuerrecht 2014/15, Rz 124
▪ EStR 2000 Rz 5857-5858; 5913-5925; 5931-5942	▪ *Doralt/Ruppe*, Steuerrecht I[11], Rz 540-542
	▪ *Lang/Unger*, Steuerrecht graphisch[5], Rz 55

B 38. B ist 62 Jahre alt und stellt seinen Betrieb (Gewinnermittlung nach § 5 Abs 1 EStG) nach zehn Jahren ein. Der Betriebsaufgabegewinn beträgt 60.000 €. Welche Möglichkeiten der Besteuerung gibt es?

Die Betriebsaufgabe führt (ebenso wie die Betriebsveräußerung) grundsätzlich zum steuerpflichtigen Aufdecken der stillen Reserven; der Betriebsaufgabegewinn ist den Einkünften aus Gewerbebetrieb zuzuordnen. Da die Betriebsaufgabe jedoch mit der schlagartigen Aufdeckung aller stillen Reserven verbunden ist, die sich in den Jahren der betrieblichen Tätigkeit gebildet haben, würde die volle Besteuerung den Veräußerer besonders hart treffen; Betriebsaufgabegewinne werden daher unter bestimmten Voraussetzungen begünstigt (vgl § 24 EStG).

Folgende Steuerbegünstigungen kommen in Betracht:

- **Hälftesteuersatz** (§ 37 Abs 5 EStG): Der Steuersatz ermäßigt sich auf Antrag auf die Hälfte des Durchschnittssteuersatzes für das gesamte Einkommen, wenn der Betrieb mindestens sieben Jahre bestanden hat und deshalb veräußert wird, weil der Steuerpflichtige gestorben ist, erwerbsunfähig ist oder das 60. Lebensjahr vollendet hat und die Erwerbstätigkeit einstellt.
  B ist 62 Jahre alt, hat seine Erwerbstätigkeit eingestellt und den Betrieb bereits zehn Jahre geführt; er kann daher den Hälftesteuersatz in Anspruch nehmen.
- **Verteilungsbegünstigung** (§ 37 Abs 2 Z 1 EStG): Der Betriebsaufgabegewinn kann auf Antrag auf drei Jahre verteilt werden, wenn der Betrieb seit der Eröffnung oder dem letzten entgeltlichen Erwerb mindestens sieben Jahre bestanden hat.
  B kann die Verteilungsbegünstigung alternativ zum Hälftesteuersatz gemäß § 37 Abs 5 EStG geltend machen.
- **Steuerfreibetrag** (§ 24 Abs 4 EStG): Der Betriebsaufgabegewinn wird voll besteuert, es kann aber ein Freibetrag in Höhe von 7.300 € geltend gemacht werden. Der Freibetrag steht dann zu, wenn der Steuerpflichtige weder den Hälftesteuersatz noch die Verteilungsbegünstigung beantragt hat.
  Entscheidet sich B für den Freibetrag, ist der Betriebsaufgabegewinn somit nur insoweit steuerpflichtig, als er den Freibetrag übersteigt, also in Höhe von 52.700 € (60.000 € – 7.300 €).

Quellen:
- § 24 Abs 4; § 37 Abs 5 EStG
- EStR 2000 Rz 5691-5697; 7310-7323

Literatur:
- *Doralt*, Steuerrecht 2014/15, Rz 129-131
- *Doralt/Ruppe*, Steuerrecht I[11], Rz 582-588
- *Lang/Unger*, Steuerrecht graphisch[5], Rz 58

B 39. Worin besteht der Unterschied zwischen der Einnahmen-Ausgabenrechnung und der Ermittlung des Überschusses der Einnahmen über die Werbungskosten?

- Die Einnahmen-Ausgabenrechnung ist eine (vereinfachte) Art der Gewinnermittlung, betrifft also den **betrieblichen** Bereich des Steuerpflichtigen. Dagegen wird mit der Ermittlung des Überschusses der Einnahmen über die Werbungskosten die Steuerbemessungsgrundlage im **außerbetrieblichen Bereich** ermittelt. Die Ermittlung des Überschusses der Einnahmen über die Werbungskosten hat in erster Linie Bedeutung für die Einkünfte aus nichtselbständiger Arbeit und die Einkünfte aus Vermietung und Verpachtung.

- Bei der Ermittlung des Überschusses der Einnahmen über die Werbungskosten gilt – wie auch bei der Einnahmen-Ausgabenrechnung – das **Zufluss-Abfluss-Prinzip**.
- Ein Überschuss von Werbungskosten über die Einnahmen (**Verlust**) kann zwar mit den Gewinnen bzw Überschüssen aus anderen Einkunftsarten ausgeglichen, aber **nicht vorgetragen** werden. Bei der Einnahmen-Ausgabenrechnung sind die Verluste der vorangegangenen drei Jahre abzugsfähig.
- **Wertveränderungen** von Wirtschaftsgütern sowie Veräußerungsgewinne oder -verluste wirken sich bei der Ermittlung des Überschusses der Einnahmen über die Werbungskosten steuerlich nicht aus (Ausnahme: realisierte Wertsteigerungen von Kapitalvermögen iSd § 27 Abs 3 EStG, Private Grundstücksveräußerungen iSd § 30 EStG und Spekulationsgeschäfte iSd § 31 EStG). Allerdings ist auch im außerbetrieblichen Bereich – wie bei der Einnahmen-Ausgabenrechnung – eine Abschreibung von Wirtschaftsgütern mittels **AfA** möglich (von praktischer Bedeutung vor allem bei Einkünften aus Vermietung und Verpachtung).

Quellen:
- § 2 Abs 4 Z 1 und Z 2; § 15; § 16 EStG
- EStR 2000 Rz 4001-4043

Literatur:
- *Doralt*, Steuerrecht 2014/15, Rz 117, 132
- *Doralt/Ruppe*, Steuerrecht I[11], Rz 228-233, 481

B 40. Erklären Sie den Unterschied zwischen einem echten und einem unechten stillen Gesellschafter.

Der **echte stille Gesellschafter** ist nur am laufenden Gewinn (allenfalls auch an den Verlusten) beteiligt. Er bezieht daher grundsätzlich Einkünfte aus Kapitalvermögen gemäß § 27 Abs 2 Z 4 EStG (außer die Beteiligung gehört zum Betriebsvermögen); diese Einkünfte unterliegen jedoch nicht der KESt (§ 27a Abs 2 Z 3 EStG).

Verluste eines echten stillen Gesellschafters sind nicht steuerwirksam und nur mit späteren positiven Einkünften, die zur Auffüllung der Einlage verwendet werden, zu verrechnen (§ 27 Abs 2 Z 4 EStG; vgl auch § 182 UGB).

Der **unechte** (atypische) **stille Gesellschafter** ist nicht nur am Ergebnis der stillen Gesellschaft, sondern auch an den stillen Reserven und am Firmenwert beteiligt; er ist einem Kommanditisten ähnlich und wird steuerlich wie ein Mitunternehmer behandelt. Der unechte stille Gesellschafter hat betriebliche Einkünfte.

Beachte: Die steuerrechtliche Abgrenzung zwischen einem echten und einem unechten stillen Gesellschafter weicht von der unternehmensrechtlichen Begriffsverwendung ab.

Hinweis:
- *siehe auch A 19*

Quellen:	**Literatur:**
▪ § 179-188 UGB ▪ § 27 Abs 2 Z 4 EStG ▪ EStR 2000 Rz 1190-1195; 5815-5820; 6108; 6127-6131	▪ *Beiser*, Steuern[12], Rz 265 ▪ *Doralt*, Steuerrecht 2014/15, Rz 24/1, 123 ▪ *Doralt/Ruppe*, Steuerrecht I[11], Rz 94 f und Rz 529 ▪ *Lang/Unger*, Steuerrecht graphisch[5], Rz 56

B 41. Welche Arten von Werbungskosten können bei Einkünften aus Vermietung und Verpachtung aus den Aufwendungen für das Gebäude entstehen?

Bei der Vermietung und Verpachtung sind folgende Arten von Werbungskosten aufgrund von Aufwendungen für das Gebäude denkbar:

1) Herstellungsaufwand
2) Erhaltungsaufwand
   a) Instandsetzungsaufwand
   b) Instandhaltungsaufwand
3) laufender Aufwand

ad 1) **Herstellungsaufwand** liegt vor, wenn das Gebäude **erweitert** oder die Raumeinteilung **verändert** wird – zB bei:

- Aufstockung
- Wohnungszusammenlegung
- Versetzung von Tür- oder Fensterstöcken
- Einbau einer Zentralheizungsanlage
- Einbau einer Liftanlage.

Die Anschaffungs- oder Herstellungskosten des Gebäudes sind im Wege der **Absetzung für Abnutzung** (AfA) abzusetzen. Die jährliche Abschreibung beträgt grundsätzlich 1,5 % der Bemessungsgrundlage; ein höherer AfA-Satz ist bei Nachweis einer kürzeren Nutzungsdauer möglich (§ 16 Abs 1 Z 8 lit e EStG). Die AfA-Beträge stellen beim Vermieter Werbungskosten dar. Bestimmte Herstellungskosten im Sinn einzelner Spezialgesetze sind insofern begünstigt, als sie auf 15 Jahre verteilt abgesetzt werden können (§ 28 Abs 3 EStG). Die jährlichen Werbungskosten betragen dann 6,66 % pro Jahr für die nächsten 15 Jahre.

ad 2a) **Instandsetzungsaufwand** entsteht, wenn der Nutzwert eines Mietwohngebäudes **wesentlich erhöht** oder dessen Nutzungsdauer wesentlich **verlängert** wird – zB bei

- Austausch von mehr als 25 % der Fenstern oder Türen
- Austausch von Liftanlagen, Heizungsanlagen, Installationen

- Mauertrockenlegung
- Wärmedämmung der Fassade
- Gesamtrenovierung des Gebäudes.

Der Instandsetzungsaufwand ist bei Mietwohngebäuden auf **zehn Jahre** verteilt abzuschreiben, bei anderen Gebäuden dagegen sofort abzugsfähig. Die diesbezüglichen jährlichen Werbungskosten betragen daher 10 % des Aufwandes für die nächsten zehn Jahre (§ 28 Abs 2 EStG).

ad 2b) **Instandhaltungsaufwand** liegt vor, wenn Arbeiten, die nicht regelmäßig jährlich anfallen, den Nutzwert **nicht wesentlich erhöhen** oder die Nutzungsdauer **nicht wesentlich verlängern** – zB bei

- Wartungsarbeiten, Reparaturen
- Ausmalen von Räumen
- Anmalen der Fassade
- Ausbessern des Verputzes.

Instandhaltungsaufwand ist grundsätzlich **sofort** im Zeitpunkt der Zahlung voll als Werbungskostenpost abzugsfähig; wenn der Aufwand nicht regelmäßig jährlich anfällt, kann ein Antrag gestellt werden, den Aufwand auf zehn Jahre zu verteilen (§ 28 Abs 2 EStG). In diesem Fall betragen die Werbungskosten 10 % des Aufwandes für die nächsten zehn Jahre.

ad 3) **Laufende Aufwendungen** sind zB

- Hausversicherung
- Rauchfangkehrergebühren
- Grundsteuer.

Laufende Aufwendungen sind immer **sofort** im Zeitpunkt der Zahlung **abzugsfähig.**

Hinweis:
- *siehe auch A 20*

Quellen:
- § 16 Abs 1 Z 8 lit e; § 28 EStG
- EStR 2000 Rz 6443-6445; 6476-6483 (Herstellungsaufwand)
- EStR 2000, Rz 6450-6475 (Erhaltungsaufwand)

Literatur:
- *Doralt*, Steuerrecht 2014/15, Rz 136-140
- *Lang/Unger*, Steuerrecht graphisch[5], Rz 52

B 42. Wie funktioniert der Abzug von sogenannten „Topfsonderausgaben“?

Gewisse Sonderausgaben sind nicht in der vollen Höhe abzugsfähig, sondern mit einem Höchstbetrag gedeckelt, man nennt sie daher „Topfsonderausgaben“.

Dazu gehören:

- Beiträge und Versicherungsprämien zu freiwilligen Kranken-, Unfall-, Pensions- und Lebensversicherungen und ähnlichen Vorsorgeeinrichtungen (§ 18 Abs 1 Z 2 EStG)
- Ausgaben für die Wohnraumschaffung oder -sanierung (§ 18 Abs 1 Z 3 EStG)
- Ausgaben für die Anschaffung von Genussscheinen oder jungen Aktien (§ 18 Abs 1 Z 4 EStG).

Jeder Steuerpflichtige darf für derartige Ausgaben ohne Nachweis der tatsächlichen Aufwendungen ein „Sonderausgabenpauschale" in Höhe von 60 € pro Jahr ansetzen (§ 18 Abs 2 EStG).

Für alle Aufwendungen aus derartigen „Topfsonderausgaben" zusammen besteht ein Höchstbetrag pro Jahr von 2.920 €. Dieser Betrag verdoppelt sich für Alleinverdiener oder -erzieher und/oder erhöht sich um die Hälfte bei mindestens drei Kindern.

Sind alle Aufwendungen für derartige Topfsonderausgaben zusammen niedriger als der Höchstbetrag, so ist ein **Viertel von der Summe** der Aufwendungen als Sonderausgabe abzugsfähig, mindestens jedoch ein Betrag in Höhe von 60 €.

Sind alle Aufwendungen für derartige Topfsonderausgaben zusammen gleich hoch oder höher als der Höchstbetrag, so ist insgesamt bloß ein **Viertel des Höchstbetrages** als Sonderausgaben abzugsfähig (sogenanntes „Sonderausgabenviertel").

Außerdem wird sowohl das Sonderausgabenpauschale als auch das Sonderausgabenviertel bei einem Einkommen zwischen 36.400 € und 60.000 € **eingeschliffen**, sodass ab einem Einkommen von 60.000 € kein Abzugsposten mehr besteht.

Quellen:
- § 18 Abs 1 Z 2-4, Abs 2 und Abs 3 EStG
- LStR 2002, Rz 580-599

Literatur:
- *Beiser*, Steuern[12], Rz 81 f
- *Doralt*, Steuerrecht 2014/15, Rz 146-149
- *Doralt/Ruppe*, Steuerrecht I[11], Rz 606-617
- *Lang/Unger*, Steuerrecht graphisch[5], Rz 60 f

B 43. Was versteht man unter innerbetrieblichem, horizontalem und vertikalem Verlustausgleich?

Werden in einzelnen Einkunftsarten Verluste erwirtschaftet, dann können sie im selben Jahr mit anderen positiven Einkünften ausgeglichen werden. Davon zu unterscheiden ist der Verlustvortrag in die Folgejahre.

Zuerst muss ein **innerbetrieblicher Verlustausgleich** vorgenommen werden: Wird zB ein Gewerbebetrieb, der laufend Verluste erwirtschaftet, aufgegeben und entsteht dabei ein Aufgabegewinn, dann sind diese beiden Beträge miteinander zu verrechnen. Verbleibt nach dieser Verrechnung ein Verlust, folgt die zweite Stufe:

Auf der zweiten Stufe ist der Verlustausgleich innerhalb derselben Einkunftsart durchzuführen (**horizontaler Verlustausgleich**). Verluste aus einem Gewerbebetrieb sind beispielsweise zunächst mit dem Gewinn aus einem anderen Gewerbebetrieb auszugleichen. Verbleibt auch nach dieser Verrechnung ein Verlust, folgt die dritte Stufe:

Auf der dritten Stufe ist der bei einer Einkunftsart nach Vornahme des horizontalen Verlustausgleiches verbleibende Verlust mit den positiven Ergebnissen anderer Einkunftsarten auszugleichen (**vertikaler Verlustausgleich**). Für den Steuerpflichtigen ist es besser, positive Einkünfte primär mit nicht vortragsfähigen Verlusten zu verrechnen. Gibt es etwa Verluste aus einem Gewerbebetrieb und Verluste aus Vermietung und Verpachtung, sollten zunächst die Verluste aus Vermietung und Verpachtung mit anderen positiven Einkünften ausgeglichen werden; die Verluste aus dem Gewerbebetrieb können als negative betriebliche Einkünfte in das nächste Jahr vorgetragen werden.

Verluste aus gewissen Tätigkeiten, die zu den sonstigen Einkünften gehören, können allerdings nicht mit Überschüssen aus anderen Tätigkeiten, die ebenfalls zu den sonstigen Einkünften gehören würden, ausgeglichen werden: In diesen Fällen ist nicht einmal der horizontale Verlustausgleich möglich, lediglich Gewinne und Verluste aus derselben Tätigkeit innerhalb eines Jahres können miteinander ausgeglichen werden. Zu diesen Tätigkeiten gehören:

- Verluste aus Leistungen (§ 29 Z 3 EStG)
- Verluste aus privaten Grundstücksveräußerungen (§ 30 Abs 7 EStG)
- Verluste aus Spekulationsgeschäften (§ 31 Abs 4 EStG).

Noch speziellere Verlustausgleichsverbote sind im Bereich der Einkünfte aus Kapitalvermögen vorgesehen (§ 27 Abs 8 EStG):

- Verluste aus realisierten Wertveränderungen von Kapitalvermögen und aus Derivaten sind nicht mit Zinsen aus Geldeinlagen („Sparbuchzinsen") ausgleichsfähig.
- Negative Einkünfte aus Kapitalvermögen, die mit 25 % zu besteuern wären, können nicht mit positiven Einkünften aus Kapitalvermögen ausgeglichen werden, die zum progressiven Tarif zu versteuern sind.
- Nicht ausgeglichene Verluste aus Kapitalvermögen dürfen nicht mit Einkünften aus anderen Einkunftsarten ausgeglichen werden.

Nicht mit Überschüssen aus einer anderen Tätigkeit ausgleichsfähig, aber zumindest innerhalb derselben Tätigkeitsart auf die Folgejahre vorgetragen werden können Verluste aus folgenden Tätigkeiten:

- Verluste aus einer echten stillen Beteiligung (§ 27 Abs 8 Z 2 EStG)
- Verluste aus der Beteiligung an Steuersparmodellen (§ 2 Abs 2a erster Teilstrich EStG)
- Verluste aus Betrieben, deren Schwerpunkt im Verwalten unkörperlicher Wirtschaftsgüter oder in der gewerblichen Vermietung von Wirtschaftsgütern gelegen ist (§ 2 Abs 2a zweiter Teilstrich EStG).

Hinweis:
- *siehe auch B 12*

Quellen:
- § 2 Abs 2a; § 27 Abs 8; § 29 Z 3; § 30 Abs 7; § 31 Abs 4 EStG
- EStR 2000 Rz 151-178

Literatur:
- *Beiser*, Steuern[12], Rz 18, Rz 42-45, Rz 59c-59e, Rz 78 f
- *Doralt*, Steuerrecht 2014/15, Rz 24/4, Rz 143
- *Doralt*/*Ruppe*, Steuerrecht I[11], Rz 106/1, Rz 590-602

B 44. A hat Einkünfte aus Vermietung und Verpachtung einer Liegenschaft. Im vergangenen Jahr hat er einen Verlust erlitten. Welche Probleme stellen sich für ihn?

Es stellt sich die Frage, ob der Verlust aus dem vergangenen Jahr vorgetragen werden kann (Verlustabzug, **Verlustvortrag**). Vorgetragen werden können nach § 18 Abs 6 EStG nur Verluste, die durch ordnungsgemäße Buchführung (Gewinnermittlung nach § 4 Abs 1 oder § 5 Abs 1 EStG) ermittelt worden sind und die nicht bereits bei der Veranlagung für die vorangegangenen Kalenderjahre berücksichtigt wurden.

Bei der Gewinnermittlung durch Einnahmen-Ausgaben-Rechnung können Verluste abgezogen werden, die in den vorangegangenen drei Kalenderjahren entstanden sind.

Bei den Einkünften aus Vermietung und Verpachtung handelt es sich um **außerbetriebliche Einkünfte**, die als Überschuss der Einnahmen über die Werbungskosten ermittelt werden. Es liegt daher weder eine ordnungsgemäße Buchführung vor (dies wäre nur bei Gewinnermittlung nach § 4 Abs 1 oder § 5 Abs 1 EStG der Fall) noch eine Gewinnermittlung gemäß § 4 Abs 3 EStG. Ein Abzug des Verlustes aus dem Vorjahr ist somit nicht möglich.

Hinweis:
- *zu außerbetrieblichen Einkünften siehe B 9*

Quellen:
- § 18 Abs 6 EStG
- EStR 2000 Rz 4502-4525

Literatur:
- *Beiser*, Steuern[12], Rz 78 f
- *Doralt*, Steuerrecht 2014/15, Rz 153
- *Doralt*/*Ruppe*, Steuerrecht I[11], Rz 481; 623-628

B 45. Unter welchen Voraussetzungen kann ein Aufwand als „außergewöhnliche Belastung" bei der Ermittlung des Einkommens berücksichtigt werden?

Ein Aufwand kann eine „außergewöhnliche Belastung" darstellen, wenn er

- **außergewöhnlich** ist, dh höher als der Aufwand, der einer Mehrzahl vergleichbarer Steuerpflichtiger erwächst,

- **zwangsläufig** erwächst, dh sich der Steuerpflichtige dem Aufwand aus tatsächlichen, rechtlichen oder sittlichen Gründen nicht entziehen kann, und wenn er
- die wirtschaftliche **Leistungsfähigkeit** des Steuerpflichtigen **wesentlich beeinträchtigt**. Die wesentliche Beeinträchtigung der Leistungsfähigkeit ist insoweit gegeben, als ein nach Einkommenshöhe gestaffelter Prozentsatz vom Einkommen („**Selbstbehalt**") überschritten wird. Bei gewissen Aufwendungen muss kein Selbstbehalt abgezogen werden (siehe § 34 Abs 6 EStG).

Typische „außergewöhnliche Belastungen" sind Kosten, die aus einer Krankheit oder Behinderung erwachsen, Unterhaltsaufwendungen (Sonderregelung in § 34 Abs 7 EStG), Ausbildungskosten (Sonderregelung in § 34 Abs 8 EStG), Begräbniskosten oder Katastrophenschäden.

Quellen:
- § 34; § 35 EStG
- Verordnung über außergewöhnliche Belastungen BGBl 1996/303
- LStR 2002 Rz 814-908

Literatur:
- *Beiser*, Steuern[12], Rz 73 ff
- *Doralt*, Steuerrecht 2014/15, Rz 154 f
- *Doralt/Ruppe*, Steuerrecht I[11], Rz 647-663
- *Lang/Unger*, Steuerrecht graphisch[5], Rz 64 f

B 46. Welche verschiedenen Rentenarten werden unterschieden?

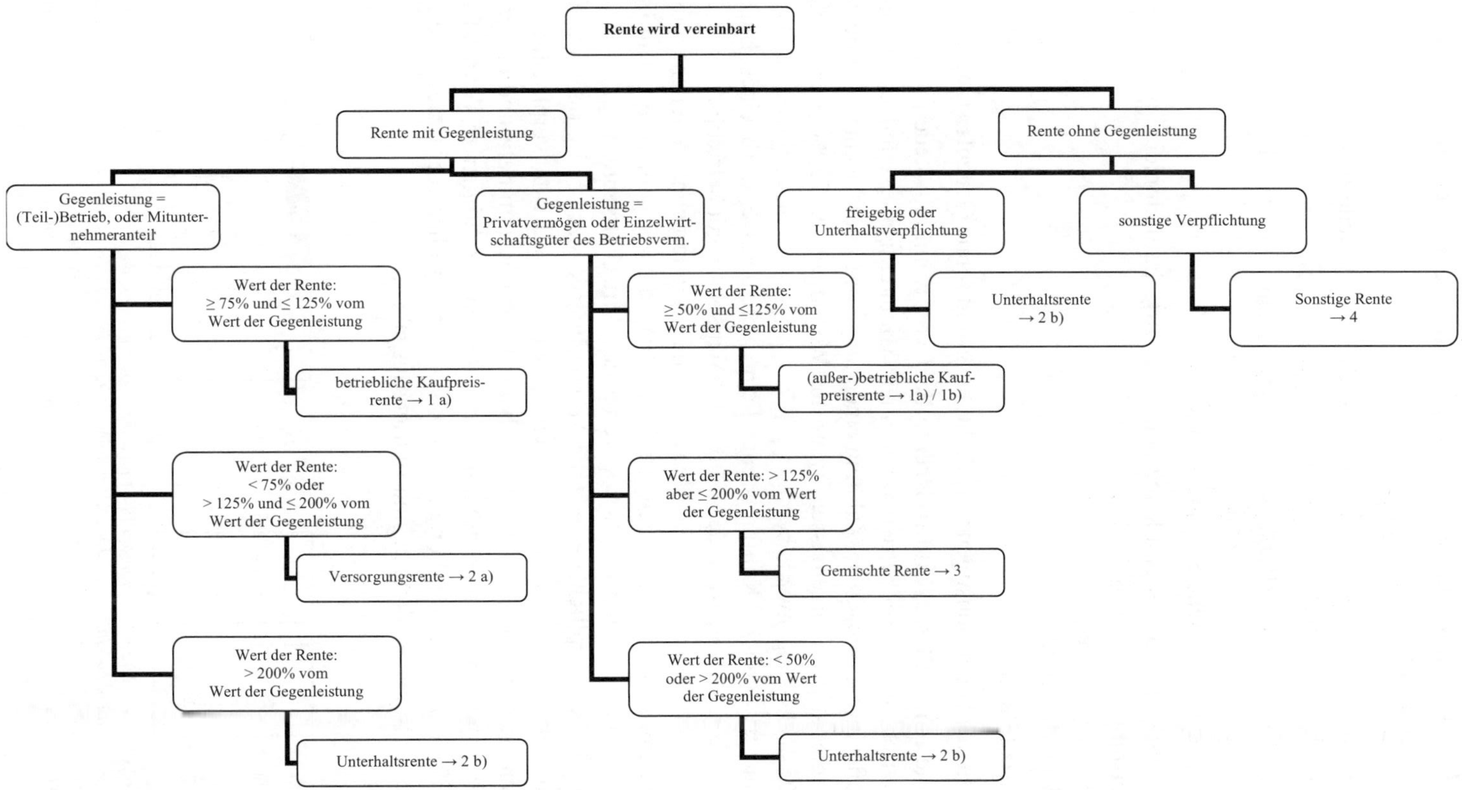

B 47. Erläutern Sie die Grundsätze der Rentenbesteuerung in der Einkommensteuer.

Es gibt folgende Arten von Renten, die einkommensteuerrechtlich jeweils unterschiedlich gehandhabt werden:

1) Gegenleistungsrenten (Rentenhöhe entspricht dem Wert der Gegenleistung)
   a) betriebliche Kaufpreisrente
   b) (außer)betriebliche Kaufpreisrente
2) Zuwendungsrenten (es gibt keine oder eine wirtschaftlich nicht angemessene Gegenleistung)
   a) Versorgungsrente
   b) Unterhaltsrente
3) Gemischte Renten
4) Renten aus einem sonstigen Verpflichtungsgrund (ohne Gegenleistung)

ad 1a) Eine **betriebliche Kaufpreisrente** liegt vor, wenn ein Steuerpflichtiger einen Betrieb, einen Teilbetrieb oder einen Mitunternehmeranteil erhält und sich dafür im Gegenzug zur Zahlung einer „angemessenen" Rente verpflichtet. Die Rente ist dann angemessen, wenn ihr Wert mehr als 75 %, aber weniger als 125 % des Gegenwerts beträgt.

Eine betriebliche Kaufpreisrente liegt auch beim Erwerb eines Einzelwirtschaftsgutes vor, wenn der Käufer das Wirtschaftsgut betrieblich nutzt. Anders als beim Erwerb von (Teil-)Betrieben und Mitunternehmeranteilen ist die Rente beim Erwerb von Einzelwirtschaftsgütern dann angemessen, wenn ihr Wert zwischen 50 % und 125 % des Wertes des Wirtschaftsgutes beträgt.

Der Rentenverpflichtete setzt die Anschaffungskosten des Betriebs(vermögens) mit dem Barwert der Rente an und passiviert die Rentenverpflichtung. Jedes Jahr ist der Wert der Rentenverpflichtung neu zu ermitteln und entsprechend der gesunkenen Lebenserwartung des Rentenberechtigten zu vermindern. Der Differenzbetrag zum Vorjahreswert ist ein steuerpflichtiger Ertrag. Die tatsächlichen Rentenzahlungen sind Betriebsausgaben.

Beispiel:

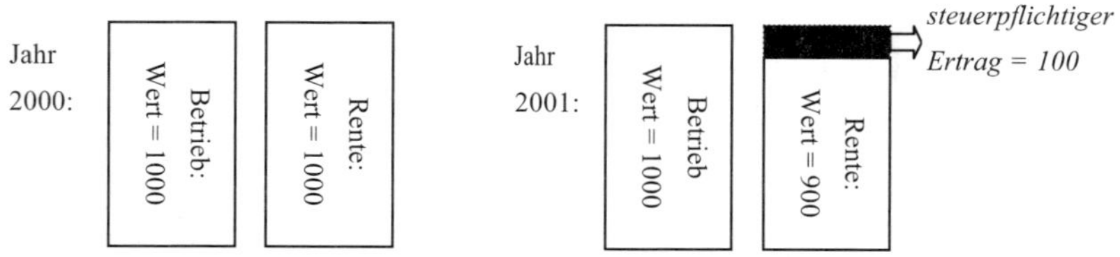

Das Alter des Rentenberechtigten führt im Jahr 2000 zu einem Wert der Rente von 1000. Im Jahr darauf ist der Rentenberechtigte ein Jahr älter, seine statistische Lebenserwartung sinkt, daher wird die Rente weniger wert. Die Rente ist im Jahr 2001 statt mit 1000 nur mehr mit 900 zu bewerten. Die Differenz von 100 führt beim Rentenverpflichteten zu einem steuerpflichtigen Ertrag. Hat der Rentenverpflichtete eine monatliche Rente von 10 zu zahlen, dann kann er im Jahr 2001 nicht 120 (= 12 x 10), sondern bloß 20 als Betriebsausgabe abziehen (12 x 10 – 100 = 20).

Der Rentenberechtigte hat die Rentenzahlungen ab dem Zeitpunkt als nachträgliche Betriebseinnahmen zu versteuern, in dem die Zahlungen den Buchwert des übertragenen Vermögens übersteigen.

ad 1b) Eine **(außer)betriebliche Kaufpreisrente** liegt vor, wenn ein Steuerpflichtiger ein Wirtschaftsgut des Privat- oder Betriebsvermögens erhält und sich dafür im Gegenzug zur Zahlung einer „angemessenen" Rente verpflichtet. Der Wert der Rente ist „angemessen", wenn er mehr als 50 %, aber weniger als 125 % des Gegenwerts beträgt.
Beim Rentenverpflichteten sind die Rentenzahlungen abzugsfähig, sobald die Summe der geleisteten Renten den Wert des erhaltenen Wirtschaftsgutes übersteigt (vgl § 18 Abs 1 Z 1 zweiter Satz EStG). Eine außerbetriebliche Kaufpreisrente liegt nur dann vor, wenn der Erwerber das Wirtschaftsgut privat (nicht zur Einkünfteerzielung) nutzt. In diesem Fall stellen die Rentenzahlungen beim Verpflichteten Sonderausgaben dar. Nutzt der Rentenverpflichtete das Wirtschaftsgut dagegen zur Erzielung außerbetrieblicher Einkünfte (zB zur Vermietung), stellen die Rentenzahlungen für ihn Werbungskosten dar; erzielt der Rentenverpflichtete betriebliche Einkünfte, liegen Betriebsausgaben vor (betriebliche Kaufpreisrente).

Beispiel:

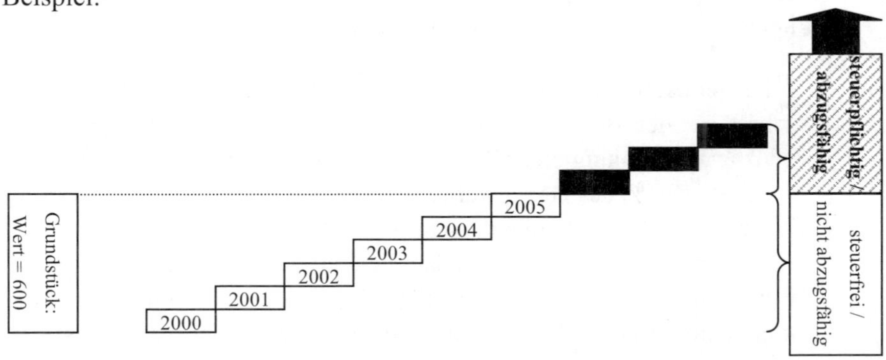

Das Grundstück, das der Rentenverpflichtete im Gegenzug für die Rente erworben hat, ist 600 wert. Zahlt der Rentenverpflichtete eine jährliche Rente von 100, so sind die ersten 6 Rentenzahlungen bei ihm steuerlich nicht abzugsfähig. Die weiteren Renten ab der 7. Rente sind bei ihm abzugsfähig, und zwar entweder als Werbungskosten, wenn er das Grundstück vermietet, oder als Sonderausgaben, wenn er es selbst zur Erholung nutzt.

Der Rentenberechtigte hat die Rentenzahlungen ab dem Zeitpunkt, in dem die Zahlungen den Wert des übertragenen Vermögens übersteigen, als sonstige Einkünfte zu versteuern (§ 29 Z 1 EStG).

ad 2a) Eine **Versorgungsrente** liegt vor, wenn ein Steuerpflichtiger einen Betrieb, einen Teilbetrieb oder einen Mitunternehmeranteil erhält und sich dafür im Gegenzug zur Zahlung einer Rente verpflichtet. Der Wert der Rente beträgt dabei weniger als 75 % oder mehr als 125 %, aber nicht mehr als 200 % des angemessenen Wertes des (Teil-)Betriebes.
Beim Rentenverpflichteten ist die Rente von der ersten Zahlung an als Sonderausgabe abzugsfähig (§ 18 Abs 1 Z 1 dritter Satz EStG). Der Rentenberechtigte hat die Rentenzahlungen ab dem Erhalt der ersten Rente als **(nachträgliche) Betriebseinnahmen** oder als sonstige Einkünfte zu versteuern (§ 29 Z 1 sechster Satz EStG).

ad 2b) Eine **Unterhaltsrente** liegt vor, wenn eine Rente

- an unterhaltsberechtigte Personen oder aus bloßer Freigebigkeit gewährt wird.
- anlässlich der Übertragung eines Einzelwirtschaftsgutes des Betriebs- oder Privatvermögens gewährt wird und der Wert der Rente weniger als die Hälfte oder mehr als das Doppelte des Wertes der Gegenleistung beträgt.
- anlässlich der Übertragung eines (Teil-)Betriebes oder Mitunternehmeranteils gewährt wird und der Wert der Rente mehr als das Doppelte des Wertes der Gegenleistung beträgt, also nicht mehr „angemessen“ ist.

Unterhaltsrenten sind steuerlich unbeachtlich: Sie sind beim Rentenverpflichteten keine Sonderausgaben (§ 20 Abs 1 Z 4 EStG) und beim Rentenberechtigten keine steuerbaren Einnahmen iSd § 29 Z 1 EStG.

ad 3) Eine **gemischte Rente** liegt vor, wenn ein Steuerpflichtiger ein Einzelwirtschaftsgut des Betriebs- oder Privatvermögens erhält und sich dafür im Gegenzug zur Zahlung einer Rente verpflichtet. Der Wert der Rente beträgt dabei mehr als 125 % des Gegenwerts, aber weniger als 200 % des Werts der Gegenleistung, ist also nicht mehr „angemessen“.
In diesem Fall ist die Rente gedanklich aufzuteilen: Der angemessene Teil der Rentenzahlung (100 % der Gegenleistung) ist wie eine außerbetriebliche Kaufpreisrente zu behandeln, der darüber hinausgehende unangemessene Teil (ab dem 101. Prozent der Gegenleistung) ist wie eine Unterhaltsrente zu behandeln (§ 20 Abs 1 Z 4 EStG).

ad 4) Eine **sonstige Rente** liegt vor, wenn weder ein Wirtschaftsgut als Gegenleistung für die Rente übertragen wird noch die Rente aufgrund einer Unterhaltsverpflichtung oder aus bloßer Freigebigkeit geleistet wird – zB eine Schmerzengeldrente oder ein Rentenlegat.
Beim Rentenverpflichteten ist eine Schadenersatzrente von der ersten Zahlung an als Betriebsausgabe bzw Werbungskostenpost abzugsfähig (wenn die Schädigung im Zusammenhang mit der betrieblichen oder beruflichen Tätigkeit verursacht worden ist) oder als Sonderausgabe abzugsfähig (wenn die Schädigung privat verursacht worden ist).

Der Rentenberechtigte hat die Rentenzahlungen ab dem Erhalt der ersten Rente als (nachträgliche) Erwerbseinkünfte (wenn die Schädigung im Zusammenhang mit der betrieblichen oder beruflichen Tätigkeit eingetreten ist) oder als sonstige Einkünfte zu versteuern (wenn die Schädigung im privaten Bereich eingetreten ist).

Das Rentenlegat wird vom Erben aufgrund der ihm vom Erblasser im Testament oder Legat auferlegten Verpflichtung geleistet. Die Rentenzahlungen sind beim Erben ab der ersten Zahlung als Sonderausgaben abzugsfähig. Auch wenn der Erbe einen Betrieb von Todes wegen erhalten hat, stellen die Rentenzahlungen als Zahlungen aufgrund einer persönlichen Verpflichtung keine Betriebsausgaben dar. Beim Rentenempfänger (Legatar) liegen ab der ersten Zahlung steuerpflichtige sonstige Einkünfte (wiederkehrende Bezüge) vor.

Quellen:
- § 18 Abs 1 Z 1; § 20 Abs 1 Z 4, § 29 Z 1 EStG
- EB zum StRefG 2000, 1766 BlgNR 20. GP 54
- EStR 2000 Rz 7001-7056a

Literatur:
- *Beiser,* Steuern[12], Rz 62
- *Doralt,* Steuerrecht 2014/15, Rz 156-160
- *Doralt/Ruppe,* Steuerrecht I[11], Rz 114-117, 672-693
- *Lang/Unger,* Steuerrecht graphisch[5], Rz 66 f

B 48. Erläutern Sie die Unterschiede zwischen Freibetrag, Freigrenze und Absetzbetrag.

Freibeträge kürzen die Bemessungsgrundlage. Beispiel für einen Freibetrag ist etwa § 24 Abs 4 EStG: Veräußerungsgewinne sind nur insoweit steuerpflichtig, als sie den Betrag von 7.300 € übersteigen; Veräußerungsgewinne bis 7.300 € sind somit steuerfrei; bei einem Veräußerungsgewinn in Höhe von 7.400 € sind 100 € als betriebliche Einkünfte zu versteuern.

Daneben gibt es noch „**aufwandsseitige Freibeträge**", das sind fiktive Betriebsausgaben, die als Prozentsatz von den tatsächlich getätigten Aufwendungen berechnet werden und zusätzlich zum tatsächlich getätigten Aufwand die Steuerbemessungsgrundlage kürzen (zB Bildungsfreibetrag, investitionsbedingter Gewinnfreibetrag). Dagegen ist der Grundfreibetrag des Gewinnfreibetrags eine rein fiktive Betriebsausgabe.

Werden **Freigrenzen** überschritten, so ist der gesamte Betrag steuerlich zu erfassen. Einkünfte aus Spekulationsgeschäften bleiben beispielsweise steuerfrei, wenn sie insgesamt im Kalenderjahr weniger als 440 € betragen haben (§ 31 Abs 3 EStG); betragen sie mehr als 440 €, sind die Einkünfte in vollem Umfang (also auch die „ersten" 440 €) steuerpflichtig.

Absetzbeträge kürzen die Steuerschuld. Bei Vorliegen der jeweiligen Voraussetzungen können von der Tarifsteuer nach § 33 EStG folgende Absetzbeträge abgezogen werden: Alleinverdiener- oder Alleinerzieherabsetzbetrag, Unterhaltsabsetzbetrag; für Arbeitnehmer kommt außerdem der Verkehrsabsetzbetrag, der Arbeitnehmerabsetzbetrag oder der Grenzgängerabsetzbetrag in Betracht; für Pensionisten der Pensionistenabsetzbetrag.

Anmerkung:
Freibeträge gibt es nicht nur in der Einkommensteuer, sondern zB auch in der Körperschaftsteuer (§ 23 KStG).

Quellen:
- § 4 Abs 4 Z 4, § 10; § 24 Abs 4, § 35, § 41 Abs 3, § 67 Abs 1, § 68 Abs 1, § 104, § 105, § 124b Z 31 EStG (Freibeträge)
- § 29 Z 3, § 31 Abs 3, § 39 Abs 1, § 67 Abs 1 EStG (Freigrenzen)
- § 33 Abs 4 bis 6 EStG (Absetzbeträge)

Literatur:
- *Beiser*, Steuern[12], Rz 85
- *Doralt*, Steuerrecht 2014/15, Rz 161
- *Doralt/Ruppe*, Steuerrecht I[11], Rz 136/2, 138 (Freigrenze), Rz 586 (Freibetrag), Rz 671, 698-707 (Absetzbetrag)
- *Lang/Unger*, Steuerrecht graphisch[5], Rz 70

B 49. Wie werden Gewinne aus einem Schulderlass besteuert?

Sanierungsgewinne bestehen aus der Differenz zwischen dem Vermögen vor dem Erlass der Schulden im Zuge eines Insolvenzverfahrens und dem Vermögen nach dem Schuldenerlass.

Gewinne aus einem Schulderlass sind Gewinne, die entstanden sind durch

- Erfüllung eines **Sanierungsplans** oder durch
- Erfüllung eines **Zahlungsplanes** oder durch
- Erteilung einer **Restschuldbefreiung** nach Durchführung eines Abschöpfungsverfahrens.

Bei derartigen Gewinnen verzichtet der Fiskus auf die Steuerforderung im selben Ausmaß, wie die übrigen Gläubiger auf ihre Forderungen verzichten. Dies wird insbesondere mit dem volkswirtschaftlichen Vorteil aus der Vermeidung einer Unternehmenszerstörung begründet. Der Erlass von Schulden führt zu einer formellen Vermögensvermehrung und würde damit Steuerpflicht auslösen. Gerade in Krisensituationen benötigt ein Unternehmen aber liquide Mittel für die Aufrechterhaltung des laufenden Geschäftsbetriebes. Durch die oftmals hohe Ertragsteuerbelastung auf den Wert der erlassenen Verbindlichkeiten könnten Unternehmenssanierungen vereitelt werden. Diese Überlegungen gelten in eingeschränktem Ausmaß auch für private Insolvenzen.

Für die Berechnung der Steuer sieht § 36 Abs 3 EStG Folgendes vor:

Es wird zunächst die Steuer auf das Einkommen unter Berücksichtigung des Schuldenerlasses ermittelt und davon die Steuer berechnet, die ohne Insolvenzverfahren entstanden wäre. Auf diesen **Differenzbetrag** wird der Prozentsatz des Forderungsnachlasses (dh 100 % minus der Quote des Schuldnachlasses) angewendet. Der resultierende Betrag wird vom Steuerbetrag, der sich unter Berücksichtigung des Sanierungsgewinns ergibt, abgezogen.

Beispiel:

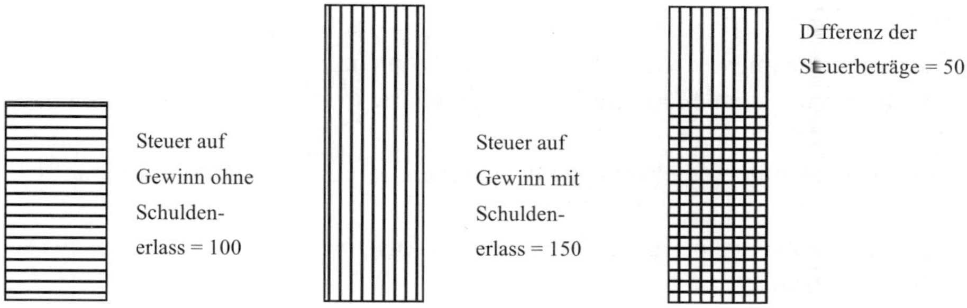

Beträgt die Sanierungsplanquote 30 %, dann haben die Gläubiger auf 70 % ihrer Forderungen verzichtet (Forderungsnachlass = 70 %). Der Prozentsatz des Forderungsnachlasses (70 %) wird nun auf die Differenz der Steuerbeträge (= 50) angewendet, das ergibt 35. Das Ergebnis (35) wird nun von der Steuerschuld, die sich unter Beachtung des Sanierungsgewinnes ergibt (=150), abgezogen. Daher ist nicht der Betrag von 150 zu versteuern, sondern lediglich 115 (= 150 – 35). Vereinfachend kann man sagen, dass sich die Steuerschuld, die auf den Gewinn aus einem Schulderlass entfällt, um den Prozentsatz mindert, um den auch die übrigen Gläubiger auf ihre Forderungen verzichtet haben.

Insoweit im Gesamtbetrag der Einkünfte Gewinne aus einem Schulderlass enthalten sind, können Verluste zeitlich und betragsmäßig unbeschränkt verrechnet und vorgetragen werden.

Hinweis:
- *siehe auch E 3*

Quellen:
- § 36 EStG
- EStR 2000 Rz 7269-7270

Literatur:
- *Beiser*, Steuern[12], Rz 130 ff
- *Doralt*, Steuerrecht 2014/15, Rz [illegible]62
- *Doralt/Ruppe*, Steuerrecht I[11], Rz 664-670
- *Lang/Unger*, Steuerrecht graphisch[5], Rz 71

B 50. Erklären Sie die Funktionsweise der Lohnsteuer.

Von Einkünften aus **nichtselbständiger Arbeit**, die von einem Arbeitgeber mit einer Betriebsstätte im Inland ausgezahlt werden, wird die Einkommensteuer als **Abzugssteuer** erhoben. Der Arbeitgeber hat die auf die Einkünfte aus dem Dienstverhältnis entfallende Einkommensteuer zu berechnen und abzuführen. Damit auch Werbungskosten, Sonderausgaben und außergewöhnliche Belastungen des Arbeitnehmers berücksichtigt werden können, hat das Finanzamt dem Arbeitnehmer einen Freibetragsbescheid auszustellen – die in diesem Freibetragsbescheid festgestellten Aufwendungen muss der Arbeitgeber beim Lohnsteuerabzug des folgenden Jahres berücksichtigen.

Für den Steuerpflichtigen, der außer Einkünften aus einem einzigen Dienstverhältnis (und eventuell Einkünften aus endbesteuertem Kapitalvermögen) keine weiteren Einkünfte bezieht, sind alle steuerlichen Verpflichtungen mit dem Lohnsteuerabzug durch den Arbeitgeber erfüllt. Eine zusätzliche **Veranlagung** ist jedoch unter anderem notwendig, wenn

- der Arbeitnehmer neben den Einkünften aus nichtselbständiger Tätigkeit und endbesteuerten Kapitaleinkünften andere Einkünfte in einer Gesamthöhe von mehr als 730 € im Jahr bezieht
- der Arbeitnehmer gleichzeitig zwei oder mehr lohnsteuerpflichtige Einkünfte bezogen hat
- die im Freibetragsbescheid festgestellten Ausgaben nicht in der ausgewiesenen Höhe zustehen
- der Alleinverdiener- oder Alleinerzieherabsetzbetrag gewährt wurde, obwohl die Voraussetzungen nicht gegeben waren
- der Arbeitnehmer im Kalenderjahr bestimmte Bezüge bezogen hat (zB Zahlungen des Insolvenz-Ausfallgeld-Fonds)
- der Arbeitnehmer die Veranlagung beantragt.

Hinweis:
- *siehe auch A 21*

Quellen:	**Literatur:**
▪ § 41; § 47; § 63 f; § 69 EStG	▪ *Beiser*, Steuern[12], Rz 96
▪ LStR 2002 Rz 908a-1026	▪ *Doralt*, Steuerrecht 2014/15, Rz 170 f
	▪ *Doralt/Ruppe*, Steuerrecht I[11], Rz 727-748
	▪ *Lang/Unger*, Steuerrecht graphisch[5], Rz 73

B 51. Erklären Sie die Funktionsweise der Kapitalertragsteuer.

Von folgenden **Kapitalerträgen** wird die Einkommensteuer als **Abzugssteuer** erhoben:

1. Die Einkünfte müssen als „**Einkünfte aus Kapitalvermögen**" in § 27 EStG aufgezählt sein. Dabei kann es sich handeln um
   a) Einkünfte aus der Überlassung von Kapital (zB Gewinnanteile von einer AG, GmbH oder Genossenschaft oder Zinsen aus Bankeinlagen)
   b) Einkünfte aus realisierten Wertsteigerungen von Kapitalvermögen (zB Veräußerung von Aktien oder Einlösung von Anleihen)
   c) Einkünfte aus Derivaten (zB Stillhalterprämie oder Einkünfte aus der Veräußerung).
2. Die Einkünfte müssen gemäß § 27a EStG dem **besonderen Steuersatz** von 25 % unterliegen. Das ist zB nicht der Fall
   a) bei Darlehen und nicht verbrieften Forderungen, denen kein Bankgeschäft zugrunde liegt,
   b) bei Forderungswertpapieren, die nicht einem unbestimmten Personenkreis angeboten werden („private placements"), und

c) bei nicht verbrieften Derivaten.
3. Die Einkünfte müssen einen gewissen **Inlandsbezug** aufweisen:
   a) Bei Einkünften aus der Überlassung von Kapital muss sich die auszahlende Stelle im Inland befinden.
   b) Bei Einkünften aus realisierten Wertsteigerungen von Kapitalvermögen und bei Einkünften aus Derivaten muss eine inländische depotführende oder auszahlende Stelle die Realisierung abwickeln.

Im Zeitpunkt der Ausschüttung von Gewinnanteilen, der Auszahlung von Zinsen, des Verkaufs (bzw der sonstigen Realisierung von Wertsteigerungen oder der Einlösung des Derivatvertrages ist die Kapitalertragsteuer (KESt) in Höhe von 25 % einzubehalten und an das Finanzamt abzuführen. Die Bemessungsgrundlage für die KESt ist der Bruttoertrag, Aufwendungen wie zB Depotgebühren können nicht abgezogen werden. Die Kapitalertragsteuer ist auch abzuziehen, wenn die Kapitalerträge beim Empfänger zu einer Haupteinkunftsart gehören.

Ist eine natürliche Person Empfängerin des Kapitalertrags, bestehen keine weiteren steuerlichen Verpflichtungen, sie muss den Kapitalertrag in der Steuererklärung nicht angeben – man spricht von der „**Endbesteuerungswirkung**" des Kapitalertragsteuerabzugs. Keine Endbesteuerungswirkung besteht jedoch bei Einkünften aus realisierten Wertsteigerungen und Derivaten, wenn diese zu den Haupteinkunftsarten gehören. Endbesteuerte Kapitalerträge erhöhen das der Progression unterliegende Einkommen des Steuerpflichtigen nicht.

Wäre allerdings der nach dem allgemeinen Steuertarif des § 33 EStG anzuwendende Steuersatz geringer als der KESt-Satz von 25 %, kann der Steuerpflichtige die Kapitalerträge **veranlagen** und damit den geringeren allgemeinen Steuertarif zur Anwendung bringen. Auch in diesem Fall ist der Abzug von Aufwendungen ausgeschlossen.

Verluste aus der realisierten Wertminderung und Verluste aus Derivaten können nur unter gewissen Voraussetzungen verrechnet werden. Ist die Verlustverrechnung zulässig und innerhalb sämtlicher Bankdepots bei einer einzigen Bank möglich, dann kann sie direkt durch die zum KESt-Abzug verpflichtete Bank vorgenommen werden. Werden Gewinne und Verluste auf unterschiedlichen Bankdepots realisiert, kann der Verlustausgleich nur im Rahmen einer Veranlagung auf Antrag des Steuerpflichtigen erfolgen. In beiden Fällen bleibt es bei dem fixen Steuersatz von 25 % und der Endbesteuerungswirkung.

Hinweis:
- *siehe auch A 17 und A 21*

Quellen:
- § 27; § 27a; § 93; § 97 EStG
- EStR 2000 Rz 7701-7788

Literatur:
- *Beiser*, Steuern[12], Rz 59-59g
- *Doralt*, Steuerrecht 2014/15, Rz 24-24/5, Rz 172
- *Doralt/Ruppe*, Steuerrecht I[11], Rz 749-770
- *Lang/Unger*, Steuerrecht graphisch[5], Rz 76-79

B 52. Erklären Sie die Funktionsweise der Immobilienertragsteuer.

Die Immobilienertragsteuer (ImmoESt) wird von privaten Grundstücksveräußerungen im Sinne des § 30 EStG als **Abzugssteuer** erhoben. Der Steuersatz beträgt 25 %. Die Immobilienertragsteuer ist durch die Parteienvertreter (Rechtsanwälte und Notare), die die Grunderwerbsteuer selbst berechnen, zu ermitteln und abzuführen. Da die Selbstberechnung der GrESt nicht verpflichtend ist, steht es den Parteienvertretern frei, die Selbstberechnung der GrESt und gleichzeitig auch der ImmoESt entweder durchzuführen oder dies zu unterlassen. Wird die ImmoESt nicht durch einen Parteienvertreter selbst berechnet und abgeführt, muss der Grundstücksveräußerer eine „besondere Vorauszahlung" leisten, die der Höhe der ImmoESt entspricht.

Im Falle der Selbstberechnung und der Entrichtung der ImmoESt durch den Parteienvertreter ist für den Grundstücksveräußerer die Einkommensteuer abgegolten – „**Endbesteuerungswirkung**" des ImmoEst-Abzugs. Wie bei der Kapitalertragsteuer besteht auch bei der Immobilienertragsteuer die Möglichkeit zur Veranlagung bzw zur Anwendung des tarifmäßigen Einkommensteuersatzes („Regelbesteuerungsoption"). Ist die Summe der Ergebnisse der Verluste aus privaten Grundstücksveräußerungen innerhalb eines Jahres negativ, so kann dieser Verlust nicht mit anderen Einkünften ausgeglichen werden.

Quellen:
- § 30, § 30a, § 30b, § 30c EStG
- EStR 2000 Rz 6701-6726

Literatur:
- *Beiser*, Steuern[12], Rz 61e und Rz 689
- *Doralt*, Steuerrecht 2014/15, Rz 28
- *Doralt/Ruppe*, Steuerrecht I[11], Rz 770/1-770/6
- *Lang/Unger*, Steuerrecht graphisch[5], Rz 75

B 53. Welche Einkünfte unterliegen der beschränkten Einkommensteuerpflicht?

Der **beschränkten Einkommensteuerpflicht** unterliegen nur die in § 98 ausdrücklich aufgezählten Einkünfte. Die wichtigsten davon sind:

Einkünfte aus

- einer im Inland betriebenen Land- und Forstwirtschaft
- selbständiger Arbeit, die im Inland ausgeübt oder verwertet wird
- Gewerbebetrieb, für den im Inland eine Betriebsstätte unterhalten wird oder ein ständiger Vertreter im Inland bestellt ist oder bei dem im Inland unbewegliches Vermögen vorliegt
- nichtselbständiger Arbeit, die im Inland ausgeübt oder verwertet wird, oder bei Zahlungen aus inländischen öffentlichen Kassen für ein früheres Dienstverhältnis
- kapitalertragsteuerpflichtigen Gewinnanteilen aus inländischen AGs, GmbHs, Genossenschaften, Zuwendungen aus Privatstiftungen

- bestimmten kapitalertragsteuerpflichtigen Zinserträgen
- realisierten Wertsteigerungen von Kapitalvermögen (eingeschränkt auf Beteiligungen zu mindestens 1 % an Kapitalgesellschaften mit Sitz oder Geschäftsleitung in Österreich)
- Vermietung und Verpachtung von im Inland gelegenem unbeweglichen Vermögen
- privaten Grundstücksveräußerungen von inländischen Grundstücken.

Hinweis:
- *siehe auch B 6, A 35 und A 36*
- *zur (un)beschränkten Steuerpflicht in der KÖSt siehe B 53, B 55 und A 27*

Quellen:
- § 98 EStG
- EStR 2000 Rz 7901-7990

Literatur:
- *Beiser*, Steuern[12], Rz 273
- *Doralt*, Steuerrecht 2014/15, Rz 173
- *Doralt/Ruppe*, Steuerrecht I[11], Rz 771-778
- *Lang/Unger*, Steuerrecht graphisch[5], Rz 80

Körperschaftsteuer

B 54. Welche Rechtsgebilde unterliegen der Körperschaftsteuer?

Der Körperschaftsteuer unterliegen folgende drei Arten von Rechtsgebilden:

1) **juristische Personen** des privaten Rechts (§ 1 Abs 2 Z 1 KStG), das sind im Wesentlichen
   - Aktiengesellschaften (AG) und europäische Aktiengesellschaften (SE)
   - Gesellschaften mit beschränkter Haftung (GmbH)
   - Erwerbs- und Wirtschaftsgenossenschaften und Europäische Genossenschaften (SCE)
   - Sparkassen
   - Versicherungsvereine auf Gegenseitigkeit (VVaG)
   - Vereine
   - Privatstiftungen.
2) **Betriebe gewerblicher Art** von Körperschaften öffentlichen Rechts (§ 1 Abs 2 Z 2 KStG)
3) **sonstige Rechtsgebilde** (geringer Anwendungsbereich):
   - nicht rechtsfähige Personenvereinigungen
   - Anstalten
   - Stiftungen und
   - andere Zweckvermögen (zB herrenloser Nachlass),

   deren Einkommen nicht unmittelbar bei einem anderen Steuerpflichtigen zu versteuern ist.

   Personengesellschaften, deren Einkünfte bei den an ihnen Beteiligten zu besteuern sind, wie zB OG, KG, GesbR, sind nicht als sonstige Rechtsgebilde körperschaftsteuerpflichtig.

Hinweis:
- *zu Betrieben gewerblicher Art siehe B 58*
- *zur Besteuerung der Mitunternehmerschaften siehe B 36 und B 37*

Quellen:
- § 1, 2 und 3 KStG
- KStR 2013 Rz 1-34

Literatur:
- *Beiser*, Steuern[12], Rz 296
- *Doralt*, Steuerrecht 2013/14, Rz 202
- *Doralt/Ruppe*, Steuerrecht I[11], Rz 919 f
- *Lang/Unger*, Steuerrecht graphisch[5], Rz 86

B 55. Was bedeutet unbeschränkte Körperschaftsteuerpflicht, und unter welchen Voraussetzungen liegt sie vor?

Ist eine Körperschaft in Österreich unbeschränkt steuerpflichtig, so unterliegt sie mit ihrem gesamten Einkommen, das sie wo auch immer auf der Welt erzielt, der Körperschaftsteuer in Österreich. Dieses Prinzip wird „**Universalitätsprinzip**" oder „**Prinzip der Welteinkommensbesteuerung**" genannt.
Unbeschränkte Steuerpflicht in Österreich ist gegeben, wenn die Körperschaft

a) entweder ihre **Geschäftsleitung** in Österreich oder
b) ihren **Sitz** in Österreich hat und
c) nicht von der unbeschränkten Körperschaftsteuerpflicht befreit ist.

ad a) Die Geschäftsleitung befindet sich dann in Österreich, wenn sich an einem Ort in Österreich der **Mittelpunkt der geschäftlichen Oberleitung** befindet.

ad b) Der Sitz einer Gesellschaft befindet sich dann in Österreich, wenn ein Ort in Österreich durch ein **Gesetz**, durch einen **Vertrag**, durch die **Satzung**, durch den **Stiftungsbrief** oder durch eine vergleichbare Rechtsgrundlage als Sitz der Gesellschaft bestimmt ist.

ad c) Zur Befreiung von der unbeschränkten Körperschaftsteuerpflicht siehe unten, B 57.

Hinweis:
- *siehe auch, B 56, B 57*
- *zur unbeschränkten Steuerpflicht in der ESt siehe B 6; A 35 und A 36*

Quellen:
- § 1 Abs 2 KStG
- § 27 BAO

Literatur:
- *Beiser*, Steuern[12], Rz 296
- *Doralt*, Steuerrecht 2013/14, Rz 204
- *Doralt/Ruppe*, Steuerrecht I[11], Rz 934
- *Lang/Unger*, Steuerrecht graphisch[5], Rz 83

B 56. Was bedeutet beschränkte Körperschaftsteuerpflicht?

Die beschränkte Körperschaftsteuerpflicht hat eine zweifache Bedeutung:

- Beschränkte Steuerpflicht „erster Art": Beschränkt steuerpflichtig sind Körperschaften, Personenvereinigungen und Vermögensmassen, die **einer inländischen juristischen Person vergleichbar** sind, und nichtrechtsfähige **Personenvereinigungen, Anstalten, Stiftungen** und andere **Zweckvermögen**, wenn sie **weder** ihre **Geschäftsleitung noch** ihren **Sitz im Inland** haben (§ 1 Abs 3 Z 1 KStG). Diese Art der beschränkten Körperschaftsteuerpflicht entspricht der beschränkten Einkommensteuerpflicht, daher erstreckt sich die Steuerpflicht auf die in § 98 EStG aufgezählten Einkünfte.

- Beschränkte Steuerpflicht „zweiter Art“: Grundsätzlich sind Körperschaften dieser Kategorie nicht körperschaftsteuerpflichtig. Steuerpflicht besteht nur für jene Einkünfte, bei denen die Steuer durch Steuerabzug erhoben wird, also mit **Kapitalerträgen** sowie für Einkünfte aus **privaten Grundstücksveräußerungen** (§ 1 Abs 3 Z 2 und 3 iVm § 21 Abs 2 und 3 KStG). Beschränkt steuerpflichtig der „zweiter Art“ sind die von der unbeschränkten Körperschaftsteuerpflicht befreiten Körperschaften.

Hinweis:
- *siehe auch B 57; A 27*
- *zur beschränkten Steuerpflicht in der ESt siehe B 53*

Quellen:	**Literatur:**
▪ § 1 Abs 3; § 21 KStG	▪ *Beiser*, Steuern[12], Rz 302 f
▪ § 98 EStG	▪ *Doralt*, Steuerrecht 2014/15, Rz 205
▪ KStR 2013, Rz 130-139	▪ *Doralt/Ruppe*, Steuerrecht I[11], Rz 935, Rz 1038-1041/1
	▪ *Lang/Unger*, Steuerrecht graphisch[5], Rz 85

B 57. Welche Körperschaften sind von der unbeschränkten Körperschaftsteuerpflicht befreit?

Gewisse Körperschaften sind von der unbeschränkten Körperschaftsteuerpflicht befreit und daher beschränkt steuerpflichtig der „zweiten Art“. Diese „befreiten“ Körperschaften sind in den §§ 5 bis 6b KStG aufgezählt.

Die zahlenmäßig wichtigste Gruppe sind **gemeinnützige, mildtätige oder kirchliche Körperschaften**, zu der auch alle gemeinnützigen Vereine gehören. Ob eine Körperschaft gemeinnützig ist, ergibt sich aus den §§ 34–47 BAO.

Weiters sind **gemeinnützige Wohnbauvereinigungen** gemäß WGG (Wohnbaugenossenschaften) nach Maßgabe des § 6a KStG von der unbeschränkten Körperschaftsteuerpflicht befreit.

Eigennützige **Privatstiftungen** sind „nach Maßgabe“ des § 13 KStG befreit, für sie besteht also ein besonderes Regelungsregime.

Weiters sind von der unbeschränkten Steuerpflicht beispielsweise befreit:

- gewisse land- und forstwirtschaftliche **Genossenschaften** (Maschinenringe, Winzergenossenschaften)
- BgA, die ausschließlich der Durchführung von entgeltlichen **Veranstaltungen** dienen (zB Feuerwehrheurige, Sportvereinsbälle, Wandertage usw)
- **Pensions-, Unterstützungs- und Betriebliche Vorsorgekassen** (nach Maßgabe des § 6 KStG)
- **Mittelstandsfinanzierungsgesellschaften** (nach Maßgabe des § 6b KStG).

Hinweis:
- *siehe auch B 56, B 123; A 27*
- *zur beschränkten Steuerpflicht in der ESt siehe B 53*

Quellen:
- § 5-6b KStG; § 13 KStG; § 34-47 BAO
- KStR 2013 Rz 136-139
- StiftR 2009 Rz 1-23
- VereinsR 2001 Rz 1-428

Literatur:
- *Beiser*, Steuern[12], Rz 304-306
- *Doralt*, Steuerrecht 2014/15, Rz 203
- *Doralt/Ruppe*, Steuerrecht I[11], Rz 931-933

B 58. Was ist ein Betrieb gewerblicher Art?

Ein Betrieb gewerblicher Art (BgA) ist eine

- Einrichtung einer **Körperschaft des öffentlichen Rechts** (zB einer Gebietskörperschaft, einer Kammer, eines Sozialversicherungsträgers, einer gesetzlich anerkannten Religionsgemeinschaft oder einer politischen Partei), die
- wirtschaftlich **selbständig** ist und
- ausschließlich oder überwiegend einer nachhaltigen **privatwirtschaftlichen Tätigkeit** von **wirtschaftlichem Gewicht** nachgeht und
- zur Erzielung von **Einnahmen** (oder anderen wirtschaftlichen Vorteilen) und
- nicht der Land- und Forstwirtschaft dient (§ 2 Abs 1 KStG).

Der BgA muss nicht mit Gewinnerzielungsabsicht betrieben werden (es reicht bereits die Einnahmenerzielungsabsicht). Die bloße Vermögensverwaltung (zB Vermietung von Gebäuden) begründet keinen BgA.

Folgende Tätigkeiten sind von Gesetzes wegen immer BgA:
- die Beteiligung einer Körperschaft des öffentlichen Rechts an einer Mitunternehmerschaft
- die Verpachtung eines BgA
- die Vermietung/Verpachtung von Grundstücken zu nicht land- und forstwirtschaftlichen Zwecken (nur bei bestimmten Körperschaften)
- der Bezug von bestimmten Kapitalerträgen.

Typische BgA sind: Verkehrsbetriebe, Versorgungsbetriebe, Hafenbetriebe, Schwimmbäder, Friedhofsgärtnereien, Rathauskeller usw.

Hinweis:
- *siehe auch B 54; A 26*

Quellen:
- § 2 KStG
- KStR 2013 Rz 64-98

Literatur:
- *Beiser*, Steuern[12], Rz 297-299
- *Doralt*, Steuerrecht 2014/15, Rz 206
- *Doralt/Ruppe*, Steuerrecht I[11], Rz 921-930
- *Lang/Unger*, Steuerrecht graphisch[5], Rz 87

B 59. Welche Einkunftsarten kann eine Körperschaft haben?

Grundsätzlich kann eine Körperschaft **jede Einkunftsart** haben, die in § 2 Abs 3 EStG aufgezählt ist (vgl § 7 Abs 2 erster Satz KStG) – undenkbar ist lediglich die Einkunftsart „nichtselbständige Arbeit“.

Ist eine Körperschaft allerdings aufgrund der **Rechtsform** nach dem **Unternehmensgesetzbuch** zur **Rechnungslegung verpflichtet**, dann gelten alle Einkünfte der Körperschaft als Einkünfte aus Gewerbebetrieb iSd § 23 Z 1 EStG (§ 7 Abs 3 erster Satz KStG).

Aktiengesellschaften (**AG**), europäische Aktiengesellschaften (**SE**) und Gesellschaften mit beschränkter Haftung (**GmbH**) sind aufgrund des § 189 Abs 1 Z 1 UGB zur Rechnungslegung verpflichtet. Sie haben deshalb ihren Gewinn gem § 5 Abs 1 EStG zu ermitteln.

Betriebe gewerblicher Art (**BgA**), Genossenschaften und Europäische Genossenschaften (SCE) sind dann gem § 189 Abs 1 Z 2 UGB zur Rechnungslegung verpflichtet, wenn sie einen Umsatz von mehr als **700.000 €** pro Geschäftsjahr erzielen. Wenn ein BgA oder der Betrieb einer Genossenschaft oder SCE eine derartige Größe erreicht, muss sein Gewinn gem § 5 Abs 1 EStG ermittelt werden.

Hinweis:

- *siehe auch A 23*
- *zur Gewinnermittlung nach § 5 Abs 1 EStG siehe B 15 und B 16*

Quellen:

- § 7 KStG
- KStR 2013 Rz 348-352

Literatur:

- *Beiser*, Steuern[12], Rz 310-314
- *Doralt*, Steuerrecht 2014/15, Rz 208/1
- *Doralt/Ruppe*, Steuerrecht I[11], Rz 956-960
- *Lang/Unger*, Steuerrecht graphisch[5], Rz 89

B 60. Wie sind Einlagen in eine Körperschaft bei dieser steuerlich zu behandeln?

Einlagen sind Zuwendungen (Geld oder Sachen) des Gesellschafters an seine Gesellschaft, die durch die Gesellschafterstellung veranlasst sind. Es gibt zwei Arten von Einlagen: **offene** und **verdeckte** Einlagen. Offene Einlagen sind Zuwendungen, die als Gegenleistung für die Gewährung von Gesellschaftsrechten in den einschlägigen Gesetzen (zB AktG, GmbHG) ausdrücklich vorgesehen bzw individuell vertraglich als Einlage vereinbart sind. Verdeckte Einlagen sind Zuwendungen des Gesellschafters an seine Gesellschaft, die durch die Gesellschafterstellung veranlasst sind und äußerlich nicht als Einlagen in Erscheinung treten (zB die Gesellschaft verkauft dem Gesellschafter ein Wirtschaftsgut zu einem Preis über dem tatsächlichen Wert).

Beide Arten von Einlagen stellen **Vermögenszuflüsse** an die Gesellschaft dar, die nicht durch deren eigenes wirtschaftliches Handeln verursacht sind, und **erhöhen** daher **das Einkommen der Gesellschaft nicht** (§ 8 Abs 1 KStG).

Hinweis:

- *siehe auch A 28*
- *zum Einlagenbegriff in der ESt siehe B 21*

Quellen:

- § 8 Abs 1 KStG
- KStR 2013 Rz 486-536

Literatur:

- *Beiser*, Steuern[12], Rz 315-317
- *Doralt*, Steuerrecht 2014/15, Rz 210
- *Doralt/Ruppe*, Steuerrecht I[11], Rz 964-974
- *Lang/Unger*, Steuerrecht graphisch[5], Rz 90

B 61. Wie sind Gewinnausschüttungen einer Körperschaft bei dieser steuerlich zu behandeln?

Es gibt zwei Arten von Gewinnausschüttungen: **offene** (zB Dividendenzahlungen) und **verdeckte** Gewinnausschüttungen (vGA). VGA sind Leistungen der Gesellschaft an ihren Gesellschafter, die nicht vom Gewinnverteilungsbeschluss gedeckt sind und ausschließlich aufgrund der Gesellschafterstellung des Begünstigten erfolgen. VGA sind also nicht fremdübliche Leistungen (zB die Gesellschaft überlässt einem Gesellschafter ein Wirtschaftsgut zu einem Preis unter dem tatsächlichen Wert).

Beide Arten von Gewinnausschüttungen stellen eine **Einkommensverwendung** der Gesellschaft dar und **mindern** daher **das Einkommen der Gesellschaft nicht** (§ 8 Abs 2 erster Teilstrich KStG).

Hinweis:

- *siehe auch A 32*
- *zur KESt-Pflicht von Gewinnausschüttungen siehe B 51*

Quellen:

- § 8 Abs 2 KStG
- KStR 2013 Rz 549-589

Literatur:

- *Beiser*, Steuern[12], Rz 318 f
- *Doralt*, Steuerrecht 2014/15, Rz 209
- *Doralt/Ruppe*, Steuerrecht I[11], Rz 975-992
- *Lang/Unger*, Steuerrecht graphisch[5], Rz 91

B 62. Was ist ein „Mantelkauf"?

Ein „Mantelkauf" liegt vor, wenn die **Identität** einer **entgeltlich** erworbenen überschuldeten Gesellschaft verloren geht durch eine wesentliche Änderung

- der **organisatorischen** Struktur,
- der **wirtschaftlichen** Struktur *und*
- der **Gesellschafterstruktur** der übernommenen Gesellschaft.

Darunter fallen zB der Austausch fast aller geschäftsleitenden Funktionäre, die Änderung des Unternehmensgegenstandes und der Wechsel fast aller Gesellschafter.

Nach einem Mantelkauf sind die vortragsfähig gewesenen Verluste der ursprünglichen Gesellschaft bei der „neuen" Gesellschaft nicht mehr abzugsfähig. Ein Verlustabzug ist jedoch insoweit möglich, als stille Reserven aufgedeckt worden sind, bzw generell, wenn die Änderungen zur Sanierung des erworbenen Betriebs mit dem Ziel der Arbeitsplatzerhaltung vorgenommen worden sind.

Hinweis:
- *siehe auch A 29*

Quellen:	**Literatur:**
▪ § 8 Abs 4 Z 2 KStG	▪ *Beiser*, Steuern[12], Rz 356
▪ KStR 2013 Rz 993-1003	▪ *Doralt*, Steuerrecht 2014/15, Rz 219
	▪ *Doralt/Ruppe*, Steuerrecht I[11], Rz 1026

B 63. Unter welchen Voraussetzungen führen Verluste einer Tochterkörperschaft zur Steuerminderung bei ihrer Mutterkörperschaft?

Grundsätzlich mindern die Verluste der Tochterkörperschaft die Gewinne der Mutterkörperschaft nicht („**Trennungsprinzip**"). Allerdings können unbeschränkt steuerpflichtige Kapitalgesellschaften (AG, SE und GmbH) und Erwerbs- und Wirtschaftsgenossenschaften, SCE sowie bestimmte ausländische Körperschaften **mit finanziell verbundenen** Körperschaften eine **Unternehmensgruppe** bilden. In einer Unternehmensgruppe wird das steuerliche Ergebnis des Gruppenmitglieds (Tochterkörperschaft, Beteiligungskörperschaft) dem steuerlichen Ergebnis des beteiligten Gruppenmitglieds (Mutterkörperschaft, beteiligte Körperschaft) bzw – in der letzten Stufe – des Gruppenträgers zugerechnet (§ 9 Abs 1 KStG).

Voraussetzung für die Bildung einer Unternehmensgruppe ist:

- eine finanzielle Verbindung von mehr **als 50 % am Grund-, Stamm- oder Genossenschaftskapital** (auch mittelbar über Personengesellschaften oder andere gruppenzugehörige Kapitalgesellschaften) verbunden mit **mehr als 50 % der Stimmrechte** (§ 9 Abs 4 KStG);
- oder die finanzielle und stimmrechtliche Verbindung zu einer Mutterkörperschaft von zumindest 40 % und zu mindestens einer weiteren beteiligten Körperschaft von zumindest 15 %.

Die finanzielle Verbindung muss **während des gesamten Wirtschaftsjahres** des jeweiligen Gruppenmitglieds vorliegen (§ 9 Abs 5 KStG).

Die Beteiligungskörperschaft muss entweder unbeschränkt steuerpflichtig oder eine EU-Kapitalgesellschaft, die unter die Anlage 2 zum EStG fällt, oder in einem Staat ansässig sein, mit dem eine umfassende Amtshilfe besteht.

Wenn die Unternehmensgruppe kürzer als **drei Jahre** bestanden hat, sind im Nachhinein jene steuerlichen Verhältnisse wieder herzustellen, wie sie ohne Gruppenzugehörigkeit der Körperschaft bestanden hätten (§ 9 Abs 10 KStG).

Hinweis:
- *siehe auch B 64; A 30; A 31*
- *vgl dazu die Organschaft in der USt B 81, A 58, A 59*

Quellen:	**Literatur:**
▪ § 9 KStG	▪ *Beiser*, Steuern[12], Rz 334-354
▪ KStR 2013 Rz 1004-1105	▪ *Doralt*, Steuerrecht 2014/15, Rz 2 2-217
	▪ *Doralt/Ruppe*, Steuerrecht I[11], Rz 937-955
	▪ *Lang/Unger*, Steuerrecht graphisch[5], Rz 99 f

B 64. Welche Vorteile bietet die Bildung einer Unternehmensgruppe für die beteiligte Gruppenkörperschaft?

Der beteiligten Gruppenkörperschaft werden die steuerlichen Ergebnisse sämtlicher Beteiligungskörperschaften (= Tochter-, Enkel- etc -körperschaften) zugerechnet. Der Gruppenträger als oberste beteiligte Körperschaft kann daher in seinem Ergebnis die Gewinne und Verluste aller Gruppenmitglieder ausgleichen (§ 9 Abs 6 Z 2 KStG).

Zusätzlich kann die beteiligte Gruppenkörperschaft den abzugsfähigen Firmenwert einer vor dem 1. 3. 2014 angeschafften Beteiligung (höchstens 50 % der Anschaffungskosten) auf 15 Jahre verteilt absetzen (§ 9 Abs 7 KStG – auslaufend).

Hinweis:
- *siehe auch A 30*

Quellen:	**Literatur:**
▪ § 9 KStG	▪ *Beiser*, Steuern[12], Rz 342-352
▪ KStR 2014 Rz 1004-1143	▪ *Doralt*, Steuerrecht 2014/15, Rz 2 4; Rz 216 f
	▪ *Doralt/Ruppe*, Steuerrecht I[11], Rz 947-951

B 65. Wie werden Erträge aus einer inländischen Beteiligung oder aus einer Beteiligung an einer EU- oder einer vergleichbaren ausländischen Gesellschaft bei einer Körperschaft steuerlich behandelt?

Die Gewinne aus bestimmten inländischen Tochterkörperschaften, die diese an ihre Mutterkörperschaft ausschütten, sind bei der Mutterkörperschaft **nicht körperschaftsteuerpflichtig** (§ 10 Abs 1 KStG – sog „**Beteiligungsertragsbefreiung**“ oder „**Schachtelbefreiung**“). Andernfalls käme es innerhalb eines Konzerns zu einer Körperschaftsteuerkumulierung. Ausschüttungen von EU- oder EWR-Körperschaften an eine inländische Mutterkörperschaft sind bei dieser ebenfalls steuerfrei.

Nur eine inländische ausschüttende Tochterkörperschaft muss grundsätzlich einen KESt-Abzug (25 % von der Ausschüttung) vornehmen. Die abgezogene KESt ist mit keiner Endbesteuerungswirkung verbunden und kann daher im Wege der Veranlagung zur Körperschaftsteuer auf die Körperschaftsteuerschuld angerechnet werden. Ist die Mutterkörperschaft eine unbeschränkt steuerpflichtige Körperschaft, die **zu mindestens einem Zehntel** mittel- oder unmittelbar am Grund- oder Stammkapital der Tochtergesellschaft beteiligt ist, braucht die Tochterkörperschaft keine KESt einzubehalten (§ 94 Z 2 EStG).

Ausschüttungen einer EU- oder einer vergleichbaren Körperschaft an eine inländische Muttergesellschaft sind bei dieser in folgenden drei Fällen nicht von der Körperschaftsteuer befreit:

- Die Tochtergesellschaft unterlag keiner der österreichischen Körperschaftsteuer vergleichbaren Steuer oder
- die Tochtergesellschaft unterlag einer Körperschaftsteuer, deren Steuersatz um mehr als 10 Prozentpunkte niedriger war als die österreichische Körperschaftsteuer, oder
- die Tochtergesellschaft ist im Ausland von der Körperschaftsteuerpflicht befreit.

In diesen Fällen wird die im Ausland auf die Gewinne der Tochtergesellschaft erhobene Körperschaftsteuer auf die Körperschaftsteuer der österreichischen Muttergesellschaft angerechnet.

Hinweis:

- *siehe auch A 32*
- *zur KESt-Pflicht von Gewinnausschüttungen siehe B 51*

Quellen:	**Literatur:**
▪ § 10 Abs 1 und Abs 5 KStG; § 94 Z 2 EStG	▪ *Beiser*, Steuern[12], Rz 323 f, Rz 332
▪ KStR 2001 Rz 1153-1199	▪ *Doralt*, Steuerrecht 2014/15, Rz 211; Rz 223
	▪ *Lang/Unger, Steuerrecht graphisch*[5], Rz 92

B 66. Wie werden Erträge aus einer ausländischen Beteiligung bei einer Körperschaft steuerlich behandelt?

Die Gewinne aus bestimmten ausländischen Tochterkörperschaften aus EU oder aus Drittstaaten, die diese an bestimmte inländische Mutterkörperschaften ausschütten, sind bei der Mutterkörperschaft **nicht körperschaftsteuerpflichtig**, wenn die Mutterkörperschaft an der Tochterkörperschaft

- nachweislich in Form von Kapitalanteilen
- während eines ununterbrochenen Zeitraumes von **mindestens einem Jahr**
- **mindestens zu einem Zehntel** beteiligt ist (§ 10 Abs 2 KStG).

Im Gegensatz zur Beteiligungsertragsbefreiung nach § 10 Abs 1 Z 1 bis 6 KStG sind bei internationalen Schachtelbeteiligungen, die die Voraussetzungen des § 10 Abs 2 KStG erfüllen, nicht nur die Gewinnausschüttungen bei der Mutterkörperschaft steuerfrei, sondern auch die **Gewinne oder Verluste aus der Veräußerung** und die sonstigen Wertveränderungen (zB Teilwertabschreibungen) der Beteiligung **steuerneutral** (§ 10 Abs 3 KStG – sog „internationales Schachtelprivileg"). Auf die Steuerneutralität der Beteiligung (nicht aber von Ausschüttungen) kann die Mutterkörperschaft unter den Voraussetzungen des § 10 Abs 3 KStG verzichten.

Wird der Kapitalanteil auf einem inländischen Bankdepot gehalten, muss die kuponauszahlende Stelle einen KESt-Abzug (25 % von der Ausschüttung) vornehmen. Die abgezogene KESt ist mit keiner Endbesteuerungswirkung verbunden und kann daher im Wege der Veranlagung zur Körperschaftsteuer auf die Körperschaftsteuerschuld angerechnet werden. Eine eventuell von der beteiligten Körperschaft abgegebene Befreiungserklärung iSd § 94 Z 5 EStG gilt nicht für ausländische Dividenden. Bei Dividenden aus EU-Gesellschaften ist keine Kapitalertragsteuer abzuziehen, wenn die Beteiligung mindestens 10 % beträgt und seit mindestens einem Jahr bestanden hat (§ 94 Z 2 EStG).

Hinweis:
- *siehe auch A 32*
- *zur KESt-Pflicht von Gewinnausschüttungen siehe B 51*

Quellen:
- § 10 Abs 2 KStG
- KStR 2001 Rz 1200-1247
- EStR 2000 Rz 7755-7755c

Literatur:
- *Beiser,* Steuern[12], Rz 325-332
- *Doralt,* Steuerrecht 2014/15, Rz 2[illegible]1
- *Doralt/Ruppe,* Steuerrecht I[11], Rz 1001-1007
- *Lang/Unger,* Steuerrecht graphisch[5], Rz 93 f

B 67. Welche Besonderheiten bestehen bei der Besteuerung von eigennützigen Privatstiftungen?

Eigennützige Privatstiftungen im Sinn des Privatstiftungsgesetzes (PSG 1993) sind von der unbeschränkten Körperschaftsteuerpflicht **befreit**. Eigennützige Privatstiftungen dienen in erster Linie der Ansammlung und Speicherung von Finanzkapital, gerade dieser Bereich ist körperschaftsteuerrechtlich weitgehend entlastet:

- Ausschüttungen aus inländischen und aus EU- und EWR-Beteiligungen unterliegen unabhängig vom Beteiligungsausmaß **keinem KESt-Abzug** (§ 94 Z 6 lit a EStG) und sind **steuerfrei** (§ 10 Abs 1 KStG).
- Ausschüttungen aus ausländischen Beteiligungen sind **steuerfrei** (und zwar nicht erst bei Vorliegen der Voraussetzungen des § 10 Abs 2 KStG, sondern schon unter den Voraussetzungen des § 10 Abs 1 KStG) – § 13 Abs 2 KStG. Allerdings kann es zu einem Wechsel von der Befreiungs- auf die Anrechnungsmethode kommen, wenn zB die ausschüttende Gesellschaft keiner Körperschaftsteuer unterlegen hat.
- Zinserträge aus inländischen Bankeinlagen und aus in- oder ausländischen Forderungswertpapieren unterliegen **keinem KESt-Abzug**, wenn sie einer eigennützi-

gen Privatstiftung zufließen (§ 94 Z 6 lit c EStG); sie unterliegen in der Stiftung einer KSt-„**Zwischenbesteuerung**" in Höhe von 25 %.

- Auch Einkünfte aus privaten Grundstücksveräußerungen unterliegt der KSt-„**Zwischenbesteuerung**".
- Die Zuwendungen von Privatstiftungen an Begünstigte unterliegen dem **KESt-Abzug**. Nur Auszahlungen der Substanz des gestifteten Vermögens fallen nicht unter die Einkünfte aus Kapitalvermögen des Empfängers (§ 27 Abs 5 Z 7 EStG). Sie unterliegen keinem KESt-Abzug. Diese „Zwischensteuer" wird jedoch von der KESt-Schuld, die anlässlich der Ausschüttung von Erträgen aus der Stiftung anfällt, abgezogen (§ 13 Abs 3 KStG).

Hinweis:

- *siehe auch A 34*

Quellen:

- § 1 Abs 3 Z 3 iVm § 5 Z 11; § 13; § 22 Abs 2 KStG
- § 27 Abs 5 Z 7; § 94 Z 6 EStG
- StiftR 2009

Literatur:

- *Beiser*, Steuern[12], Rz 359-373
- *Doralt*, Steuerrecht 2014/15, Rz 225-229
- *Doralt/Ruppe*, Steuerrecht I[11], Rz 1050-1067
- *Lang/Unger*, Steuerrecht graphisch[5], Rz 107 f

B 68. Müssen Körperschaften auch Körperschaftsteuer zahlen, wenn sie keine Gewinne erwirtschaftet haben?

Nur drei Arten von unbeschränkt steuerpflichtigen Körperschaften müssen eine Körperschaftsteuer entrichten, wenn sie im betreffenden Kalenderjahr keine Gewinne erzielt haben:

- Aktiengesellschaften (AG)
- Gesellschaften mit beschränkter Haftung (GmbH)
- Europäische Aktiengesellschaften (SE).

Die sogenannte „MindestKöSt" (MiKö) beträgt 5 % des Grund- oder Stammkapitals der Gesellschaft, daher

- bei AGs (Mindestgrundkapital 70.000 €): 3.500 €
- bei GmbHs (Mindeststammkapital 35.000 €): 1.750 €
- bei SEs (Mindestkapital 120.000 €): 6.000 €

Für eine neu gegründete GmbH ist die Mindestkörperschaftsteuer niedriger: in den ersten fünf Jahren ab ihrer Gründung beträgt sie 500 € pro Jahr; in den folgenden fünf Jahren 1.000 € pro Jahr.

Kreditinstitute und Versicherungsunternehmen, die jeweils entweder als AG oder als GmbH gegründet worden sind, müssen einen fixen Betrag von 5.452 € als Mindestkörperschaftsteuer entrichten.

Auch bei unbeschränkt steuerpflichtigen ausländischen Körperschaften, die einer AG, SE oder GmbH vergleichbar sind, fällt MindestKÖSt iHv 5 % des Mindestnennkapitals der jeweiligen Gesellschaft – mindestens aber 1.750 € – an.

Ist das Gesamteinkommen einer Unternehmensgruppe im Sinn des § 9 KStG kleiner als die Summe der Mindestkörperschaftsteuerbeträge aller Gruppenmitglieder und des Gruppenträgers, dann muss der Gruppenträger für jedes Mitglied die Mindestkörperschaftsteuer entrichten.

Quellen:
- § 24 Abs 4 KStG
- KStR 2013 Rz 1549-1569

Literatur:
- *Beiser*, Steuern[12], Rz 378
- *Doralt*, Steuerrecht 2014/15, Rz 22[illegible]
- *Doralt/Ruppe*, Steuerrecht I[11], Rz 1[illegible]44
- *Lang/Unger*, Steuerrecht graphisch[illegible], Rz 105

Internationales Steuerrecht

B 69. Was ist ein Doppelbesteuerungsabkommen (DBA)?

Doppelbesteuerungsabkommen sind völkerrechtliche Verträge zwischen Staaten oder Gebieten auf dem Rang eines einfachen Bundesgesetzes. In diesen Verträgen wird das Besteuerungsrecht zwischen den Vertragspartnern aufgeteilt. Doppelbesteuerungsabkommen haben das Ziel, juristische Doppelbesteuerung zu vermeiden. Unter einer juristischen (oder echten) internationalen Doppelbesteuerung wird die Erhebung gleichartiger (vergleichbarer) Steuern in zwei oder mehreren Staaten oder Gebieten von demselben Abgabepflichtigen für denselben Steuergegenstand und denselben Zeitraum bzw Zeitpunkt verstanden. Doppelbesteuerungsabkommen sind nicht dazu gedacht, die wirtschaftliche Doppelbesteuerung zu vermeiden. Von einer wirtschaftlichen (oder unechten) Doppelbesteuerung wird zB dann gesprochen, wenn derselbe Steuergegenstand bei verschiedenen Steuersubjekten vergleichbaren Steuern unterworfen wird. Wirtschaftliche Doppelbesteuerung liegt etwa vor, wenn die Gewinne einer Körperschaft in ihrem Ansässigkeitsstaat der Körperschaftsteuer unterliegen und die Gewinnausschüttungen im Staat des Anteilsinhabers der Ertragsteuer unterworfen sind.

Doppelbesteuerungsabkommen sind idR einem Musterabkommen nachgebildet. Österreich gestaltet seine Doppelbesteuerungsabkommen nach dem Vorbild des OECD-Musterabkommens. Ein alternatives Modell wird von den Vereinten Nationen erstellt.

Hinweis:
- *siehe auch B 70; A 35; A 36*

Quellen:	**Literatur:**
▪ OECD-Musterabkommen	▪ *Beiser*, Steuern[12], Rz 279-286
▪ Doppelbesteuerungsabkommen	▪ *Doralt*, Steuerrecht 2014/15, Rz 176
	▪ *Doralt*/*Ruppe*, Steuerrecht I[11], Rz 1311-1323

B 70. Auf welche Weise kann eine mehrfache Besteuerung derselben Einkünfte in verschiedenen Staaten verhindert werden?

Unter Umständen können die gleichen Einkünfte in mehreren Staaten der Besteuerung unterliegen, zB wenn ein Steuerpflichtiger in mehreren Staaten unbeschränkt steuerpflichtig ist, weil er mehrere Wohnsitze hat, oder wenn dieselben Einkünfte in einem Staat der beschränkten und in einem anderen Staat der unbeschränkten Steuerpflicht unterliegen.

Um die mehrfache Besteuerung derselben Einkünfte zu verhindern, hat die Republik Österreich mit vielen Staaten völkerrechtliche Verträge abgeschlossen (sogenannte

„Doppelbesteuerungsabkommen“, „DBA“), in welchen einem von zwei Staaten – bzw beiden zu bestimmten Anteilen – das Besteuerungsrecht für gewisse Einkünfte zugewiesen wird. Dabei können zwei verschiedene Lösungswege beschritten werden:

Bei der **Befreiungsmethode mit Progressionsvorbehalt** verzichtet der Ansässigkeitsstaat (das ist jener Staat, zu dem der Steuerpflichtige das intensivste Naheverhältnis hat) auf das Besteuerungsrecht für eine gewisse Einkunft. Der Ansässigkeitsstaat behält sich jedoch das Recht vor, diese Einkunft zur Berechnung des Progressionssatzes heranzuziehen, weil es ansonsten durch die Aufteilung der Einkünfte auf mehrere Staaten insgesamt zu einer niedrigeren Steuerpflicht kommen würde.

Bei der **Anrechnungsmethode** wird dieselbe Einkunft von beiden Staaten besteuert, allerdings rechnet der Ansässigkeitsstaat die im Quellenstaat (das ist jener Staat, in dem die Einkünfte erzielt werden) erhobene Steuer auf die eigene Steuer an. Der Anrechnungsbetrag ist jedoch begrenzt mit dem Steuerbetrag, der sich bei der Besteuerung nach dem Recht des Ansässigkeitsstaates ergeben würde.

Unter Umständen wird das **Besteuerungsrecht** für eine Einkunft auf beide Staaten **aufgeteilt** (regelmäßig zB bei der Besteuerung von Dividenden). In diesem Fall kommt auch bei einem DBA, das grundsätzlich die Befreiungsmethode vorsieht, bezüglich dieser Einkunft die Anrechnungsmethode zur Anwendung.

Für Staaten, mit denen die Republik Österreich kein Doppelbesteuerungsabkommen geschlossen hat, kann die Vermeidung einer Doppelbesteuerung dadurch erreicht werden, dass der österreichische Fiskus einseitig auf einen Teil des Besteuerungsrechts verzichtet oder im Ausland erhobene Steuern anrechnet (**§ 48 BAO**). Eine derartige Maßnahme kann entweder aufgrund der Ausführungsverordnung zu § 48 BAO oder aufgrund eines Bescheides des Bundesministeriums für Finanzen gesetzt werden.

Hinweis:
- *siehe auch B 66; B 124; A 35; A 36*

Quellen:	**Literatur:**
▪ Doppelbesteuerungsabkommen	▪ *Beiser*, Steuern[12], Rz 280 f
▪ § 48 BAO	▪ *Doralt*, Steuerrecht 2014/15, Rz 177-179
▪ VO des BMF betreffend die Vermeidung von Doppelbesteuerungen (BGBl II 474/2002)	▪ *Doralt/Ruppe*, Steuerrecht I[11], Rz 1351-1356
	▪ *Lang/Unger*, Steuerrecht graphisch[?], Rz 81

B 71. Was besagt die Betriebsstättenregel?

Grundsätzlich darf der Ansässigkeitsstaat des Unternehmers die Gewinne des Unternehmers besteuern, egal in welchem Land sie erzielt worden sind. Werden allerdings betriebliche Einkünfte durch eine Betriebsstätte in einem anderen Staat als dem Ansässigkeitsstaat des Unternehmers erzielt, dürfen sie nach den Regeln des OECD-Musterabkommens in jenem Staat besteuert werden, in dem die Betriebsstätte unterhalten wird. Der Staat, in dem sich die Betriebsstätte befindet, ist der Quellenstaat. Der

Ansässigkeitsstaat muss diese Gewinne entweder nach der Befreiungsmethode oder nach der Anrechnungsmethode entlasten.

Eine Betriebsstätte im Sinn des OECD-Musterabkommens ist eine feste Geschäftseinrichtung, durch die die Geschäftstätigkeit eines Unternehmens ganz oder Teilweise ausgeübt wird. Eine Bauausführung oder Montagetätigkeit kann eine Betriebsstätte begründen, wenn ihre Dauer eine bestimme Zeitspanne überschreitet (je nach DBA idR 6 oder 12 Monate). Der Betriebsstättenbegriff des OECD-Musterabkommens ist nicht deckungsgleich mit dem Betriebsstättenbegriff des § 29 BAO.

Hinweis:

- *siehe auch B 122; A 37*

Quellen:

- Art 5 und Art 7 OECD-Musterabkommen
- Doppelbesteuerungsabkommen

Literatur:

- *Doralt/Ruppe*, Steuerrecht I[11], Rz 1329-1338

B 72. Was sind Verrechnungspreise?

Wenn zwei Unternehmen, die miteinander gesellschaftlich nicht verbunden sind, mit Waren oder Dienstleistungen handeln, dann sind die Vertragsbedingungen „fremdüblich". Durch die **Interessengegensätze** der beiden Unternehmen kommt ein „fairer" Preis zustande. Handeln aber zwei Unternehmen, die in einer gesellschaftlichen Verbindung miteinander stehen, die Vertragsbedingungen aus (zB die Muttergesellschaft verkauft ihrer 100%-Tochtergesellschaft Waren), dann besteht oft kein Interessengegensatz, sondern ein Interessengleichklang. Die Vertragsbedingungen, die in einem solchen Fall ausverhandelt werden, sind unter Umständen nicht „fremdüblich". Sind die beiden Vertragspartner in unterschiedlichen Staaten steuerpflichtig, kann es dadurch zu **Verschiebungen der Steuerbemessungsgrundlagen** zwischen Staaten kommen.

Verkauft zB die A-AG, die in Österreich Maschinen produziert, diese an ihre 100%-Tochter in Dubai, die D-Ltd zu einem Preis, der um 50% unter dem Preis liegt, den nicht verbundene Unternehmen miteinander ausgehandelt hätten, dann reduziert der für die A-AG zu niedrige Verkaufserlös die Steuerbemessungsgrundlage in Österreich. Verkauft die D-Ltd dieselben Maschinen an einen nicht mit ihr gesellschaftlich verbundenen Kunden in Deutschland zum Marktwert, dann verbleibt ein ungewöhnlich hoher Teil des Verkaufserlöses in Dubai, wo er keiner Ertragsbesteuerung unterworfen ist („Steueroase").

Um das zu verhindern, sieht § 6 Z 6 EStG bei verbundenen Unternehmen die Bewertung zu einem „fremdüblichen" Wert vor. Art 9 des OECD-Musterabkommens regelt die Zuweisung des Besteuerungsrechts entsprechend. Der in Anpassung der Vertragsbedingungen an ein fremdübliches Niveau festgesetzte Preis wird „Verrechnungspreis" genannt. Die OECD hat mit den „Verrechnungspreisrichtlinien" eine rechtlich nicht bindende Empfehlung zur Ermittlung von Verrechnungspreisen veröffentlicht.

Hinweis:
- *siehe auch A 38*

Quellen:
- § 6 Z 6 EStG
- Art 9 OECD-MA
- VPR 2010

Literatur:
- *Doralt/Ruppe*, Steuerrecht I[11], Rz 1539 f

Umgründungssteuerrecht

B 73. Welche Regelungsziele verfolgt das Umgründungssteuerrecht ganz allgemein? Können die Parteien auf die Anwendung des UmgrStG gegebenenfalls verzichten?

Anliegen ist es, bei Übertragung von qualifiziertem Vermögen die Gewinnrealisierung aufgrund einer Tauschbesteuerung gemäß § 6 Z 14 lit a EStG und damit ein Aufdecken der stillen Reserven zu vermeiden. Das UmgrStG normiert deshalb die **Buchwertfortführung** für steuerliche Zwecke. Im Zuge der Umgründung entstehende **Buchgewinne und Buchverluste** sind grundsätzlich steuerneutral; dh Buchgewinne sind nicht steuerpflichtig, Buchverluste sind nicht abzugsfähig. Bei Buchwertfortführung kann im Allgemeinen der **Verlustvortrag** auf den Rechtsnachfolger übergehen, soweit auch das verlustverursachende Vermögen auf diesen übergeht. Die durch die Umgründung bewirkte Vermögensübertragung kann kraft steuerlicher **Rückwirkungsfiktion** auf einen bestimmten Stichtag zurückbezogen werden.

Ein weiteres Regelungsanliegen ist die **steuerrechtliche Gesamtrechtsnachfolge**. Steuerrechtliche Gesamtrechtsnachfolge bedeutet für den Übernehmer des Vermögens vor allem die Fortführung von AfA-Methoden, unversteuerten Rücklagen und anderen Bewertungsgrundsätzen, Fortlaufen von Besitz- und Behaltefristen, Übergang von Schwebeverlusten sowie Eintritt in Abgabenverfahren des Rechtsvorgängers. Unternehmensrechtlich sind nur Verschmelzung, Umwandlung und Handelsspaltung geregelt, wo unternehmens- und steuerrechtlich Gesamtrechtsnachfolge stattfindet. Bei Zusammenschluss, Realteilung, Einbringung und Steuerspaltung herrscht hingegen unternehmensrechtlich Einzelnachfolge. Es ist dabei zu beachten, dass die steuerrechtlichen Folgen nur dann eintreten können, wenn die Umgründung unternehmensrechtlich zulässig ist (sog **Maßgeblichkeit des Unternehmensrechts**).

Das UmgrStG ist **zwingendes Recht**; ein „Verzicht" auf seine Anwendung ist daher bie Erfüllung der entsprechenden Voraussetzungen nicht möglich, sofern das Gesetz selbst kein Wahlrecht vorsieht, wie zB für Aufwertungen in bestimmten Fällen. Sollten jedoch nicht alle gesetzlichen Voraussetzungen für die jeweilige Umgründung nach dem UmgrStG erfüllt werden (**„missglückte Umgründung"**) so bleibt andererseits der zivilrechtliche Vorgang davon unabhängig bestehen, diesfalls jedoch ohne die steuerlichen Begünstigungen des UmgrStG.

Hinweis:

- *siehe auch A 39-A 46*

Quellen:

- § 6 Z 14 lit a und b EStG

Literatur:

- *Walter,* UmgrStR[10], Rz 1 ff
- *Doralt/Ruppe,* Steuerrecht I[11], Rz 1105-1115
- *Beiser,* Steuern[12], Rz 386 ff

Umsatzsteuer

B 74. Wodurch wird die Umsatzsteuer charakterisiert?

Die USt ist eine **Objektsteuer**. Dies ergibt sich daraus, dass der relevante Steuergegenstand durch den „Umsatz" eines Unternehmens verkörpert wird. Auf persönliche Verhältnisse kann und soll für die Steuerbemessung nicht Rücksicht genommen werden.

Aus rechtstechnischer Sicht ist die USt eine **Verkehrsteuer**, weil an den wirtschaftlichen Verkehr angeknüpft wird. Gemeint sind somit gerade nicht Akte des Rechtsverkehrs (Verpflichtungsgeschäfte), sondern vielmehr tatsächliche Vorgänge des Wirtschaftslebens (Lieferungen und sonstige Leistungen).

Im Hinblick auf das Belastungsziel der USt kann von einer **Verbrauchsteuer** gesprochen werden, weil der (endgültige) Verbrauch von Wirtschaftsgütern besteuert werden soll. Genauer gesagt, ist die USt eine **Steuer auf die Einkommensverwendung**. Belastet werden soll die Verwendung von Einkommen bzw Vermögen für Konsumzwecke.

Aus der Besteuerung einer konsumtiven (privaten) Verwendung des Einkommens ergibt sich, dass der wirtschaftliche Träger der USt (letztlich) der private Letztverbraucher sein soll. Der leistende Unternehmer gilt jedoch als Schuldner der USt. Da somit der Steuerträger und der Steuerschuldner nicht ein und dieselbe Person sind, ist die USt (im Gegensatz zur ESt) eine **indirekte Steuer**.

Aus finanzverfassungsrechtlicher Sicht ist die USt eine **gemeinschaftliche Bundesabgabe**. Sie wird von der Bundesfinanzverwaltung eingehoben und ihr Aufkommen zwischen Bund, Ländern und Gemeinden aufgeteilt.

Insbesondere auf Grundlage der Mehrwertsteuer-Systemrichtlinie (MwStSystRL; vormals: 6. MwStRL) wurde die USt für das Gebiet der Europäischen Union weitgehend harmonisiert.

Die USt gilt nach der ESt (inkl. LSt) als ertragreichste Steuer.

Quellen:
- Steuerrechtswissenschaft

Literatur:
- *Beiser*, Steuern[12], Rz 487
- *Doralt*, Steuerrecht 2014/15, Rz 301
- *Doralt/Ruppe*, Steuerrecht II[7], Rz 200 ff
- *Lang/Unger*, Steuerrecht graphisch[5], Rz 120

B 75. Erklären Sie die Funktionsweise der MwSt.

Da bei jedem Unternehmer in der Unternehmerkette vom Produzenten bis zum Letztverbraucher nur der von ihm geschaffene „Mehrwert" besteuert werden soll, ergibt sich das **„System der Mehrwertsteuer"**.

Um zu der tatsächlich geschuldeten Zahllast zu gelangen, wird zunächst von den in einem Leistungszeitraum erwirtschafteten Umsätzen die darauf entfallende USt ermittelt. Danach werden diejenigen USt-Beträge, welche dem Unternehmer von seinem Vorunternehmer für an ihn erbrachte Leistungen in Rechnung gestellt worden sind, als **„Vorsteuern“** abgezogen.

Der so gewonnene Saldo stellt die tatsächliche USt-Schuld des Unternehmers an das Finanzamt dar. Wenn nun die Wertschöpfung des Unternehmers relativ hoch ist, dh er höhere Umsätze hat als eingekaufte Vorleistungen und daher seine ermittelte Umsatzsteuer höher ist als die an seine Vorunternehmer bezahlten Vorsteuern, so bewirkt dieser **Saldo** eine **reale Zahllast**.

Im umgekehrten Fall, wenn der Unternehmer also in einem Leistungszeitraum mehr Leistungen einkauft als verkauft und somit höhere Vorsteuern an seine Vorunternehmer bezahlt, als seine ermittelte Umsatzsteuer ergäbe, so bewirkt der sich ergebende **Saldo** einen **Rückzahlungsanspruch des Unternehmers** gegenüber dem Finanzamt.

Quellen:
- Steuerrechtswissenschaft

Literatur:
- *Beiser*, Steuern[12], Rz 463 ff
- *Doralt*, Steuerrecht 2013/14, Rz 302
- *Doralt/Ruppe*, Steuerrecht II[7], Rz 203 ff
- *Lang/Unger*, Steuerrecht graphisch[5], Rz 123

B 76. Erläutern Sie das Bestimmungslandprinzip.

Das Bestimmungslandprinzip ist grundsätzlich nur im Zusammenhang mit einer **grenzüberschreitenden Leistung** von Bedeutung. Bei reinen Inlandssachverhalten kann definitionsgemäß weder das Bestimmungslandprinzip noch das Ursprungslandprinzip relevant werden.

Nach dem Bestimmungslandprinzip soll eine **Steuer in dem Land** erhoben werden, **für welches** die **Leistung bestimmt** ist. Die USt soll dort erhoben werden, wo die **Leistung** auch (idR vom Letztverbraucher) **konsumiert wird**.

Damit das Bestimmungslandprinzip steuertechnisch funktioniert, braucht es anlässlich des Grenzübertritts einen **steuerlichen „Grenzausgleich“**. Hierbei werden **exportierte Waren** durch eine **echte Steuerbefreiung** von der inländischen USt entlastet und andererseits **importierte Waren** mit einer Art **„Ausgleich-USt“** belastet.

Auf diese Weise ergibt sich für Unternehmer im Bereich des **EU-Binnenmarktes** eine **echt steuerfreie innergemeinschaftliche Lieferung** in einen anderen Mitgliedsstaat. Durch den Tatbestand des **innergemeinschaftlichen Erwerbes** (Art 7 BMR) unterliegt diese Lieferung im Bestimmungsland der **Erwerbsteuer**.

Im Verhältnis zu **Drittstaaten** (Nicht-EU-Staaten) ergibt sich aus demselben Grund eine **echt steuerfreie Ausfuhrlieferung** (§ 6 Abs 1 Z 1 iVm § 7 UStG) in einen Drittstaat. Durch den Tatbestand der **Einfuhr** unterliegt diese Lieferung im Bestimmungsland der **Einfuhr-Umsatzsteuer**.

Hinweis:
- *siehe auch A 55; E 7*

Quellen:
- § 6, § 7 UStG
- Art 7 BMR

Literatur:
- *Beiser*, Steuern[12], Rz 633
- *Doralt*, Steuerrecht 2014/15, Rz 304
- *Doralt/Ruppe*, Steuerrecht II[7], Rz 210 ff
- *Lang/Unger*, Steuerrecht graphisch[5], Rz 152

B 77. Erläutern Sie das Ursprungslandprinzip.

Wie das Bestimmungslandprinzip kommt auch das Ursprungslandprinzip nur bei grenzüberschreitenden Sachverhalten zur Anwendung.

Nach dem Ursprungslandprinzip soll die **Steuer in dem Land** erhoben werden, **in dem** die betreffende **Ware erzeugt** wurde („aus dem sie herkommt", **Herkunftslandprinzip**).

Da es zu **keinem steuerlichen Grenzausgleich** kommt, sondern die **Leistung** vielmehr **mit** der **USt des Herkunftslandes belastet** bleibt, werden **Importe** nach dem Ausmaß der Unterschiede zwischen den ausländischen und den inländischen Steuersätzen entweder **höher oder niedriger belastet als vergleichbare heimische Leistungen**.

Solange sich die USt-Steuersätze in den einzelnen Ländern unterscheiden, kommt im Hinblick auf die Vermeidung von Wettbewerbsverzerrungen für den unternehmerischen Bereich nur das Bestimmungslandprinzip in Frage.

Für **Private** (Touristen) gilt allerdings **(auch) im EU-Binnenmarkt** grds das **Ursprungslandprinzip**, wonach die Umsätze an Private (endgültig) im Herkunftsland besteuert werden.

Hinweis:
- *siehe auch A 55; E 7*

Quellen:
- Steuerrechtswissenschaft

Literatur:
- *Beiser*, Steuern[12], Rz 632
- *Doralt*, Steuerrecht 2014/15, Rz 304
- *Doralt/Ruppe*, Steuerrecht II[7], Rz 210 ff
- *Lang/Unger*, Steuerrecht graphisch[5], Rz 153

B 78. Welche umsatzsteuerlichen Tatbestände kennen Sie?

Gemäß § 1 UStG unterliegen der USt:

- **Lieferungen** und **sonstige Leistungen**, die ein Unternehmer **im Inland** gegen Entgelt im Rahmen seines Unternehmens ausführt (Z 1)
- der Eigenverbrauch – seit dem AbgÄG 2010 nur mehr als **Aufwandseigenverbrauch**, dh nur iZm ertragsteuerlich nicht abzugsfähigen Repräsentationsaufwendungen existent – gem § 1 Abs 1 Z 2 lit a UStG. Daneben bislang bestehende

Eigenverbrauchstatbestände werden als **„Lieferung oder sonstige Leistung an sich selbst“** gem § 3 Abs 2 bzw § 3a Abs 1a UStG Lieferungen oder sonstigen Leistungen gleichgestellt (Z 2)

- die **Einfuhr** aus Drittstaaten (Z 3)
- der **innergemeinschaftliche Erwerb** (Art 1 BMR).

Quellen:	**Literatur:**
▪ § 1 UStG	▪ *Beiser*, Steuern[12], Rz 488 ff ▪ *Doralt*, Steuerrecht 2014/15, Rz 305 ▪ *Doralt/Ruppe*, Steuerrecht II[7], Rz 258 ff ▪ *Lang/Unger*, Steuerrecht graphisch[5], Rz 125

B 79. Wodurch wird die Unternehmereigenschaft gem § 2 UStG begründet?

1) Zunächst ist eine **gewerbliche oder berufliche Tätigkeit** vonnöten.

Der Unternehmerbegriff stellt nicht auf die zivilrechtliche Rechtsfähigkeit ab. Daher können auch nicht-rechtsfähige Personenvereinigungen Unternehmereigenschaft besitzen. Es ergeben sich somit **vier Arten von möglichen Unternehmern**:

- Einzelunternehmer (natürliche Person)
- Personenvereinigungen (OG, KG, aber eben auch GesbR und Miteigentumsgemeinschaften)
- Juristische Personen (Kapitalgesellschaften, Vereine, Privatstiftungen, Genossenschaften)
- Betriebe gewerblicher Art von Körperschaften öffentlichen Rechts.

Die **Personenvereinigungen** müssen zur Erlangung der Unternehmereigenschaft **nach außen in Erscheinung** treten. Aus diesem Grund kann **bei** einer **stillen Gesellschaft** keinesfalls die Gesellschaft, **sondern** nur der **Geschäftsherr Unternehmer** sein.

Miteigentumsgemeinschaften können eine Unternehmereigenschaft begründen, weil neben den betrieblichen Einkunftsarten des EStG **auch** eine Tätigkeit im Rahmen der **außerbetrieblichen Einkünfte** (insbesondere Vermietung und Verpachtung) umsatzsteuerpflichtig sein kann (§ 2 UStG).

2) Weiters ist eine **selbständige Tätigkeit** Voraussetzung.

Die Beurteilung der Selbständigkeit ist immer im Innenverhältnis vorzunehmen. Daher ist ein Dienstnehmer im Verhältnis zu seinem Dienstgeber kein Unternehmer. Er kann aber hinsichtlich anderer Tätigkeiten Unternehmer sein („Nebenverdienst“).

Lässt ein Unternehmer **Leistungen durch** seine **Mitarbeiter oder andere direkte Stellvertreter** durchführen, ist dies für seine Selbständigkeit unschädlich, soweit die handelnden Personen **im Namen des Unternehmers** agieren. Die entsprechenden Handlungen sind dem Unternehmer zuzurechnen. Übt ein Stellvertreter dagegen seine Tätigkeit **im eigenen Namen** aus, so wird dieser **selbst** zum **Unternehmer**, auch wenn er auf fremde Rechnung tätig ist. Aufgrund dessen liegen beispielsweise beim **Kommissionsgeschäft zwei steuerbare Vorgänge** vor. Einerseits die Lieferung des Kommittenten an den Kommissionär und andererseits die Lieferung des Kommissionärs an den Endabnehmer.

Die gesetzliche Fiktion des § 22 Z 2 EStG, wonach wesentlich beteiligte **Gesellschafter-Geschäftsführer** selbständig tätig sind, ist auf den Bereich der Umsatzsteuer nicht anzuwenden. Sie beziehen zwar Einkünfte aus selbständiger Tätigkeit, sind jedoch idR **keine Unternehmer iSd UStG**.

3) Die Tätigkeit muss **nachhaltig** sein.

   Grundsätzlich ist eine Tätigkeit dann als „nachhaltig" einzustufen, wenn sie mit **Wiederholungsabsicht** durchgeführt wird.

   Es kann jedoch ebenso auch eine **einmalige Tätigkeit** „nachhaltig" ausgeübt werden, nämlich dann, wenn nach den objektiven Umständen des Einzelfalls eine **Wiederholungsabsicht** vernünftigerweise **nicht fernliegend erscheint**. Gleiches gilt für den Fall, dass eine länger andauernde Tätigkeit vorliegt oder ein **Dauerzustand** geschaffen wird (zB Mietverhältnis).

   Eine nachhaltige Tätigkeit kann **auch** in einem **Dulden oder Unterlassen** bestehen (zB Vermietung).

   Wird die Nachhaltigkeit einer Tätigkeit bejaht, dann sind **auch** die damit zusammenhängenden **Hilfs- und Nebengeschäfte** von der Steuerpflicht betroffen (zB Verkauf des Anlagevermögens). Für die Hilfs- und Nebengeschäfte muss isoliert betrachtet keine Nachhaltigkeit gegeben sein.

4) Schließlich muss eine **Einnahmenerzielungsabsicht** vorliegen.

   Für die Unternehmereigenschaft ist **keine Gewinnerzielungsabsicht** notwendig. Dies ergibt sich insbesondere aus dem Verbrauchsteuercharakter der Umsatzsteuer. Für den Steuerträger (= Konsument) spielt es nämlich keine Rolle, ob er seine Lieferung oder sonstige Leistung von einem gewinnorientierten oder nur Kostendeckung anstrebenden Unternehmer bezieht.

   Das Erfordernis der bloßen Einnahmenserzielungsabsicht steht auch im **Gegensatz** zu den betrieblichen Einkünften des **EStG**, welche sehr wohl Gewinnerzielungsabsicht verlangen.

Im Umsatzsteuerrecht ist eine Tätigkeit (schon) dann unternehmerisch, wenn (nur) Einnahmenerzielung angestrebt wird. Dies **muss nicht** einmal der **Primärzweck** der ausgeübten Tätigkeit sein, weshalb grundsätzlich auch dann die Unternehmereigenschaft bejaht wird, wenn eine Tätigkeit von **ideellen, uneigennützigen Motiven** getragen ist. Bewirken derartige Motive **aber** sogar eine **Unterschreitung der Schwelle einer Einnahmenerzielungsabsicht** (die Tätigkeit ist ausschließlich vom Gedanken der Unentgeltlichkeit oder der Gefälligkeit bestimmt), dann unterliegen allfällige Kostenersätze **nicht** der **Umsatzsteuer**.

Bei anfallenden Verlusten ist es daher möglich, dass die abzugsfähigen **Vorsteuern höher** sind **als** die aufgrund der erbrachten Leistungen geschuldete **Umsatzsteuer**.

Zeitlich gesehen beginnt die **Unternehmereigenschaft** nicht erst mit der tatsächlichen Erzielung von Einnahmen, sondern **bereits mit der Aufnahme der Tätigkeit**. Es steht daher grundsätzlich bereits für Vorbereitungshandlungen ein Vorsteuerabzug zu.

Die **Unternehmereigenschaft endet** mit dem **letzten Tätigwerden**, weshalb auch eine allfällige Geschäftsveräußerung und Betriebsbeendigung steuerbar sind.

Quellen:	**Literatur:**
▪ § 2 UStG	▪ *Beiser*, Steuern[12], Rz 468 ff ▪ *Doralt*, Steuerrecht 2014/15, Rz 306 f ▪ *Doralt/Ruppe*, Steuerrecht II[7], Rz 216 ff ▪ *Lang/Unger*, Steuerrecht graphisch[5], Rz 126

B 80. Was bedeutet „Liebhaberei" im Umsatzsteuerrecht?

Weil auch bei Verlusten in einer Periode die Vorsteuer rückerstattet wird, käme es bei **„privaten Hobbytätigkeiten"** zu einer **permanenten Rückerstattung** der bezahlten Umsatzsteuer.

Daher sind Tätigkeiten, die auf Dauer gesehen Gewinne oder Einnahmenüberschüsse nicht erwarten lassen, gesetzlich vom Unternehmensbereich (und damit von der Vorsteuerrückerstattung) grds ausgenommen. Dagegen gehören nach der **LiebhabereiVO** (idF BGBl II 1999/15) nur solche Tätigkeiten nicht zum Unternehmensbereich, deren Schwergewicht in der privaten Lebensführung bzw der Bewirtschaftung von Luxusgegenständen gelegen ist.

Im Ergebnis sind **Umsätze** aus derartigen Tätigkeiten gar **nicht steuerbar**, weshalb im Fall eines Gewinns keine Umsatzsteuer zu bezahlen ist, jedoch bei Verlusten auch keine Vorsteuer abgezogen werden kann.

Bei **Betrieben gewerblicher Art** (BgA) wird nach der Meinung der **Verwaltung** Liebhaberei (und damit Wegfall der Vorsteuerabzugsberechtigung) auch dann nicht angenommen, wenn diese auf Dauer gesehen keine Gewinne erwarten lassen. Die **Judikatur** hingegen hält Liebhaberei auch bei BgA einer Körperschaft öffentlichen Rechts für möglich. Nach der LiebhabereiVO soll jedoch auch bei dauernd defizitären öffentlichen Betrieben eine Unternehmereigenschaft vorliegen.

Hinweis:
- *siehe auch B 8*

Quellen:
- § 2 Abs 5 Z 2 UStG

Literatur:
- *Beiser*, Steuern[12], Rz 475
- *Doralt*, Steuerrecht 2014/15, Rz 308
- *Doralt/Ruppe*, Steuerrecht II[7], Rz 235 ff
- *Lang/Unger*, Steuerrecht graphisch[5], Rz 129

B 81. Was besagt der Grundsatz der Unternehmenseinheit?

Gemäß § 2 Abs 1 zweiter Satz UStG erfasst ein Unternehmen **„die gesamte gewerbliche oder berufliche Tätigkeit des Unternehmers“**.

Das Umsatzsteuerrecht behandelt daher sämtliche unternehmerische Tätigkeiten eines Umsatzsteuerschuldners als eine Einheit (**Grundsatz der Unternehmenseinheit**). Dies steht im **Gegensatz zum Einkommensteuerrecht**, wo für die Ermittlung der Einkunftsart jeder Betrieb gesondert betrachtet wird.

Ein Unternehmer kann daher zwar **mehrere Betriebe** haben (durchaus auch im Ausland), aber immer **nur ein Unternehmen**.

Als **Folge** des Grundsatzes der Unternehmenseinheit kann es zwischen den einzelnen Betrieben eines Unternehmens schon rein begrifflich **keinen umsatzsteuerlich relevanten Leistungsaustausch** geben. Bei einem Leistungsaustausch zwischen zwei Betrieben eines Unternehmens liegt kein steuerbarer Umsatz vor, sondern **nicht steuerbare Innenumsätze.** Dasselbe gilt auch für einen Leistungsaustausch innerhalb einer umsatzsteuerrechtlichen Organschaft.

Organschaft bedeutet, dass eine **juristische Person** (Organgesellschaft) **einem Unternehmer** (Organträger) derart

- **finanziell** (laut Judikatur regelmäßig über 75 % Anteilsbesitz),
- **wirtschaftlich** (wirtschaftlicher Zusammenhang in den Betätigungen) und
- **organisatorisch** (zB gleiche Geschäftsleitung)

eingegliedert ist, dass sie mangels eigenen Willens ihre Unternehmereigenschaft verliert **und im Unternehmen des Trägers aufgeht**. Das wesentliche Kriterium, das einer Organgesellschaft fehlt, ist die Selbständigkeit.

Hinweis:
- *siehe auch A 59*
- *vgl dazu in der KöSt die Gruppenbesteuerung B 63, B 64; A 30; A 31*

Quellen:
- § 2 Abs 1 UStG

Literatur:
- *Beiser*, Steuern[12], Rz 483 ff
- *Doralt*, Steuerrecht 2014/15, Rz 309
- *Doralt/Ruppe*, Steuerrecht II[7], Rz 253 ff
- *Lang/Unger*, Steuerrecht graphisch[5], Rz 127 f

B 82. Was versteht man unter einer „Lieferung“?

Unter Lieferung versteht man die **Verschaffung der Verfügungsmacht über einen Gegenstand**.

Gemäß § 3 Abs 1 UStG liegt diese vor, wenn der Abnehmer über den Gegenstand im eigenen Namen verfügen, ihn veräußern oder belasten kann.

Als **„Gegenstand“** kommen neben körperlichen Gegenständen auch andere vergleichbare Wirtschaftsgüter in Betracht, die im Verkehr wie körperliche Sachen umgesetzt werden, zB ein Firmenwert beim Verkauf eines Unternehmens.

Der Gegenstand muss zwecks Tatbestandsmäßigkeit dem Abnehmer jedenfalls endgültig verbleiben. Kommt es trotzdem zu einer allfälligen **Rückgängigmachung** der Lieferung, so sind sowohl Umsatzsteuer als auch Vorsteuer entsprechend zu berichtigen.

Die **steuerrechtliche** Verschaffung der Verfügungsmacht ist vom **zivilrechtlichen** Eigentumserwerb zu unterscheiden (zB ist ein Verkauf unter Eigentumsvorbehalt eine steuerbare Lieferung; hingegen eine Sicherungsübereignung steuerlich irrelevant, weil nur das **zivilrechtliche Eigentum** übergeht, aber das **wirtschaftliche Eigentum** beim Schuldner bleibt).

Quellen:
- § 3 UStG

Literatur:
- *Beiser*, Steuern[12], Rz 488 ff
- *Doralt*, Steuerrecht 2014/15, Rz 310 ff
- *Doralt/Ruppe*, Steuerrecht II[7], Rz 269 ff
- *Lang/Unger*, Steuerrecht graphisch[5], Rz 130

B 83. Was versteht man unter einer „sonstigen Leistung“?

Gemäß § 3a UStG werden unter einer „sonstigen Leistung“ **Leistungen** verstanden, **die nicht in einer Lieferung bestehen**.

Sie können auch in einem Unterlassen oder im Dulden einer Handlung oder eines Zustandes bestehen. Sonstige Leistungen sind **insbesondere** Dienstleistungen, Vermittlungsleistungen, Beförderungsleistungen, Speditionsleistungen, Duldungsleistungen (zB Vermietung und Verpachtung), die Einräumung von Rechten (zB Lizenzen), Werbeleistungen, Lagerung usw.

Der Verkauf einer Standard-Software (Betriebssystem) ist als Lieferung anzusehen. Hingegen stellt die Anfertigung von Individualsoftware (benutzerspezifische Applikation) genauso wie die Erstellung einer Homepage eine sonstige Leistung dar.

Quellen:
- § 3a UStG

Literatur:
- *Beiser*, Steuern[12], Rz 488 ff
- *Doralt*, Steuerrecht 2014/15, Rz 310 f
- *Doralt/Ruppe*, Steuerrecht II[7], Rz 278
- *Lang/Unger*, Steuerrecht graphisch[5], Rz 130

B 84. Was besagt der Grundsatz der Einheitlichkeit der Leistung?

Nach diesem Prinzip kann eine Leistung nicht in Teile zerlegt werden. Sie ist **entweder** als Lieferung **oder** als sonstige Leistung zu qualifizieren.

Nebenleistungen teilen das steuerrechtliche Schicksal der Hauptleistung (zB die Beförderung und/oder Verpackung einer Ware). An der Qualifikation als Nebenleistung ändert es auch nichts, wenn die Nebenleistung im Einzelfall sogar mehr kostet als die Hauptleistung. Ist die Hauptleistung steuerpflichtig/steuerfrei, dann ist auch die Nebenleistung steuerpflichtig/steuerfrei.

Gemischte Leistungen sind Leistungen mit Elementen sowohl einer Lieferung als auch einer sonstigen Leistung. Gemischte Leistungen – zB im Rahmen eines Werkvertrages – sind nach dem **Überwiegen der Elemente** zu beurteilen; nach dem Überwiegensprinzip kann die Tätigkeit entweder als (Werk-)Lieferung oder (Werk-) Leistung angesehen werden.

Bei der **Werklieferung** stellt der Unternehmer zumindest den Hauptstoff zur Verfügung und liefert das fertige Produkt an den Abnehmer.

Bei der **Werkleistung** hingegen erbringt der Unternehmer eine sonstige Leistung und stellt nur Nebensachen oder Zutaten zur Verfügung; der Kunde selbst liefert den Hauptstoff.

Lieferung mit integrierter Montage kann nicht in eine Warenlieferung und in eine Montage als sonstige Leistung aufgespalten werden. Vielmehr handelt es sich um eine **Montagelieferung**, die mit **Übergabe des fertigen Werks** erfüllt ist.

Hinweis:
- *siehe auch A 52*

Quellen:
- Steuerrechtswissenschaft

Literatur:
- *Beiser*, Steuern[12], Rz 490 ff
- *Doralt*, Steuerrecht 2013/14, Rz 3[illegible]3 ff
- *Doralt/Ruppe*, Steuerrecht II[7], Rz [illegible]79 ff
- *Lang/Unger*, Steuerrecht graphisch[5], Rz 131

B 85. Wo liegt der Ort einer Lieferung?

Gem § 3 Abs 7 UStG wird eine Lieferung dort ausgeführt, wo sich der Gegenstand zur Zeit der Verschaffung der Verfügungsmacht befindet.

Bei **Abhollieferungen** wird der Gegenstand vom Abnehmer oder einem Beauftragten des Abnehmers beim liefernden Unternehmer abgeholt. In diesem Fall ist der **Belegenheitsort** maßgebend – der österreichischen Umsatzsteuer unterliegen Abhollieferungen also nur, wenn sich der **Gegenstand zum Zeitpunkt der Verschaffung der Verfügungsmacht in Österreich** befindet.

Eine hiervon abweichende Sonderregelung besteht für sogenannte **Beförderungs- und Versendungslieferungen** (§ 3 Abs 8 UStG): Wird der Gegenstand einer Lieferung durch den Lieferer befördert oder versendet, so gilt die Lieferung mit dem **Beginn der Beförderung oder Versendung** an den Abnehmer als ausgeführt. Das gilt sowohl für innerstaatliche Fälle als auch für Ausfuhrlieferungen ins Drittland. Bei **innergemeinschaftlichen Lieferungen** liegt der Ort der Lieferung jedoch dort, wo sich der Gegenstand am **Ende seiner Beförderung oder Versendung** befindet (Art 3 Abs 8 BMR).

„Befördern" bedeutet, dass der liefernde Unternehmer selbst oder durch einen nichtselbständigen Erfüllungsgehilfen (zB Mitarbeiter) den Gegenstand zum Abnehmer bringt („Eigenlieferung").

„Versenden" liegt hingegen vor, wenn der Transport des Gegenstandes durch einen selbständigen Dritten, zB einen Frachtführer oder Spediteur erfolgt („Fremdlieferung").

Hinweis:
- *siehe auch A 47*

Quellen:
- § 3 Abs 7, § 3 Abs 8 UStG
- Art 3 Abs 8 BMR

Literatur:
- *Beiser*, Steuern[12], Rz 535 ff
- *Doralt*, Steuerrecht 2014/15, Rz 317 f
- *Doralt/Ruppe*, Steuerrecht II[7], Rz 322 ff
- *Lang/Unger*, Steuerrecht graphisch[5], Rz 133

B 86. Wo liegt der Ort einer sonstigen Leistung?

Da eine sonstige Leistung sich sowohl zeitlich als auch räumlich unabsehbar erstrecken kann, ist ein eindeutiger Leistungsort oft nur schwer bestimmbar.

So ist zB bei **Dauerleistungen** der Ort und Zeitpunkt der **Abrechnung** für den Ort und Zeitpunkt der sonstigen Leistung maßgeblich.

Mit 1.1.2010 wurde der Ort der sonstigen Leistung in § 3a UStG grundlegend neu geregelt. Dabei stand jedoch eine Anpassung an die unionsrechtliche Systematik (Neunummerierung der einzelnen Bestimmungen) gegenüber wesentlichen inhaltlichen Änderungen im Vordergrund. Als subsidiärer Grundsatz gilt die **Generalklausel** nun wie folgt:

- im Bereich **B2B** („business to business"; Unternehmer an Unternehmer) gilt gem § 3a Abs 6 UStG der Empfängerort, dh der Ort, von dem aus der Empfänger sein Unternehmen (bzw seine Betriebsstätte) betreibt, als Ort der sonstigen Leistung, und

- im Bereich **B2C** („business to consumer"; Unternehmer an Nichtunternehmer) gilt gem § 3a Abs 7 UStG der Unternehmerort, dh der Ort, von dem aus der (leistende) Unternehmer sein Unternehmen (bzw seine Betriebsstätte) betreibt, als Ort der sonstigen Leistung.

Durch mehrere gesetzliche **Sonderregelungen** wird dieser Grundsatz zur Ausnahme im Einzelfall. So **beispielsweise**:

- Bei **Grundstücken** ist der **Belegenheitsort** der Leistungsort (§ 3a Abs 9 UStG).
- Bei **Beförderungs- und Transportleistungen** ist Leistungsort der Ort, über den sich die **Beförderung erstreckt**; somit unterliegt nur der inländische Teil einer auch das Ausland umfassenden Beförderung der österreichischen Umsatzsteuer (kilometermäßige Aufteilung; § 3a Abs 10 UStG).
- Bei **künstlerischen**, wissenschaftlichen, unterrichtenden, **sportlichen** und **unterhaltenden Tätigkeiten**, bei Leistungen, die mit Beförderungsleistungen üblicherweise zusammenhängen, sowie bei Arbeiten an beweglichen körperlichen Gegenständen (insbesondere **Reparaturarbeiten**) ist Leistungsort der Ort, an dem der **Unternehmer** ausschließlich oder zum wesentlichen Teil **tätig wird** (§ 3a Abs 11 UStG).
- Die Eintrittsberechtigung samt damit verbundenden weiteren sonstigen Leistungen iZm **Messen und Ausstellungen** wird im Fall B2B am **Veranstaltungsort**, im Fall B2C nach der Grundregel (**Unternehmerort**) besteuert (§ 3a Abs 11a UStG)
- Bei **Katalogleistungen** ist Leistungsort
  - der **Wohnsitz, Sitz oder gewöhnliche Aufenthalt im Drittlandsgebiet**, wenn der Empfänger kein Unternehmer ist und keinen Wohnsitz, Sitz oder gewöhnlichen Aufenthalt im Gemeinschaftsgebiet hat (§ 3a Abs 13 lit a UStG).
  - der **Ansässigkeitsort des Empfängers im Gemeinschaftsgebiet** (Wohnsitz, Sitz gewöhnlicher Aufenthalt), wenn der Empfänger kein Unternehmer ist und der leistende Unternehmer sein Unternehmen (Betriebsstätte) vom Drittland aus betreibt (§ 3a Abs 13 lit b UStG).

Katalogleistungen iSd § 3a Abs 14 UStG sind insbesondere:

- Werbung und Öffentlichkeitsarbeit
- **Leistungen von Rechtsanwälten, Wirtschaftstreuhändern**, Ingenieuren usw
- technische, rechtliche und wirtschaftliche Beratung
- Datenverarbeitung
- die meisten Bank- und Versicherungsdienstleistungen
- die Gestellung von Personal
- die Vermietung beweglicher Gegenstände (ausgenommen Beförderungsmittel)

Hinweis:
- *siehe auch A 49*

Quellen:
- § 3a UStG

Literatur:
- *Beiser*, Steuern^{12}, Rz 540 ff
- *Doralt*, Steuerrecht 2014/15, Rz 31[illegible]
- *Doralt/Ruppe*, Steuerrecht II^{7}, Rz 3[illegible]2 ff
- *Lang/Unger*, Steuerrecht graphisch[illegible], Rz 132

B 87. Wovon bemisst sich die USt bei einer Leistung?

Gem § 4 Abs 1 UStG ist für Lieferungen und sonstige Leistungen das „Entgelt“ als Bemessungsrundlage für die Umsatzsteuer anzusehen.

Unter **„Entgelt“** ist grundsätzlich die **Gegenleistung des Abnehmers** zu verstehen, dh alles, was dieser aufwendet, um den gewünschten Gegenstand geliefert zu bekommen bzw die sonstige Leistung zu erhalten (auch freiwillige Zuwendungen). Auch was ein Dritter (dh jemand anderer als der Empfänger) für die Leistungserbringung aufwendet, zählt zum Entgelt. Wesentlich ist der **unmittelbare wirtschaftliche Zusammenhang** mit der vom Unternehmer erhaltenen Leistung.

Nicht zum Entgelt gehören sogenannte durchlaufende Posten (zB Gerichtsgebühren des Anwalts für seinen Klienten), weiters ein echter Schadenersatz, echte (dh gegenleistungslose) Mitgliedsbeiträge zu Vereinen. Schließlich gehört auch die Umsatzsteuer selbst nicht zum Entgelt und damit nicht zur Bemessungsgrundlage.

Dagegen sind zB die Mineralölsteuer und die Tabaksteuer sehr wohl Teil des Entgelts und damit auch Teil der Bemessungsgrundlage der USt.

Vom „Entgelt“ im umsatzsteuerlichen Sinn ist der **zivilrechtliche „Preis“** zu unterscheiden, welcher im Regelfall (insbesondere bei Privatpersonen) das Entgelt inklusive der Umsatzsteuer bezeichnet.

Beim **Tausch**, dh wenn das Entgelt für eine Lieferung in einer Lieferung besteht, oder beim **tauschähnlichen Umsatz**, dh wenn das Entgelt für eine sonstige Leistung in einer Lieferung oder einer sonstigen Leistung besteht, gilt der **gemeine Wert der Gegenleistung** als Bemessungsgrundlage für die Umsatzsteuer.

Erfolgt eine Leistung zwar nicht unentgeltlich (dies wäre ein Fall des „Eigenverbrauches“; siehe sogleich unten) jedoch wesentlich unter dem fremdüblichen Marktwert, so bildet nicht das tatsächlich geleistete Entgelt, sondern der **Normalwert** die Bemessungsgrundlage der Umsatzsteuer (§ 4 Abs 9 UStG).

Quellen:	**Literatur:**
▪ § 4 UStG	▪ *Beiser*, Steuern[12], Rz 519 ff ▪ *Doralt*, Steuerrecht 2014/15, Rz 324 ff ▪ *Doralt/Ruppe*, Steuerrecht II[7], Rz 399 ff ▪ *Lang/Unger*, Steuerrecht graphisch[5], Rz 134

B 88. Wovon bemisst sich die USt beim Eigenverbrauch?

Bei Leistungen für unternehmensfremde Zwecke und echtem Eigenverbrauch **fehlt** es naturgemäß an einem **Entgelt**.

Als Bemessungsgrundlage für die (dauerhafte) Entnahme eines Gegenstandes aus dem Unternehmen für unternehmensfremde Zwecke („Lieferung an mich selbst“ = **Entnahme**)wird daher der **Wiederbeschaffungspreis** des Gegenstandes **zum Zeitpunkt der Entnahme** herangezogen. Bei selbsthergestellten Gegenständen sind dies nur die Selbstkosten (§ 4 Abs 8a UStG).

Bei einer unternehmensfremden Nutzung eines Gegenstandes bzw einer sonstigen Leistung für unternehmensfremde Zwecke („sonstige Leistung an mich selbst“ = „**Verwendungsentnahme**“) sind die hierauf entfallenden **Kosten** die Bemessungsgrundlage (§ 4 Abs 8b UStG).

Beim **echten Eigenverbrauch** (=Aufwandseigenverbrauch) sind die **nicht abzugsfähigen Aufwendungen** Umsatzsteuerbemessungsgrundlage (§ 4 Abs 8c UStG).

Quellen:
- § 4 Abs 8 UStG

Literatur:
- *Beiser*, Steuern[12], Rz 524 ff
- *Doralt*, Steuerrecht 2014/15, Rz 327
- *Doralt/Ruppe*, Steuerrecht II[7], Rz 394 f
- *Lang/Unger*, Steuerrecht graphisch[7], Rz 135

B 89. Wovon bemisst sich die USt bei einer Einfuhr?

Die **Einfuhrumsatzsteuer** wird regelmäßig nach dem **Zollwert** der vom Drittland in das Inland eingeführten Gegenstände bemessen. Dies ist in den überwiegenden Fällen der **Kaufpreis**, allenfalls erhöht um einen Zoll.

Im Fall des **Veredelungsverkehrs**, dh der Ausbesserung oder Bearbeitung eines Gegenstandes im Ausland und Wiedereinfuhr ins Inland, ist Bemessungsgrundlage für die Umsatzsteuer das **im Ausland** für die durchgeführte Verbesserung („Veredelung“) **bezahlte Entgelt**. Ist kein Entgelt bezahlt worden, dann ist der durch die Veredelung geschaffene **Mehrwert** des Gegenstandes maßgebend.

Quellen:
- § 5 UStG

Literatur:
- *Beiser*, Steuern[12], Rz 532 f
- *Doralt*, Steuerrecht 2014/15, Rz 323
- *Doralt/Ruppe*, Steuerrecht II[7], Rz 408
- *Lang/Unger*, Steuerrecht graphisch[7], Rz 136

B 90. Was bewirkt eine nachträgliche Änderung der Bemessungsgrundlage?

Gemäß § 16 UStG hat der Unternehmer im Falle einer nachträglichen Änderung der Bemessungsgrundlage für einen seiner umsatzsteuerpflichtigen Vorgänge die (gemeldete und/oder bezahlte) **Umsatzsteuer zu berichtigen**. Spiegelbildlich hat auch der zum Vorsteuerabzug berechtigte Abnehmer den von ihm bereits in Anspruch genommenen **Vorsteuerbetrag zu berichtigen**.

Sachlicher Anwendungsbereich ist die **Entgeltsminderung** aufgrund von Mängelrügen, Rabatten und dgl. Obwohl die **Insolvenz** des Abnehmers an sich noch keine Entgeltsminderung und damit verbundene Minderung der Bemessungsgrundlage bewirkt, wird sie im § 16 Abs 3 UStG ausdrücklich den Regelfällen gleichgestellt.

Eine **Berichtigung der Rechnung** ist bei nachträglicher Minderung des Entgelts grundsätzlich **nicht erforderlich**.

Die Rechnungsberichtigung wirkt diesfalls **ex nunc**. Die Berichtigung ist daher in jenem Veranlagungszeitraum vorzunehmen, in dem die Änderung eingetreten ist, und nicht rückwirkend. Es ist nicht erforderlich – und vielfach auch nicht möglich –, dass die Berichtigung der Umsatzsteuer und die Berichtigung der Vorsteuer zeitgleich durchgeführt werden.

Quellen:
- § 11 Abs 13, § 16 UStG

Literatur:
- *Beiser*, Steuern[12], Rz 520
- *Doralt*, Steuerrecht 2014/15, Rz 330 f
- *Doralt/Ruppe*, Steuerrecht II[7], Rz 410 ff
- *Lang/Unger*, Steuerrecht graphisch[5], Rz 137

B 91. Welche Steuersätze kennen Sie im Umsatzsteuerrecht?

Im österreichischen **UStG** finden sich ein

- **Normalsteuersatz** zu **20 %**
- **Ermäßigter Steuersatz** zu **12 %**
- Dieser ist nur für den ab Hof verkauften Wein maßgebend. Er gilt daher nicht für Umsätze von Buschenschanken.
- **Ermäßigter Steuersatz zu 10 %**
  Dieser ist insbesondere für folgende **Lieferungen** relevant:
  Bücher, Druckerzeugnisse jeder Art (nicht Tonträger), Nahrungsmittel, Wasser und Milch (nicht jedoch Mineralwasser und andere Getränke), Tiere, Pflanzen, Holz, Kunstwerke und Antiquitäten;

  weiters für folgende **sonstige Leistungen**:
  Vermietung von Grundstücken zu Wohnzwecken; Personenbeförderung mit Verkehrsmitteln jeder Art; kulturelle Veranstaltungen; Privatkrankenhäuser; Alters-, Blinden- und Krankenheime, die nicht von gemeinnützigen Vereinigungen oder der öffentlichen Hand unterhalten werden; Leistungen im Kulturbereich wie Kino, Theater, Konzerte, Museen, Rundfunk und künstlerische Leistungen; Leistungen von gemeinnützigen, mildtätigen und kirchlichen Einrichtungen; die Müll- und Abwasserbeseitigung; Leistungen von Jugend-, Erziehungs-, Ausbildungsheimen und Kindergärten.
- **(deutscher) Sondersteuersatz** für die Zollausschlussgebiete Jungholz (Tirol) und Mittelberg (Vorarlberg): **19 %**

Quellen:
- § 10 UStG

Literatur:
- *Beiser*, Steuern[12], Rz 614 ff
- *Doralt*, Steuerrecht 2014/15, Rz 338
- *Doralt/Ruppe*, Steuerrecht II[7], Rz 416 ff
- *Lang/Unger*, Steuerrecht graphisch[5], Rz 138

B 92. Unterscheiden Sie die Begriffspaare steuerbar/nicht steuerbar von steuerpflichtig/steuerfrei.

Ein steuerbarer Umsatz liegt vor, wenn ein **Sachverhalt** gegeben ist, der **unter** die Tatbestände des **§ 1 UStG** fällt. Das ist bei Lieferungen und sonstigen Leistungen nur dann der Fall, wenn ein Leistungsaustausch vorliegt.

Ist dies **nicht der Fall** (zB bei echten Mitgliedsbeiträgen, Schenkungen, Spenden), liegt ein **nicht steuerbarer Umsatz** vor. Wird die **prinzipielle Steuerbarkeit** eines Umsatzes **bejaht**, so ist in der Folge zu prüfen, ob auch eine **konkrete Steuerpflicht** vorliegt **oder** ob nach Maßgabe der gesetzlichen Bestimmungen (§ 6 UStG) eventuell eine **Steuerbefreiung** geltend gemacht werden kann. In Betracht kommt eine echte oder eine unechte Steuerbefreiung.

Quellen:
- § 1, § 6 UStG

Literatur:
- *Beiser*, Steuern[12], Rz 605 f
- *Doralt*, Steuerrecht 2014/15, Rz 305
- *Doralt/Ruppe*, Steuerrecht II[7], Rz 350 f
- *Lang/Unger*, Steuerrecht graphisch[5], Rz 124

B 93. Was versteht man unter einer „echten" Steuerbefreiung?

Unter „echten Steuerbefreiungen" gemäß § 6 Abs 1 Z 1 bis 6 UStG sind **Steuerbefreiungen in Verbindung mit dem Recht zum Vorsteuerabzug** zu verstehen.

Der **sachliche Anwendungsbereich** der echten Steuerbefreiung ergibt sich im Zusammenhang mit dem **Bestimmungslandprinzip** und der **Einfuhrumsatzsteuer bzw Erwerbsteuer**. Da demnach bestimmte Vorgänge im Bestimmungsland besteuert werden sollen, müssen gegengleich derartige Vorgänge vom Ursprungsland steuerfrei gestellt werden.

Auf Österreich bezogen bedeutet dies die Besteuerung von aus Österreich ausgeführten Gegenständen mit der Einfuhrumsatzsteuer (im Drittland) bzw Erwerbsteuer (im EU-Staat) und daher gegengleich die **Steuerfreistellung** dieser Gegenstände **von** der **österreichischen Umsatzsteuer**. Die Steuerfreistellung erfolgt daher in diesem Fall nur für Leistungen in das Ausland.

Anwendungsfälle:

- Bei einer **Ausfuhrlieferung** (Exportlieferung gem § 7 UStG) sind steuerbefreit:

  a) **Beförderungs- oder Versendungslieferungen** (ins Drittland), wenn über die Ausfuhr ein Ausfuhrnachweis (Versendungsbelege, Ausfuhrbescheinigung) erbracht wird und ein Buchnachweis (buchhalterische Dokumentation) gegeben ist;

b) **Abhollieferungen**, wenn der Vertragspartner ein ausländischer Abnehmer iSd § 7 Abs 2 ist und selbst den Gegenstand in das Drittland befördert (als Unternehmer darf er keinen Zweitwohnsitz im Inland haben);

c) **Touristenexporte**, wenn
   - der Gegenstand nicht für unternehmerische Zwecke ausgeführt wird,
   - der Warenwert 75 € inkl USt übersteigt,
   - der Abnehmer laut Reisedokument keinen Wohnsitz im Gemeinschaftsgebiet hat,
   - der Abnehmer den Gegenstand binnen drei Monaten aus Österreich ausführt
   - und anschließend dem Verkäufer jene Ausfuhrbescheinigung zusendet, welche der Abnehmer beim Grenzübertritt vom Zollamt erhält.

- **Lohnveredelungen an Gegenständen der Ausfuhr** als echt steuerbefreite sonstige Leistung (§ 8 UStG).
  Hierbei wird ein Gegenstand vom österreichischen Unternehmer **be- bzw verarbeitet** (darunter ist jede Behandlung eines Gegenstandes zu verstehen, durch welche nach der Verkehrsauffassung ein neues Verkehrsgut entsteht) und anschließend an den ausländischen Auftraggeber zurück in das Drittland befördert oder versendet bzw vom Abnehmer selbst dorthin befördert.
  Zusätzliche Voraussetzung für eine Steuerbefreiung ist in diesem Fall, dass der Gegenstand schon zum Zwecke der Lohnveredelung in das Gemeinschaftsgebiet eingeführt bzw in diesem erworben wurde.
  In diesem Sinne liegt beispielsweise keine steuerfreie Lohnveredelung vor, wenn ein ausländischer Tourist seinen Pkw während der Fahrt durch Österreich reparieren lassen muss.

- **Umsätze für die Seeschifffahrt und Luftfahrt** (§ 9 UStG).
  Hierunter fällt beispielsweise die Vercharterung, Vermietung, Versorgung und die Wartung von überwiegend international (auch innerhalb der EU) eingesetzten Luftfahrzeugen und Hochseeschiffen.

- **Grenzüberschreitende Güterbeförderung in ein Drittland** und damit zusammenhängende Nebenleistungen.

- **Grenzüberschreitende Personenbeförderung** mit **Schiffen und Luftfahrzeugen.**
  Das gilt auch für eine ausschließliche „EU-Beförderung“ (außer am Bodensee). Die vergleichbare Personenbeförderung mit Bahn, Bus oder Kfz unterliegt mit der im Inland zurückgelegten Strecke der österreichischen Umsatzsteuer.

Hinweis:
- *siehe auch A 60*

Quellen:
- § 6 Abs 1 Z 1-6; §§ 7-9 UStG

Literatur:
- *Beiser*, Steuern[12], Rz 605 f
- *Doralt*, Steuerrecht 2014/15, Rz 333
- *Doralt/Ruppe*, Steuerrecht II[7], Rz 355 ff
- *Lang/Unger*, Steuerrecht graphisch[5], Rz 124

B 94. Was versteht man unter einer „unechten" Steuerbefreiung?

Im Falle einer unechten Steuerbefreiung ist zwar ebenso der **Umsatz steuerbefreit,** jedoch kann die **Vorsteuer nicht** abgezogen werden.

Unecht steuerbefreit sind insbesondere:

- die meisten Umsätze im **Banken- und Versicherungswesen**;
- Umsätze von **Anteilen an Personen- und Kapitalgesellschaften**;
- **Grundstücksumsätze** iSd GrEStG; jedoch mit **Optionsrecht** zur (vollen) Steuerpflicht;
- **Gesundheits- und Sozialbereich**, dh Sozialversicherung, Humanärzte, öffentliche Krankenanstalten;
- **Privatschulwesen**, private Unterrichtserteilung;
- **Vermietung von Grundstücken nicht für Wohnzwecke**, mit einem **Optionsrecht** zur (vollen) Steuerpflicht;
- **Kleinunternehmer**: bei Umsätzen von höchstens 30.000 € im Veranlagungszeitraum (**Toleranzgrenze**: einmalige, höchstens 15 %ige Überschreitung innerhalb von 5 Jahren); es besteht ebenfalls Optionsrecht zur normalen Steuerpflicht.

Hinweis:
- *siehe auch A 53*

Quellen:
- § 6 Abs 1 Z 7-28 UStG

Literatur:
- *Beiser*, Steuern[12], Rz 605 f
- *Doralt*, Steuerrecht 2014/15, Rz 334 ff
- *Doralt/Ruppe*, Steuerrecht II[7], Rz 364 ff
- *Lang/Unger*, Steuerrecht graphisch[5], Rz 124

B 95. Welche Voraussetzungen bestehen für eine formgültige Rechnung? Worin liegt der Sinn dieser „Formstrenge"?

Eine formgültige Rechnung stellt eine **grundlegende Voraussetzung für den Vorsteuerabzug** dar. Aus diesem Grund kommt den Bestimmungen des § 11 UStG größte Bedeutung zu.

Der Unternehmer hat **grundsätzlich immer eine Rechnung** auszustellen, auch wenn der Abnehmer eine juristische Person ohne Unternehmercharakter ist (beispielsweise eine Körperschaft öffentlichen Rechts). Nur gegenüber Privatpersonen besteht keine derartige Verpflichtung.

Für jeden Abnehmer sehr wesentlich ist die **zivilrechtliche Durchsetzbarkeit** des Anspruches auf Rechnungsausstellung, sofern er diese für seinen Vorsteuerabzug benötigt.

Neben Papierdokumenten, welche die notwendigen Voraussetzungen einer umsatzsteuerlichen Rechnung besitzen, ist eine **elektronische Rechnungslegung** grundsätzlich möglich (§ 11 Abs 2 UStG iVm der VO des BMF, mit der die Anforderungen an eine auf elektronischem Weg übermittelte Rechnung bestimmt werden; BGBl II 2003/583 idF BGBl II 2012/516). Diese muss dabei jedoch den entsprechenden Bestimmungen des SignaturG genügen.

Eine Rechnung muss folgende **notwendigen Angaben** enthalten:

- Ausstellungsdatum
- fortlaufende Nummer
- Name und Anschrift des liefernden oder leistenden Unternehmers
- UID-Nummer des leistenden Unternehmers
- Name und Anschrift des Abnehmers der Lieferung oder des Empfängers der sonstigen Leistung
- UID-Nummer des Leistungsempfängers (bei Steuerschuldumkehr sowie generell wenn der Rechnungsbetrag [brutto!] 10.000 € übersteigt)
- Menge und handelsübliche Bezeichnung der gelieferten Gegenstände oder Art und Umfang der sonstigen Leistung
- Tag der Lieferung/sonstigen Leistung oder Zeitraum, über den sich die sonstige Leistung erstreckt
- Entgelt (§ 4 UStG)
- den darauf anzuwendenden Steuersatz (oder der Hinweis auf eine Steuerbefreiung)
- den auf das Entgelt entfallenden Steuerbetrag.

Bei **Kleinbetragsrechnungen** (bis 400 € inklusive USt) sind lediglich folgende Angaben notwendig:

- Ausstellungsdatum
- Name und Anschrift des liefernden oder leistenden Unternehmers
- Menge und handelsübliche Bezeichnung der gelieferten Gegenstände oder Art und Umfang der sonstigen Leistung
- Tag der Lieferung/sonstigen Leistung oder Zeitraum, über den sich die sonstige Leistung erstreckt
- Entgelt (§ 4 UStG)
- der darauf anzuwendende Steuersatz (oder der Hinweis auf eine Steuerbefreiung).

Das Entgelt ist bei Steuerpflicht somit ausnahmsweise inklusive USt (brutto) ausweisbar, wobei dann allerdings ein Hinweis auf den Steuersatz gegeben werden muss.

Bei Fällen der Steuerschuldumkehr (**Reverse Charge**) ist zur Formgültigkeit der Rechnung die UID des Abnehmers anzuführen. Gleichzeitig entfällt jedoch die Pflicht des Steuerausweises.

Sollten allfällige **Gutschriften** des Leistungsempfängers an die Stelle der Rechnungen des leistenden Unternehmers treten, berechtigen diese den Abnehmer (= Aussteller der Gutschrift) grundsätzlich ebenso zum Vorsteuerabzug, wenn die entsprechenden Formvorschriften des § 11 UStG eingehalten wurden und der Leistende überhaupt eine Steuerschuld zu verantworten hat.

Anzahlungen unterliegen bereits der Umsatzsteuer und begründen spiegelbildlich eine Berechtigung zum Vorsteuerabzug. Der leistende Unternehmer hat für jede erhaltende Anzahlung eine eigene formgültige Rechnung auszustellen. Im Rahmen der Endabrechnung sind schließlich die erhaltenen Anzahlungen samt den dazugehörenden Umsatzsteuerbeträgen wiederum abzuziehen.

Quellen:
- § 11 UStG

Literatur:
- *Beiser*, Steuern[12], Rz 589 ff
- *Doralt*, Steuerrecht 2014/15, Rz 339
- *Doralt/Ruppe*, Steuerrecht II[7], Rz 438 ff
- *Lang/Unger*, Steuerrecht graphisch[5], Rz 139 f

B 96. Unterscheiden Sie einen „unrichtigen Steuerausweis“ von einem „unberechtigten Steuerausweis“.

Bei einem **unrichtigen Steuerausweis** wird die **USt** auf der Rechnung **zu hoch oder zu niedrig ausgewiesen**. Der Unternehmer schuldet grundsätzlich die höhere USt, kann die Rechnung aber berichtigen. Im Falle eines zu hohen Steuerausweises spricht von einer **Steuerschuld kraft Rechnungslegung mit Berichtigungsmöglichkeit** gem § 11 Abs 12 UStG.

Der Abnehmer darf jedoch nur den **richtigen Betrag als Vorsteuer** geltend machen. Im Falle des zu hohen Ausweises ist dies der niedrigere Betrag. Im Falle des zu niedrigeren Ausweises darf der Abnehmer jedoch erst dann den richtigen höheren Betrag als Vorsteuer geltend machen, wenn der Unternehmer die Rechnung berichtigt hat.

Bei einem **unberechtigten Steuerausweis** liegt in Wahrheit **keine Leistung** vor bzw ist der Rechnungsaussteller gar **kein Unternehmer**. Er schuldet diesfalls zwar ebenfalls die USt, darf seine Rechnung jedoch nicht berichtigen. Man spricht hierbei von einer **Steuerschuld kraft Rechnungslegung ohne Berichtigungsmöglichkeit** gem § 11 Abs 14 UStG.

Der Abnehmer darf diesfalls überhaupt keine Vorsteuer geltend machen, weil richtigerweise keine Leistung ausgeführt wurde.

Ausnahmsweise kann der Aussteller bei einem unberechtigten Steuerausweis **dennoch** die Rechnung **berichtigen**, und zwar bei irrtümlicher Rechnungslegung (Beweisfrage!) bzw laut EuGH dann, wenn der Aussteller die Gefährdung des Steueraufkommens rechtzeitig und vollständig bereinigt.

Von den hier angesprochenen „Steuerausweisfällen" ist die nachträgliche Änderung der Bemessungsgrundlage strikt **zu unterscheiden** (vgl hierzu B 90).

Hinweis:
- *siehe auch A 51*

Quellen:
- § 11 f UStG

Literatur:
- *Beiser*, Steuern[12], Rz 597 ff
- *Doralt*, Steuerrecht 2014/15, Rz 340
- *Doralt/Ruppe*, Steuerrecht II[7], Rz 445a
- *Lang/Unger*, Steuerrecht graphisch[5], Rz 141 f

B 97. Wer ist Steuerschuldner der USt?

Gemäß **§ 19 Abs 1 UStG** ist bei Lieferungen und sonstigen Leistungen der Unternehmer Steuerschuldner, **der** diese **Leistungen erbringt**, im Falle des Eigenverbrauches der Unternehmer, **der** den **Eigenverbrauch tätigt**.

Seit 1.1.2004 ist im Falle der Erbringung von **sonstigen Leistungen oder Werklieferungen** durch ausländische Unternehmer an einen inländischen Unternehmer oder an eine juristische Person des öffentlichen Rechts das sogenannte **Reverse Charge System** vorgesehen. Hierbei geht die **Steuerschuld** vom leistenden Unternehmer auf den (inländischen) **Leistungsempfänger** über. Diesfalls ist eine derartige Rechnung des leistenden Unternehmers daher ohne Umsatzsteuer auszustellen. Diese muss vielmehr durch den Leistungsempfänger selbst ermittelt werden, welcher sich aber den entsprechenden Betrag wiederum als Vorsteuer abziehen darf.

Zusätzlich zu den sonstigen Leistungen und Werklieferungen geht die **Steuerschuld** in folgenden Fällen auf den **Empfänger** der Leistung über (§ 19 Abs 1a-1e UStG):

- bei **Bauleistungen**, wenn der empfangende Unternehmer selbst Bauleistungen erbringt
- **Lieferung sicherungsübereigneter Gegenstände** durch den **Sicherungsgeber an** den **Sicherungsnehmer** oder
- **Lieferung** des **Vorbehaltskäufers an** den **Vorbehaltsverkäufer** im Falle der vorangehenden Übertragung des **vorbehaltenen Eigentums** erfolgt;
- bei **Lieferung von Grundstücken, Gebäuden auf fremdem Boden und Baurechten im Zwangsversteigerungsverfahren** durch den Verpflichteten an den Ersteher;
- bei Lieferung von **Gas, Elektrizität, Wärme, Kälte**
- bei **Schrottumsätzen**

- bei Umsätzen iZm **Treibhausgasemmissionszertifikaten, Mobilfunkgeräten und Schaltgeräten.**

Hinweis:
- *siehe auch A 50*

Quellen:
- § 19 UStG

Literatur:
- *Beiser*, Steuern[12], Rz 674
- *Doralt*, Steuerrecht 2014/15, Rz 3-6
- *Doralt/Ruppe*, Steuerrecht II[7], Rz 50 ff
- *Lang/Unger*, Steuerrecht graphisch[5], Rz 149

B 98. Unterscheiden Sie „Sollbesteuerung" von „Istbesteuerung".

Bei der **Sollbesteuerung** gem § 19 Abs 2 UStG ist der **Zeitpunkt der Leistung** auch für den Zeitpunkt der Besteuerung relevant. Bemessungsgrundlage hierfür ist das **vereinbarte Entgelt**. Eine tatsächliche Bezahlung ist nicht erforderlich.

Die **Steuerschuld entsteht** auf diese Weise mit Ablauf des Kalendermonats, in dem die Leistung ausgeführt worden ist. Bei erst **späterer Rechnungslegung** verschiebt sich der Entstehungszeitpunkt der Steuerschuld um höchstens einen Monat.

Einen **Sonderfall** bilden jedoch **Anzahlungen oder Vorauszahlungen**. Hier entsteht ausnahmsweise die Steuerschuld bereits nach Ablauf des Monats, in dem die Zahlung vereinnahmt wurde (dabei ist irrelevant, ob die Rechnung erst später ausgestellt wird). Man spricht in diesem Fall von einer **Mindest-Istbesteuerung**.

Bei der **Istbesteuerung** gem § 17 UStG ist hingegen der **Zeitpunkt der Bezahlung** für das Entstehen der Steuerschuld maßgeblich. Die Bemessungsgrundlage ist hier daher das **vereinnahmte Entgelt**.

Die **Steuerschuld entsteht** grundsätzlich auch dann im Zeitpunkt der Bezahlung, wenn die Rechnungslegung erst in einem späteren Monat erfolgt.

Eine **Ausnahme** hiervon bilden jedoch Fälle des **Reverse-Charge**. Hierbei ist (wie bei der Sollbesteuerung) der Zeitpunkt der Leistung maßgeblich. Auch kann sich diesfalls das Entstehen der Steuerschuld um höchstens einen Monat verschieben, falls die Rechnung erst später ausgestellt wurde.

Die **Istbesteuerung** ist **in folgenden Fällen** anzuwenden:

- **nichtbuchführungspflichtige Land- und Forstwirte**
- **nichtrechnungslegungspflichtige Gewerbetreibende**
- **freie Berufe** (unabhängig vom Umsatz)
- **Vermietung** (bei maximal 110.000 € Jahresumsatz)
- **Versorgungsunternehmen** (Gas, Wasser, Müll etc)

Über Antrag können istbesteuerte Unternehmer **zur Sollbesteuerung** wechseln (ausgenommen Versorgungsunternehmen, diese unterliegen zwingend der Istbesteuerung).

Quellen:	**Literatur:**
▪ §§ 17, 19 UStG	▪ *Beiser*, Steuern[12], Rz 648 ff ▪ *Doralt*, Steuerrecht 2014/15, Rz 347 ff ▪ *Doralt/Ruppe*, Steuerrecht II[7], Rz 548 ff ▪ *Lang/Unger*, Steuerrecht graphisch[5], Rz 146-148

B 99. Wie erfolgt die Durchführung der Besteuerung im Bereich der USt?

Gemäß § 20 UStG ist der Unternehmer in der Regel **pro Kalenderjahr** umsatzsteuerlich zu veranlagen. Wird jedoch die ihn betreffende Einkommensteuer oder Körperschaftsteuer im Rahmen eines **abweichenden Wirtschaftsjahres** erhoben, ist dies auch für die Umsatzsteuer **möglich**.

Entsprechend dem Charakter einer **Selbstbemessungsabgabe** (vgl § 201 BAO) sind für die Umsatzsteuer **monatlich** (für Unternehmer, deren Umsätze im letzten Kalenderjahr unter 100.000 € blieben **quartalsweise**) **Voranmeldungen** abzugeben **(„UVAs")** sowie dementsprechende Vorauszahlungen zu leisten. Hierfür hat der Unternehmer 45 Tage Zeit, da die **Fälligkeit** der USt-Zahlung wie der UVA erst am **15. des** auf den Voranmeldezeitraum **zweitfolgenden Monats** eintritt.

Nach Ablauf des entsprechenden Jahreszeitraums ist binnen 4 Monaten (30. April) bzw 6 Monaten (30. Juni) bei elektronischer Einreichung eine **Jahresumsatzsteuererklärung** (U 1) abzugeben.

Gemäß § 21 Abs 4 UStG idF AbgÄG 2004 werden Unternehmer, die im Inland keine Umsätze ausgeführt haben oder nur Umsätze, für die der Leistungsempfänger die Steuer schuldet, und die ausschließlich eine Steuer gemäß § 19 Abs 1 zweiter Satz oder Abs 1a schulden, hinsichtlich der sie zum vollen Vorsteuerabzug berechtigt sind, nur dann zur Steuer veranlagt, wenn sie dies ausdrücklich beantragen.

Besondere Aufsichtsmaßnahmen zur Sicherung des Steueranspruches bestehen in folgenden Fällen:

- Gemäß § 19 Abs 1 (1a, 1b, 1c, 1d, 1e) UStG geht in den dort genannten Fällen die Steuerschuld vollkommen auf den Leistungsempfänger über – **Reverse Charge** (vgl B 97).
- Gemäß § 27 Abs 7 UStG haben ausländische Unternehmer ohne Wohnsitz, Sitz oder Betriebsstätte im Inland für die Durchführung von im Inland steuerpflichtigen Umsätzen grundsätzlich einen **Fiskalvertreter** zu bestellen und dem Finanzamt bekanntzugeben (keine Verpflichtung für EU-Unternehmer!). Die **Haftung** nach

§ 27 Abs 4 UStG ist **subsidiär zum Reverse Charge** nach § 19 Abs 1 zweiter Satz UStG, weil eine Haftung nur für eine fremde Schuld möglich ist und daher bei einem ohnehin erfolgten Übergang der Steuerschuld auf den Leistungsempfänger es nicht noch zusätzlich eine Haftung geben kann.

- § 27 Abs 4 UStG idF AbgÄG 2004 normiert eine **Steuerabfuhrverpflichtung** und **Haftung** des **Leistungsempfängers**, wenn der leistende Unternehmer keinen Wohnsitz (Sitz), gewöhnlichen Aufenthalt oder Betriebsstätte im Inland hat.

Hinweis:
- *siehe auch A 48*

Quellen:
- §§ 20 ff UStG

Literatur:
- *Beiser*, Steuern[12], Rz 644 f
- *Doralt*, Steuerrecht 2014/15, Rz 3_0 ff
- *Doralt/Ruppe*, Steuerrecht II[7], Rz _56 ff
- *Lang/Unger*, Steuerrecht graphisch[5], Rz 150

B 100. Unterscheiden Sie „Erwerbschwelle" von „Lieferschwelle".

Als **„Erwerbschwelle"** wird die Grenze von **11.000 €** (für Österreich) bezeichnet, welche hinsichtlich **aller innergemeinschaftlichen Erwerbe** in Österreich im vorangegangenen oder im laufenden Jahr maßgeblich wird.

Befindet sich ein (empfangender) Unternehmer bzw eine Körperschaft **unter dieser Grenze**, dann gilt diese(r) als **Schwellenerwerber(in)**, und der leistende Unternehmer hat aufgrund des **Ursprungslandprinzips** (vgl B 77) die Leistung in seinem Land zu versteuern, weshalb der Schwellenerwerber mit keiner Erwerbsteuer belastet wird.

Befindet sich der Abnehmer jedoch **über der Erwerbschwelle**, dann erfolgt ein Wechsel zum **Bestimmungslandprinzip** (vgl B 76), weshalb die entsprechenden innergemeinschaftlichen Erwerbe normal der Erwerbsteuer unterliegen und dafür der Export des leistenden Unternehmers eine echt steuerfreie innergemeinschaftliche Lieferung darstellt.

Rein faktisch kommen daher **als „Schwellenerwerber" in Betracht**:

- (unecht) steuerbefreite Unternehmer
- pauschalierte Land- und Forstwirte
- juristische Personen, die nicht Unternehmer sind (insbesondere öffentlichen Rechts).

Der **Schwellenerwerber kann** jedoch auf Anwendung der Erwerbschwelle **verzichten**, worauf er unabhängig von der Höhe seiner Erwerbe der Erwerbsteuer unterliegt.

Unter **„Lieferschwelle"** versteht man hingegen jene **35.000 €** (für Österreich), welche von einem leistenden Unternehmer (zB Deutschen) mit seinen **Versendungen**

an private Abnehmer und Schwellenerwerber in einen bestimmten Mitgliedstaat (hier zB Österreich) im laufenden oder vorangegangenen Jahr überschritten werden müssen, damit dieser mit seinen Umsätzen **im** entsprechenden **Bestimmungsland steuerpflichtig** wird. Auch hier erfolgt daher ein Wechsel vom Ursprungsland- zum Bestimmungslandprinzip.

Der wichtige Unterschied ist daher, dass für die **Lieferschwelle** die Umsätze eines Unternehmers **in ein bestimmtes Bestimmungsland** heranzuziehen sind, während für die **Erwerbschwelle** die innergemeinschaftlichen Erwerbe eines Abnehmers **aus allen Mitgliedstaaten** den Maßstab bilden.

Hinweis:
- *siehe auch A 57*

Quellen:
- Art 1 Abs 4 ff BMR

Literatur:
- *Beiser*, Steuern[12], Rz 631
- *Doralt*, Steuerrecht 2014/15, Rz 358 f
- *Doralt/Ruppe*, Steuerrecht II[7], Rz 577 ff
- *Lang/Unger*, Steuerrecht graphisch[5], Rz 155

Kommunalsteuer

B 101. Was unterliegt der Kommunalsteuer?

Der Kommunalsteuer unterliegen die **Arbeitslöhne**, die **an** die **Dienstnehmer eines Unternehmens** ausbezahlt werden.

Dienstnehmer sind hierbei:

- Dienstnehmer **im steuerlichen Sinne** (§ 47 Abs 2 EStG)
- **Gesellschafter-Geschäftsführer**, die aufgrund eines Dienstvertrags tätig werden, auch wenn sie zu mehr als 25 % an der Gesellschaft beteiligt sind (§ 2 lit a zweiter Fall KommStG). Hingegen sind im Werkvertrag tätige Gesellschafter-Geschäftsführer keine Dienstnehmer.

Bemessungsgrundlage ist die Summe der Arbeitslöhne – dazu gehören zB auch sonstige Bezüge, nicht jedoch Ruhe- und Versorgungsgenüsse (§ 5 KommStG). Die **Höhe** beträgt 3 % der Bemessungsgrundlage.

Quellen:	**Literatur:**
▪ KommStG	▪ *Doralt*, Steuerrecht 2014/15, Rz 391
▪ § 22 Z 2, § 47 Abs 2 EStG	▪ *Doralt/Ruppe*, Steuerrecht II[7], Rz 1152 ff

Dienstgeberbeitrag zum FLAF

B 102. Wer ist Schuldner des Dienstgeberbeitrages?

Den Dienstgeberbeitrag haben **alle Dienstgeber** zu leisten, die **im Bundesgebiet Dienstnehmer** beschäftigen (§ 41 FLAG). Im Unterschied zur Kommunalsteuer unterliegen dem Dienstgeberbeitrag zum FLAF nicht nur Unternehmer, sondern auch Dienstgeber ohne Unternehmereigenschaft.

Dienstnehmer sind hierbei:

- Dienstnehmer **im steuerlichen Sinne** (§ 47 Abs 2 EStG)
- **Gesellschafter-Geschäftsführer**, die aufgrund eines Dienstvertrags tätig werden, auch wenn sie zu mehr als 25 % an der Gesellschaft beteiligt sind (§ 41 Abs 2 zweiter Fall FLAG). Hingegen sind im Werkvertrag tätige Gesellschafter-Geschäftsführer keine Dienstnehmer.

Bemessungsgrundlage ist die Summe der Arbeitslöhne – dazu gehören zB auch sonstige Bezüge, nicht jedoch Ruhe- und Versorgungsgenüsse (§ 41 Abs 3 und Abs 4 FLAG). Die Höhe beträgt 4,5 % der Summe der Arbeitslöhne.

Quellen:	**Literatur:**
▪ §§ 41-44 FLAG	▪ *Doralt*, Steuerrecht 2014/15, Rz 392
▪ § 22 Z 2, § 47 Abs 2 EStG	▪ *Doralt/Ruppe*, Steuerrecht II^{7}, Rz 1143 f

Grunderwerbsteuer

B 103. Was unterliegt der Grunderwerbsteuer?

Die GrESt ist eine **Rechtsverkehrssteuer.** Ihr unterliegen folgende **Verpflichtungsgeschäfte**, welche den **Erwerb von Grundstücken im Inland** zum Zwecke haben (§ 1 GrEStG):

- **Kaufverträge** und andere Übereignungsrechtsgeschäfte
- **Eigentumserwerb ohne vorangegangenes Verpflichtungsgeschäft** (zB in einer Zwangsversteigerung, aber auch **„Anwachsung"** bei Ausscheiden des vorletzten Gesellschafters einer Personengesellschaft)
- Abtretungs- oder Kettengeschäfte
- Erwerb der Verwertungsbefugnis
- **Anteilsvereinigung**, dh wenn zum Vermögen einer **Kapitalgesellschaft** ein Grundstück gehört und alle Anteile an der Gesellschaft in einer Hand vereinigt werden.

Hinweis:
- *siehe auch A 61; A 62*

Quellen:	**Literatur:**
▪ GrEStG	▪ *Beiser*, Steuern[12], Rz 668 ff ▪ *Doralt*, Steuerrecht 2014/15, Rz 402 ▪ *Doralt/Ruppe*, Steuerrecht II[7] Rz 993 ff ▪ *Lang/Unger*, Steuerrecht graphisch[5], Rz 193

B 104. Was ist die Bemessungsgrundlage für die Grunderwerbsteuer?

Grundsätzlich bemisst sich die Grunderwerbsteuer vom **Wert der Gegenleistung** (§ 4 Abs 1 GrEStG). Was unter dem Begriff „Gegenleistung" zu verstehen ist, hängt vom zivilrechtlichen Vertrag oder vom Vorgang ab, durch den der Anspruch auf Übereignung begründet wird (siehe dazu § 5 Abs 1 GrEStG). Zur Gegenleistung gehören auch **Leistungen**, die der Erwerber des Grundstücks dem Veräußerer neben der beim Erwerbsvorgang vereinbarten Gegenleistung **zusätzlich gewährt** (§ 5 Abs 2 Z 1 GrEStG), und **Belastungen**, die auf dem Grundstück ruhen, soweit sie auf den Erwerber kraft Gesetzes übergehen, ausgenommen dauernde Lasten (§ 5 Abs 2 Z 2 GrEStG) – die wichtigsten Anwendungsfälle dieser Vorschrift sind **Hypotheken** und **Fruchtgenussrechte**.

In folgenden Fällen bemisst sich die Grunderwerbsteuer nicht vom Wert der Gegenleistung, sondern

- vom **dreifachen Einheitswert, maximal jedoch 30 % des gemeinen Wertes** (§ 4 Abs 2 Z 1 GrEStG):

  - bei Übertragung eines Grundstückes an einen **begünsigten Personenkreis** (Familienangehörige iSd § 7 Abs 1 Z 1 und 2 GrEStG)
  - bei Erwerb eines Grundstückes durch Erbanfall, durch Vermächtnis oder in Erfüllung eines Pflichtteilsanspruches, wenn die Leistung an Erfüllungs Statt vor Beendigung des Verlassenschaftsverfahrens vereinbart wird, durch den **begünsigten Personenkreis** (siehe oben)
  - wenn alle Anteile einer Gesellschaft vereinigt werden oder alle Anteile einer Gesellschaft übergehen (sogenannte **Anteilsvereinigung**)
- vom **(einfachen) Einheitswert** im Falle der Übertragung eines **land- und forstwirtschaftlichen Grundstückes** (§ 4 Abs 2 Z 2 GrEStG):
  - bei Übertragung eines Grundstückes an einen **begünsigten Personenkreis** (siehe oben)
  - bei Erwerb eines Grundstückes durch Erbanfall, durch Vermächtnis oder in Erfüllung eines Pflichtteilsanspruches, wenn die Leistung an Erfüllungs Statt vor Beendigung des Verlassenschaftsverfahrens vereinbart wird, durch den **begünsigten Personenkreis** (siehe oben)
  - wenn alle Anteile einer Gesellschaft vereinigt werden oder alle Anteile einer Gesellschaft übergehen (sogenannte **Anteilsvereinigung**)
  - bei Erwerb eines Grundstückes auf Grund einer **Umgründung iSd UmgrStG**
- vom **gemeinen Wert** (§ 4 Abs 2 Z 3 GrEStG):
  - wenn eine **Gegenleistung nicht vorhanden** oder **nicht zu ermitteln** ist oder die Gegenleistung **geringer** ist als der gemeine Wert des Grundstückes
  - beim Erwerb durch **Erbanfall**, durch **Vermächtnis** oder in Erfüllung eines **Pflichtteilsanspruches**, wenn die Leistung an Erfüllungs Statt vor Beendigung des Abhandlungsverfahrens vereinbart wird

Hinweis:
- *siehe auch B 103; A 61, A 62; E 2*

Quellen:
- § 4, § 5 GrEStG

Literatur:
- *Beiser*, Steuern[12], Rz 673 ff
- *Doralt*, Steuerrecht 2014/15, Rz 466
- *Doralt/Ruppe*, Steuerrecht II[7], Rz 1012 ff

Gesellschaftsteuer

B 105. Was unterliegt der Gesellschaftsteuer?

Der GesSt unterliegt die **Zufuhr von Eigenkapital an inländische Kapitalgesellschaften**, und zwar (§ 2 KVG):

- der **Ersterwerb von Gesellschaftsrechten** (Gründung und Kapitalerhöhung)
- **Pflichtleistungen** des Gesellschafters (zB Nachschüsse)
- **freiwillige Leistungen** des Gesellschafters (zB Zuschüsse)
- die Verlegung von Geschäftsleitung oder Sitz einer Kapitalgesellschaft nach Österreich, wenn diese Kapitalgesellschaft bisher ihren Sitz oder ihre Geschäftsleitung nicht in einem EU-Mitgliedstaat hatte
- die Zuführung von Anlage- und Betriebskapital an eine inländische Zweigniederlassung einer Kapitalgesellschaft durch ihre ausländische Muttergesellschaft, wenn diese ihren Sitz oder ihre Geschäftsleitung nicht in einem EU-Mitgliedstaat hat.

Wesentlich ist, dass unter **Kapitalgesellschaften** im Sinne des KVG nicht nur die AG und die GmbH verstanden werden, sondern **auch** die **GmbH & Co KG (§ 4 Abs 2 Z 1 KVG)**.

Eine **Steuerbefreiung** existiert insbesondere für **Unternehmensneugründungen** (§ 1 Z 5 NeuFöG).

Mit dem AbgÄG 2014 wurde ein **Außerkrafttreten der Gesellschaftsteuer per 1.1.2016** normiert (§ 38 Abs 3e KVG).

Hinweis:

- *siehe auch A 63*

Quellen:

- § 2-10a KVG
- § 1 Z 5 NeuFöG

Literatur:

- *Beiser*, Steuern[12], Rz 705 ff
- *Doralt*, Steuerrecht 2014/15, Rz 475 f
- *Doralt/Ruppe*, Steuerrecht II[7], Rz 1031 ff
- *Lang/Unger*, Steuerrecht graphisch , Rz 194

Gebührengesetz

B 106. Wodurch wird das Gebührenrecht charakterisiert?

Dem Gebührengesetz unterliegen:

- **Schriften** und
- schriftlich beurkundete **Rechtsgeschäfte**.

Nach dem **Urkundenprinzip** lösen regelmäßig nur schriftliche Urkunden (daher nur schriftliche Verträge) eine Gebührenpflicht aus.

Daher löst die mündliche Annahme eines schriftlichen Offerts keine Gebühr aus; die schriftliche Annahme eines mündlichen Offerts dagegen schon.

Nach dem VwGH kann auch eine nicht ausgedruckte E-Mail eine Gebührenpflicht auslösen (VwGH 16.12.2010, 2009/16/0271).

Eine **Gebührenbefreiung** besteht grundsätzlich für Gebietskörperschaften sowie bei Unternehmensneugründungen (§ 1 Z 1 NeuFöG).

Quellen:	Literatur:
▪ § 2 GebG	▪ *Beiser*, Steuern[12], Rz 723 ff
▪ § 1 Z 1 NeuFöG	▪ *Doralt*, Steuerrecht 2014/15, Rz 501
	▪ *Doralt/Ruppe*, Steuerrecht II[7], Rz 1061 f
	▪ *Lang/Unger*, Steuerrecht graphisch[5], Rz 190

B 107. Unterscheiden Sie „Feste Gebühren“ von „Hundertsatzgebühren“.

Feste Gebühren (auch „fixe Gebühren“, „Schriftengebühren“, „Amtshandlungsgebühren“ oder „Stempelgebühren“) sind in den Tarifposten **betragsmäßig** (daher fix) ausgewiesen. Ihre Bezahlung erfolgt bar, mittels Erlagschein, Bankomat- oder Kreditkarte.

Im Gegensatz dazu werden **Hundertsatzgebühren** („Rechtsgeschäftsgebühren“) in Form von **Prozentsätzen** der entsprechenden Bemessungsgrundlagen in den Tarifposten ausgewiesen. Die konkreten Gebühren werden entweder amtswegig oder selbst bemessen.

Quellen:	Literatur:
• § 3 GebG	▪ *Beiser*, Steuern[12], Rz 723
• § 1 Z 1 NeuFöG	▪ *Doralt/Ruppe*, Steuerrecht II[7], Rz 1065 f

Allgemeine Bestimmungen der Bundesabgabenordnung

B 108. Was ist der Anwendungsbereich der Bundesabgabenordnung?

Mit dem AbgabenverwaltungsreformG (BGBl I 2009/20) wurden die bisher in eigenen Landesabgabenordnungen geregelten Bestimmungen über die Landes- und Gemeindeabgaben in das Gesetz „Bundesabgabenordnung" integriert. Seit 1.1.2010 gilt die Bundesabgabenordnung nun nicht mehr allein für **Abgaben des Bundes**, sondern auch für Abgaben **der Länder und der Gemeinden**. Mit selben Datum traten die neun „Landesabgabenordnungen" außer Kraft.

Gemäß § 2a BAO gilt die BAO auch im **Verfahren vor den Verwaltungsgerichten**, also den grds jeweiligen Landesverwaltungsgerichten für Beschwerdeverfahren in Landes- und Gemeindeabgaben bzw dem Bundesfinanzgericht für Beschwerdeverfahren in Bundesabgaben.

Quellen:	**Literatur:**
• § 1 Abs 1, § 2a BAO	• *Tanzer/Unger*, BAO 2014/2015, 15
• F-VG/FAG	• *Doralt*, Steuerrecht 2014/15, Rz 561

B 109. Wann entsteht ein Abgabenanspruch?

Nach der Generalklausel des **§ 4 Abs 1 BAO** entsteht ein Abgabenanspruch in dem Moment, in welchem der **Tatbestand verwirklicht** wurde, an den das Gesetz die Abgabepflicht anknüpft.

Von dem aus der Tatbestandsverwirklichung resultierenden **(abstrakten) Abgabenanspruch** zu unterscheiden ist der **(konkrete) Abgabenzahlungsanspruch** (die Abgabenzahlungsschuld).

Darunter versteht man jenen Abgabenbetrag, der aufgrund einer bescheidmäßigen Festsetzung oder – im Fall der Selbstbemessungspflicht durch den Abgabepflichtigen – aufgrund der der Abgabenbehörde zur Kenntnis gebrachten Selbstmessung zu entrichten ist.

Quellen:	**Literatur:**
▪ § 4 Abs 1 BAO	▪ *Tanzer/Unger*, BAO 2014/2015,17 ff
	▪ *Doralt*, Steuerrecht 2014/15, Rz 533
	▪ *Lang/Unger*, Steuerrecht graphisch , Rz 157

B 110. Unterscheiden Sie die Begriffe „Steuerschuldner" von „persönlich Haftender".

Steuerschuldner ist derjenige, **der** den **Tatbestand erfüllt**, an den die Steuerschuld anknüpft.

In Fällen der **Gesamtschuld** schulden mehrere Personen zur ungeteilten Hand dieselbe abgabenrechtliche Leistung. Es liegt diesfalls im **Auswahlermessen** der Behörde, welchen der Gesamtschuldner sie zur Leistung heranzieht.

Im Gegensatz dazu hat der persönliche **Haftende** für eine **fremde Abgabenschuld** einzustehen („zu haften"). Es kann daher niemand zur selben Zeit für dieselbe Abgabe schulden und haften.

Quellen:	Literatur:
▪ §§ 6,7 BAO	▪ *Tanzer/Unger*, BAO 2014/2015, 17 ff ▪ *Doralt*, Steuerrecht 2014/15, Rz 535 ▪ *Lang/Unger*, Steuerrecht graphisch[5], Rz 158

B 111. Welche Fälle persönlicher Haftung kennen Sie?

1) Nach der **Vertreterhaftung** gem § 9 BAO haften Vertretungsorgane juristischer Personen (insbesondere Geschäftsführer) dann für Abgabenschulden der juristischen Person, wenn die Abgaben aufgrund eines Verschuldens des Vertretungsorganes bei der juristischen Person nicht erfolgreich eingebracht werden können. Hierbei handelt es sich somit um eine Ausfallshaftung. Voraussetzung für die Inanspruchnahme als Haftender gem § 9 BAO ist also die Uneinbringlichkeit beim Primärschuldner (zB GmbH), eine schuldhafte Pflichtverletzung des Vertreters (zB GF) und die Kausalität zwischen der Pflichtverletzung und der Uneinbringlichkeit.

2) Ergänzend zur Vertreterhaftung nach § 9 BAO kommt seit 1.1.2013 eine **Haftung des faktischen Geschäftsführers** nach § 9a BAO in Betracht. Dieser haftet dann und soweit, als seine verpönte Einflussnahme auf den Abgabepflichtigen bzw dessen Vertreter dazu führt, dass eine Abgabe uneinbringlich wird. Sinngemäß gelten die Voraussetzungen des § 9 BAO. Die Geltendmachung beider Haftungen liegt im Ermessen (§ 20 BAO).

3) Entsprechend der **Schadenersatzhaftung** gem § 11 BAO haften neben dem unmittelbaren Täter auch alle anderen Tatbeteiligten eines vorsätzlichen Finanzvergehens in Höhe des verkürzten Abgabenbetrages.

4) Die **Gesellschafterhaftung** gem § 12 BAO regelt die persönliche Haftung von Gesellschaftern einer OG oder KG für die Abgabenschulden ihrer Gesellschaft.

Aufgrund der mangelnden Rechtsfähigkeit einer stillen Gesellschaft und einer GesbR sind deren Gesellschafter nicht vom Anwendungsbereich des § 12 BAO erfasst, da die stille Gesellschaft bzw die GesbR nicht schulden kann und somit deren Gesellschafter für diese auch nicht haften können. Für diese besteht jedoch idR eine Gesamtschuld gem § 6 Abs 2 BAO, dh weil die Gesellschaft selbst nicht schulden kann, schulden unmittelbar die Gesellschafter die Abgabe (zB USt).

5) **Organgesellschaften** haften für die Abgaben des Organträgers, soweit sich die Abgabepflicht auf den Betrieb der Organgesellschaft gründet, dh für jene Abgabenschulden, die bei der Organgesellschaft ohne Vorliegen der Organschaft selbst entstünden. Dies betrifft die **USt** (Organträger ist USt-Schuldner, die Organgesellschaft haftet dafür), nicht aber die KöSt, da diese keine betriebsbezogene, sondern eine personenbezogene Steuer ist.

6) Die **Erwerberhaftung** betrifft den als **Einzelrechtsnachfolge** anzusehenden Erwerb von Betrieben, wie zB bei Kauf, Tausch, Schenkung, Erfüllung eines Legats, Einbringung in Gesellschaften, Betriebsspaltungen und ähnliche Veränderungen, soweit solche Vorgänge nicht gesellschaftsrechtlich zu einer Gesamtrechtsnachfolge führen. Hierbei haftet der Erwerber für Abgaben, die auf die unternehmerische Tätigkeit ursächlich zurückzuführen sind, also wiederum für die **USt**.
Diese Haftung ist **zeitlich beschränkt** auf Abgaben, die seit dem Kalenderjahr vor der Übereignung bis zur Übereignung entstanden sind.
Weiters besteht eine Haftung für die seit dem Kalenderjahr vor der Übereignung abzuführenden (fälligen) **Abfuhrabgaben**: LSt, KESt, AbzugSt nach § 99 EStG.
Nach § 14 Abs 1 letzter Satz BAO besteht eine Haftung nur insoweit, als der Erwerber die in Betracht kommenden Abgabenschulden im Zeitpunkt der Übereignung **kannte oder kennen musste**. Leichte Fahrlässigkeit genügt hierfür.
§ 14 Abs 2 BAO normiert jedoch **Ausnahmen von der Haftung** insofern, als der Erwerb aus einer Konkursmasse, im Wege eines Ausgleichsverfahrens oder im Zuge eines Vollstreckungsverfahrens nicht von der Erwerberhaftung umfasst ist.

7) Wenn in einem Unternehmen Wirtschaftsgüter nicht im (zivilrechtlichen) Eigentum des Unternehmers, sondern im Eigentum von **wesentlich** an der Körperschaft **Beteiligten** (> 25 %) stehen, dann haftet der Eigentümer **„mit" den überlassenen Gütern** für betriebliche Abgaben (persönliche Haftung cum viribus).

8) Bei **Gesamtrechtsnachfolge** gehen die Rechte und Pflichten des Rechtsvorgängers auf den Rechtsnachfolger über (§ 19 Abs 1 BAO).
Dies gilt für Abgabenschulden, Haftungsschulden, verfahrensrechtliche Rechtspositionen (wie Beschwerderechte) sowie Fristen.

   Beispiele für Gesamtrechtsnachfolge:
   Erbfolge, Erbschaftskauf und Erbschaftsschenkung, Verschmelzung, Umwandlung, Anwachsung nach § 142 UGB, Handelsspaltung.

Bei Beendigung von Personenvereinigungen ohne eigene Rechtspersönlichkeit (OG, KG, GesbR) gehen deren Rechte und Pflichten auf die zuletzt beteiligt gewesenen Gesellschafter (Mitglieder) über. Die ehemaligen Gesellschafter (Mitglieder) haften jedenfalls weiter (§ 19 Abs 2 BAO).

Quellen:	**Literatur:**
▪ §§ 9-19 BAO ▪ § 224 BAO	▪ *Tanzer/Unger*, BAO 2014/2015, 23 ff ▪ *Doralt*, Steuerrecht 2014/15, Rz 535 ▪ *Lang/Unger*, Steuerrecht graphisch[5], Rz 159

B 112. Was ist demgegenüber eine sachliche Haftung?

Eine sachliche Haftung liegt vor, wenn eine Sache ohne Rücksicht auf dingliche Rechte oder schuldrechtliche Verhältnisse zur Befriedigung einer Forderung in Anspruch genommen und verwertet werden kann.

Die **Geltendmachung** einer Sachhaftung erfolgt bei beweglichen Sachen per **Beschlagnahmebescheid** (§ 225 BAO).

Die Sachhaftung endet mit Erlöschen der Abgabenschuld oder mit Untergang des sachlich haftenden Gegenstandes, ist also **akzessorisch**.

Aufgrund dieser Bestimmung können zB geschmuggelte Zigaretten bei ihrem jeweiligen Eigentümer per Bescheid beschlagnahmt werden (siehe weiters auch § 4 Kärnter MotorbootabgabeG als eindrückliches Beispiel einer Sachhaftung).

Quellen:	**Literatur:**
▪ § 225 BAO ▪ § 17 BAO	▪ *Tanzer/Unger*, BAO 2014/2015, 31 f ▪ *Doralt/Ruppe*, Steuerrecht II[7], Rz 149

B 113. In welche zwei Elemente gliedert sich das Ermessen gem § 20 BAO?

- **Billigkeit:** Hierunter versteht man das Gebot der Bedachtnahme auf die Interessen der Partei.
- **Zweckmäßigkeit:** Die ständige Rechtsprechung hat diesen Begriff als „öffentliches Anliegen, insbesondere an der Erbringung der Abgabenleistungen", erklärt.

Quellen:	**Literatur:**
▪ § 20 BAO	▪ *Tanzer/Unger*, BAO 2014/2015, 43 ▪ *Doralt*, Steuerrecht 2014/15, Rz 536 ▪ *Lang/Unger*, Steuerrecht graphisch[5], 160

B 114. Welche zwei Arten von Ermessen gibt es?

- **Auswahlermessen**
  Beim Auswahlermessen hat der Gesetzgeber der Verwaltung einen bestimmten **Rahmen** eingeräumt, **innerhalb dessen** sich eine konkrete **Entscheidung** zu bewegen hat (zB Inanspruchnahme eines von mehreren Gesamtschuldnern oder bezüglich der Höhe eines Verspätungszuschlages gem § 135 BAO).
- **Handlungsermessen**
  Handlungsermessen liegt vor, wenn es dem Vollzugsorgan freisteht, zu entscheiden, **ob** es bestimmte **Handlungen** setzt **oder nicht** (zB die grundsätzliche Frage, ob ein Verspätungszuschlag gem § 135 BAO festgesetzt wird oder nicht).

Quellen:	Literatur:
▪ § 20 BAO	▪ *Tanzer/Unger*, BAO 2014/2015, 44
	▪ *Lang/Unger*, Steuerrecht graphisch[4], Rz 160

B 115. Was versteht man unter wirtschaftlicher Betrachtungsweise?

Gemäß dem „Substance over Form"-Grundsatz ist für die Beurteilung abgabenrechtlicher Fragen der wahre wirtschaftliche Gehalt und nicht die äußere Erscheinungsform des Sachverhalts maßgeblich.

Die wirtschaftliche Betrachtungsweise kann jedoch niemals zur Besteuerung fiktiver Sachverhalte führen („typologische Betrachtungsweise"; Beweisfrage!).

Hierzu im Gegensatz steht eine formalistische Betrachtungsweise wie insbesondere im Gebührenrecht und bei den Verkehrsteuern.

Quellen:	Literatur:
▪ § 21 BAO	▪ *Tanzer/Unger*, BAO 2014/2015, 45
	▪ *Doralt*, Steuerrecht 2014/15, Rz 5[illegible]7

B 116. Unterscheiden Sie „Missbrauch" (§ 22 BAO) vom „Scheingeschäft" (§ 23 BAO).

Missbrauch ist dann anzunehmen, wenn zur Erreichung eines bestimmten Zieles ein zivilrechtlich zwar zulässiger, aber ungewöhnlicher und unangemessener Weg beschritten wird (**objektives** Element) und dies in der Absicht geschieht, die Abgabepflicht zu umgehen oder zu mindern (**subjektives** Element).

Hinsichtlich des normativen Gehalts wird zwischen zwei Sichtweisen unterschieden:

- Nach der **Innentheorie** wird die Missbrauchsnorm des § 22 BAO (nur) als Auslegungsnorm in Verbindung mit der wirtschaftlichen Betrachtungsweise des § 21 BAO aufgefasst und angewandt.
- Die gegenteilige **Außentheorie** sieht in der Missbrauchsnorm des § 22 BAO ein eigenes Rechtsinstitut, welches der Verhinderung von Gesetzesumgehungen und Rechtsmissbrauch dient. In der konkreten Anwendung tritt § 22 BAO somit „von außen" gedanklich jedem einzelnen Steuertatbestand hinzu.

Ein **absolutes Scheingeschäft** liegt hingegen vor, wenn ein Rechtsgeschäft vorgetäuscht wird, obwohl nach dem Willen der Parteien überhaupt keines abgeschlossen werden soll (zB Vortäuschen eines nicht bestehenden Dienstverhältnisses mit einem nahen Angehörigen).

Ein **relatives Scheingeschäft** liegt dann vor, wenn dadurch ein anderes Rechtsgeschäft verdeckt werden soll (zB unrichtige Kaufpreisangabe in einem Kaufvertrag).

Für die Anwendung des § 23 Abs 1 BAO ist es ohne Bedeutung, ob ein Abgabentatbestand an die rechtliche oder die wirtschaftliche Gestaltung anknüpft; diese Norm wirkt daher sowohl in der formalrechtlichen als auch in der wirtschaftlichen Betrachtungsweise.

Quellen:
- §§ 22, 23 BAO
- vgl auch § 39 FinStrG

Literatur:
- *Tanzer/Unger*, BAO 2014/2015, 46 ff
- *Lang/Unger*, Steuerrecht graphisch[5], Rz 161
- *Doralt*, Steuerrecht 2014/15, Rz 538 f

B 117. Was versteht man unter wirtschaftlichem Eigentum?

Dies ist der Vorgang einer Zurechnung bestimmter (selbständig bewertbarer) Wirtschaftsgüter zu einem bestimmten Abgabepflichtigen.

Der sogenannte „wirtschaftliche Eigentümer" hat faktisch die Verfügungsmacht über das entsprechende Wirtschaftsgut, obwohl er (zivil)rechtlich nicht Eigentümer ist, sondern idR Fremd-, allenfalls Eigenbesitzer. Er kann somit (tatsächlich) mehr, als er (rechtlich) darf.

Die Regelungen des § 24 BAO haben grds nur die Zurechnung von Wirtschaftsgütern, zu denen auch Rechte und sonstige Wertträger gehören, zum Inhalt, nicht jedoch auch die damit zusammenhängende Frage der Zurechnung der aus der Nutzung der Wirtschaftsgüter entstehenden Einkünfte.

Quellen:
- § 24 BAO

Literatur:
- *Tanzer/Unger*, BAO 2014/2015, 51 f
- *Doralt*, Steuerrecht 2014/15, Rz 542

B 118. Unterscheiden Sie den Wohnsitz vom gewöhnlichen Aufenthalt.

Einen **Wohnsitz** hat jemand dort, wo er eine Wohnung innehat unter Umständen, die darauf schließen lassen, dass er die Wohnung beibehalten und benutzen wird.

Hierbei sind unter Wohnung eingerichtete Räume zu verstehen, die jederzeit für den Wohnbedarf genutzt werden können und die nach Größe und Ausstattung ein für die konkreten Lebensverhältnisse (Familienstand) entsprechendes Heim bieten.

Unter Innehaben wird die rechtmäßige oder unrechtmäßige, tatsächliche oder rechtliche Verfügungsgewalt über eine Wohnung verstanden; es darf aber keine jederzeit einseitig widerrufbare „Bittleihe“ sein. Die Meldung nach dem MeldeG kann in diesem Zusammenhang lediglich eines von mehreren Indizien für oder gegen das Vorliegen eines Wohnsitzes iSd BAO darstellen, bewirkt jedoch keinesfalls zwingende Schlussfolgerungen.

Einen **gewöhnlichen Aufenthalt** hat jemand dort, wo er sich unter Umständen aufhält, die erkennen lassen, dass er an diesem Ort oder in diesem Land nicht nur vorübergehend verweilt.

„Nicht nur vorübergehend“ bedeutet nach dem Gesetz einen Zeitraum von mehr als sechs Monaten, soweit der Aufenthalt schon so lange gedauert hat. Liegen solche Umstände von Beginn an vor (zB Auslandssemester, -jahr, berufliche Entsendung ins Ausland), dann gilt der gewöhnliche Aufenthalt auch von Beginn an als gegeben.

Während ein Abgabepflichtiger zwar mehrere Wohnsitze haben kann, ist indessen jeweils nur ein gewöhnlicher Aufenthalt zur selben Zeit denkbar.

Ob der nicht nur vorübergehende Aufenthalt im Inland freiwilliger oder unfreiwilliger Natur ist (zB Krankenhaus, Gefängnis), bleibt unbeachtlich.

Hinweise:
- *siehe auch B 6, B 55; A 35; A 36*

Quellen:
- § 26 BAO

Literatur:
- *Tanzer/Unger*, BAO 2014/2015, 55 f
- *Doralt*, Steuerrecht 2014/15, Rz 544

B 119. Unterschieden Sie den Sitz vom Ort der Geschäftsleitung.

Körperschaften, Personenvereinigungen sowie Vermögensmassen haben ihren **Sitz** an dem Ort, der durch Gesetz, Vertrag, Satzung, Stiftungsbrief oder dergleichen bestimmt ist.

Fehlt es an einer solchen Bestimmung, entscheidet über die Ansässigkeitsfrage der Ort der Geschäftsleitung.

Hierfür ist jener Ort maßgeblich, an dem sich der Mittelpunkt der geschäftlichen (kaufmännischen) Oberleitung befindet.

Ausschlaggebend hierfür ist, wo nach den tatsächlichen Verhältnissen die Willensbildung für die laufende operative Geschäftsführung erfolgt.

Hinweis:
- *siehe auch B 56*

Quellen:	**Literatur:**
▪ § 27 BAO	▪ *Tanzer/Unger*, BAO 2014/2015, 57

B 120. Was versteht man unter einem „Gewerbebetrieb im Sinne der Abgabenvorschriften"?

Hierunter fällt gemäß § 28 BAO eine selbständige, nachhaltige Betätigung, welche mit Gewinnabsicht betrieben wird und unter Beteiligung am allgemeinen wirtschaftlichen Verkehr erfolgt. Überdies darf es sich nicht um Tätigkeiten iR einer Land- und Forstwirtschaft oder um eine selbständige Tätigkeit handeln.

Für die einzelnen Voraussetzungen gilt demnach:

- **Selbständigkeit** liegt vor, wenn das Unternehmerrisiko getragen wird und wenn, abgesehen von ausdrücklichen Vertragsverpflichtungen, keine – zumal persönliche – Weisungsgebundenheit gegenüber dem Auftraggeber besteht.
- **Nachhaltigkeit** liegt vor, wenn wiederholt oder in erkennbarer Wiederholungsabsicht gehandelt wird. Auch bei nur einem einzigen Geschäftsabschluss kann Nachhaltigkeit gegeben sein, wenn eine Wiederholungsabsicht zumindest nicht für unwahrscheinlich gehalten werden muss.
- **Gewinnabsicht** bedeutet das Streben, das Betriebskapital zu vermehren oder Überschüsse über die mit einer Tätigkeit verbundenen Ausgaben zu erzielen. Ein Gewerbebetrieb liegt jedoch auch dann vor, wenn – ceteris paribus – die Gewinnabsicht nur einen Nebenzweck der Betätigung darstellt.
- **Beteiligung am allgemeinen wirtschaftlichen Verkehr** liegt dann vor, wenn jemand grds befähigt ist, mit einer unbestimmten Anzahl von Personen in Geschäftsverbindungen zu treten.

Quellen:	**Literatur:**
• § 28 BAO	• *Tanzer/Unger*, BAO 2014/2015, 58 f • *Doralt*, Steuerrecht 2014/15, Rz 545

B 121. Unterscheiden Sie von dem vorstehenden Gewerbebetrieb einen wirtschaftlichen Geschäftsbetrieb.

Der wesentliche Unterschied zu dem in Frage B 120 behandelten Gewerbebetrieb ist, dass beim wirtschaftlichen Geschäftsbetrieb **keine Gewinnabsicht** vorhanden sein muss.

Weiters ist es unproblematisch, wenn es sich bei der konkreten Tätigkeit der Art nach um Land- und Forstwirtschaft oder um eine selbständige Tätigkeit handelt. Außerdem kann ein wirtschaftlicher Geschäftsbetrieb auch ohne Beteiligung am allgemeinen wirtschaftlichen Verkehr vorliegen (Eigenversorgung).

Quellen:	Literatur:
▪ § 31 BAO	▪ *Tanzer/Unger*, BAO 2014/2015, 61

B 122. Was versteht man unter einer Betriebsstätte?

Eine Betriebsstätte ist jede feste örtliche Anlage oder Einrichtung, die der Ausübung eines Betriebes oder eines wirtschaftlichen Geschäftsbetriebes dient.

Demnach gelten als Betriebsstätten **beispielsweise** die Stätte, an der sich die Geschäftsleitung befindet, Zweigniederlassungen, Fabrikationsstätten, Warenlager, Ein- und Verkaufsstellen, Geschäftsstellen und sonstige Geschäftseinrichtungen, die dem Unternehmer oder dessen ständigem Vertreter zur Ausübung des Betriebes dienen.

Hinweis:
- *siehe auch B 71; A 37*

Quellen:	Literatur:
▪ §§ 29, 30 BAO	▪ *Tanzer/Unger*, BAO 2014/2015, 60
	▪ *Doralt*, Steuerrecht 2014/15, Rz 546

B 123. Unter welchen Voraussetzungen gilt eine Einrichtung als gemeinnützig im Sinne der §§ 34 ff BAO?

Eine **Körperschaft, Personenvereinigung oder Vermögensmasse** muss der Förderung der **gemeinnützigen (ieS), mildtätigen oder kirchlichen** Zwecke

- nach dem **Gesetz, Satzung, Stiftungsbrief** oder der sonstigen Rechtsgrundlage (zB Gesellschaftsvertrag),
- nach ihrer **tatsächlichen Geschäftsführung**,
- **ausschließlich** und **unmittelbar** dienen.

Für die konkreten begünstigungsfähigen Zwecke ist daher relevant:

- **Gemeinnützig** sind solche Zwecke, durch deren Erfüllung die Allgemeinheit gefördert wird.
  Eine Förderung der **Allgemeinheit** liegt hierbei vor, wenn die Tätigkeit dem Gemeinwohl auf geistigem, kulturellem, sittlichem oder materiellem Gebiet nützt. Ein Personenkreis ist nicht als Allgemeinheit anzusehen, wenn es sich um eine verwandtschaftliche Beziehung, einen Verein mit geschlossener Mitgliederzahl oder um Arbeitnehmer eines bestimmten Betriebes handelt.
  Eine **demonstrative Aufzählung** derartiger Zwecke findet sich in § 35 Abs 2 BAO: Förderung der Kunst und Wissenschaft; Kinder-, Jugend- und Familienfürsorge, Fürsorge für alte, kranke oder körperlich gebrechliche Personen; Körpersport (nicht begünstigt sind der Berufssport und das Betreiben von Freizeiteinrichtungen); Volkswohnungswesen; Schulbildung, Erziehung, Volksbildung, Berufsausbildung; Denkmalpflege, Natur-, Tier- und Höhlenschutz, Heimatkunde, Heimatpflege, Bekämpfung von Elementarschäden.
- **Mildtätig** (humanitär, wohltätig) sind solche Zwecke, die darauf gerichtet sind, hilfsbedürftige Personen zu unterstützen.
  Hierbei wird **persönliche Hilfsbedürftigkeit**, welche besteht, wenn Menschen – gleichgültig aus welcher Art krankheitsbedingten Gebrechens – hilflos, also unfähig sind, lebenswichtige Verrichtungen selbst vorzunehmen und demnach betreuungsbedürftig sind, von **materieller (wirtschaftlicher) Hilfsbedürftigkeit** unterschieden. Diese zweite Art liegt vor, wenn bei einer Person weder ihr Einkommen noch ihr (verwertbares) Vermögen noch beide zusammen ausreichen, um ihren notwendigen Lebensunterhalt zu gewährleisten, oder wenn einkommenslosen Personen nicht zugemutet werden kann, das Vermögen zur Bestreitung des Lebensunterhaltes zu veräußern oder in anderer Weise zu verwerten. Hierbei ist es nicht entscheidend, ob diese Hilfsbedürftigkeiten selbstverschuldet sind. Andererseits bedeutet zB Arbeitslosigkeit oder Arbeitsunfähigkeit angesichts sozialer Subventionen noch nicht unbedingt eine Not iS einer unterstützenswerten Hilfsbedürftigkeit.
- **Kirchlich** sind solche Zwecke, durch deren Erfüllung gesetzlich anerkannte Kirchen und Religionsgesellschaften gefördert werden.
  Gemäß § 38 Abs 2 BAO gehören hierzu **beispielsweise** die Errichtung, Erhaltung und Ausschmückung von Gottes-(Bet-)Häusern und kirchlichen Gemeinde-(Pfarr-)Häusern; Abhaltung des Gottesdienstes, von kirchlichen Andachten und sonstigen religiösen oder seelsorglichen Veranstaltungen; Ausbildung von Geistlichen und Ordenspersonen; Erteilung von Religionsunterricht; Beerdigung und Pflege des Andenkens der Toten in religiöser Hinsicht; Verwaltung des Kirchenvermögens; Besoldung der Geistlichen und der kirchlichen Dienstnehmer, Alters- und Invalidenversorgung dieser Personen und Versorgung ihrer Witwen und Waisen einschließlich der Schaffung und Führung besonderer Einrichtungen (Heime) für diesen Personenkreis.

Von den Kirchen und Religionsgesellschaften sind die religiösen Bekenntnisgemeinschaften abzugrenzen. Eine Förderung derartiger Bekenntnisgemeinschaften zählt nicht zu den kirchlichen Zwecken iSd § 38 BAO.

- Die **ausschließliche Förderung** der begünstigten Zwecke verlangt, dass neben anderen als gemeinnützigen, mildtätigen oder kirchlichen Zwecken nur völlig untergeordnete Nebenzwecke verfolgt werden.
  Außerdem darf die Körperschaft kein Gewinnstreben entfalten und besteht ein Zuwendungsverbot an die Mitglieder aus Mitteln der Körperschaft. Aus diesem Grund dürfen Mitglieder beim Ausscheiden oder bei der Auflösung der Körperschaft auch nicht mehr als ihre eingezahlten Kapitalanteile (Mitgliedsbeiträge) zurückbekommen.
  Weiters darf die Körperschaft aufgrund des Prinzips der sparsamen Verwaltung keine Person durch unverhältnismäßig hohe Verwaltungsausgaben begünstigen.
- Das Element der **Unmittelbarkeit** besagt, dass eine Körperschaft den entsprechenden gemeinnützigen, mildtätigen oder kirchlichen Zweck selbst iS von unmittelbar erfüllt. Dies kann jedoch ausnahmsweise durch einen Dritten geschehen, wenn dessen Wirken wie eigenes Wirken der Körperschaft anzusehen ist.
  Ein Dachverband ist dann als gemeinnützig anzusehen, wenn die seiner Leitung unterstehenden Unterverbände ihrerseits gemeinnützige, mildtätige oder kirchliche Zwecke verfolgen.

Hinweis:
- *siehe auch B 57*

Quellen:
- §§ 34-47 BAO

Literatur:
- *Tanzer/Unger*, BAO 2014/2015, 6[illegible] ff
- *Doralt*, Steuerrecht 2014/15, Rz 5[illegible]1
- *Lang/Unger*, Steuerrecht graphisch[5], Rz 162-164

B 124. Wozu dient die Ermächtigung des § 48 BAO?

In § 48 BAO wird der/die BM für Finanzen dazu ermächtigt, unter bestimmten Voraussetzungen (Gegenseitigkeit, Vorliegen einer echten Doppelbesteuerung) individuell oder generell bestimmte Gegenstände der Abgabenerhebung ganz oder teilweise aus der Abgabepflicht auszuscheiden.

Diese Ermächtigung dient somit der **Vermeidung einer Doppelbesteuerung**.

Unter einer echten (juristischen) internationalen Doppelbesteuerung wird die Erhebung gleichartiger (vergleichbarer) Steuern in zwei oder mehreren Staaten von demselben Abgabepflichtigen für denselben Steuergegenstand und denselben Zeitraum bzw Zeitpunkt verstanden.

Zurzeit existiert eine **Verordnung**, die – dem OECD-MA nachempfunden – vor allem Einkünfte aus ausländischem unbeweglichen Vermögen, Einkünfte aus einer ausländischen Betriebsstätte und Einkünfte aus einer im Ausland ausgeübten nichtselbständigen Arbeit unter Progressionsvorbehalt von der inländischen Besteuerung ausnimmt, sofern die diesbezügliche ausländische Ertragsbesteuerung durchschnittlich mehr als 15 % beträgt. Andernfalls wird ebenso grundsätzlich die Anrechnung der ausländischen Steuern gewährt.

Ein auf § 48 BAO gestützter **Bescheid** kann grds auf Antrag oder von Amts wegen ergehen. In beiden Fällen handelt es sich jedoch um eine Ermessensentscheidung (siehe hierzu B 113 sowie B 114).

Hinweis:
- *siehe auch B 70*

Quellen:
- § 48 BAO
- Verordnung des Bundesministers für Finanzen betreffend die Vermeidung von Doppelbesteuerung, BGBl II 474/2002

Literatur:
- *Tanzer/Unger*, BAO 2014/2015, 77 f
- *Doralt*, Steuerrecht 2014/15, Rz 177

B 125. Was besagt die abgabenrechtliche Geheimhaltungspflicht?

Die Systematik des Geheimnisschutzes ist äußerst vielschichtig und komplex. Einen Teilbereich machen die in **§ 48a BAO** geregelte abgabenrechtliche Geheimhaltungspflicht sowie die in § 48b BAO geregelten Mitteilungspflichten und Benachrichtigungsrechte aus.

Demnach sind alle Beamte und ehemalige Beamte (funktioneller Begriff, also auch Vertragsbedienstete sowie Richterinnen und Richter des Bundesfinanzgerichtes) sowie Sachverständige und deren Hilfskräfte zur Verschwiegenheit über alle Tatsachen und Umstände, welche ihnen bei der Durchführung eines Abgaben-, Monopol- oder Finanzstrafverfahrens bekannt geworden sind, verpflichtet.

Eine unbefugte Offenbarung oder Verwertung ist – abgesehen von disziplinar-, schadenersatz- und sonstigen rechtlichen Konsequenzen – nach den §§ 251 f FinStrG strafbar.

Eine Ausnahme stellen unter anderem die Pflichten und Rechte des **§ 48b BAO** dar, wonach die Abgabenbehörden einerseits in Bezug auf das Versicherungs-, Melde- und Beitragswesen der zuständigen Gebietskrankenkasse alle maßgeblichen Umstände iZm freien Dienstnehmern zu melden haben. Andererseits sind sie befugt, jeder zuständigen Behörde bei begründetem Verdacht eines Rechtsverstoßes in arbeits-, sozialversicherungs-, gewerbe- oder berufsrechtlicher Hinsicht die maßgeblichen Umstände offenzulegen und mitzuteilen.

Gem § 48c BAO gilt die abgabenrechtliche Geheimhaltungspflicht auch für Landes- und Gemeindeabgaben. Die Meldeberechtigung nach § 48b BAO kommt jedoch ausschließlich Bundesbehörden (Finanz- und Zollämter) zu.

Der **verfassungsrechtliche Hintergrund** der abgabenrechtlichen Geheimhaltungspflicht liegt in der Amtsverschwiegenheit; jener der Mitteilungspflichten und Benachrichtigungsrechte in der Amtshilfepflicht.

Für die in Abgaben(straf)sachen tätigen Richterinnen und Richter der Verwaltungsgerichte gilt überdies auch die Amtsverschwiegenheit nach § 58 RStDG

Quellen:
- §§ 48a, 48b BAO
- Art 20 Abs 3, Art 22 B-VG

Literatur:
- *Tanzer/Unger*, BAO 2014/2015, 9 ff
- *Doralt*, Steuerrecht 2014/15, Rz 5–8

Verfahrensrecht

B 126. Erläutern Sie die behördliche sachliche Zuständigkeit im Abgabenverfahren.

Die sachliche Zuständigkeit ist grds im AbgabenverwaltungsorganisationsG 2010 (in Kraft seit 1.7.2010) geregelt. In diesem werden drei Gruppen der Zuständigkeit definiert:

- **Finanzämter mit allgemeinem Aufgabenkreis** (§ 13 AVOG 2010)
  Diese Bestimmung determiniert als Generalklausel die Aufgabenverteilung derart, dass diesen Finanzämtern die Erhebung der Abgaben insofern obliegt, als die entsprechenden Aufgaben nicht durch Finanzämter mit besonderem Aufgabenkreis wahrgenommen werden. Sie sind somit primär für die Erhebung der ESt, USt und KESt zuständig.
  Außerdem obliegt diesen Finanzämtern gem § 13 Abs 2 AVOG 2010 die Entgegennahme von sämtlichen Anbringen in Abgabenangelegenheiten (mit Ausnahme der Abgabenvollstreckung) und fristenwahrende Weiterleitung an das zuständige, im Anbringen bezeichnete Finanzamt.
- **Finanzämter mit besonderem Aufgabenkreis** (§§ 19 AVOG 2010)
  Den nunmehr einzigen besonderen Aufgabenkreis nimmt das Finanzamt für Gebühren, Verkehrsteuern und Glückspiel für das gesamte Bundesgebiet wahr.
- **Finanzämter mit erweitertem Aufgabenkreis** (§§ 14–18 AVOG 2010)
  Diesen Behörden obliegen neben dem allgemeinen Aufgabenkreis noch folgende Zusatzaufgaben (beispielhafte Aufzählung):
  - Dem **FA Wien 1/23** für den örtlichen Wirkungsbereich der Länder Wien, Niederösterreich und Burgenland sowie den Finanzämtern Linz, Salzburg-Stadt, Graz-Stadt, Klagenfurt, Innsbruck und Feldkirch im jeweiligen örtlichen Wirkungsbereich des Landes obliegt die Besteuerung von:
  - Kapitalgesellschaften (AG, große GmbH; „mittlere und kleine GmbH" werden hingegen „lokal" veranlagt); Genossenschaften; Körperschaften öffentlichen Rechts.
  - Das **FA Wien 1/23** ist zuständig für die Erhebung der Körperschaftsteuer, Einkommen- und Umsatzsteuer aller beschränkt Steuerpflichtigen in Wien, Niederösterreich und Burgenland.
  - Das **FA Graz-Stadt** ist im gesamten Bundesgebiet zuständig für die Erhebung der USt von Auslandsunternehmen ohne inländische Betriebsstätte.
  - Das **FA Bruck Eisenstadt Oberwart** ist im gesamten Bundesgebiet zuständig für die Rückzahlung von Abgaben aufgrund von völkerrechtlichen Verträgen.

Hinweis:
- *siehe auch A 66*

Quellen:
- §§ 13-19 AVOG 2010

Literatur:
- *Tanzer/Unger*, BAO 2014/2015, 24 ff
- *Beiser*, Steuern[12], Rz 748 ff
- *Doralt*, Steuerrecht 2014/15, Rz 562
- *Lang/Unger*, Steuerrecht graphisch[5], Rz 165 f

B 127. Erläutern Sie die örtliche Zuständigkeit im Abgabenverfahren.

Seit dem AVOG 2010 wird die örtliche Zuständigkeit nicht mehr in der BAO geregelt, sondern ebenso wie die sachliche Zuständigkeit im AVOG 2010.

Für den Bereich der **Einkommensteuer** (natürliche Personen) ist grundsätzlich in allen Fällen (betriebliche oder außerbetriebliche Einkünfte) nur mehr das **Wohnsitzfinanzamt** zuständig (§ 20 AVOG 2010).

Im Bereich der **Körperschaftsteuer** (juristische Personen) ist grundsätzlich immer das **Betriebsfinanzamt** zuständig, dh in dessen Wirkungsbereich sich der Ort der Geschäftsleitung befindet (§ 21 AVOG 2010).

Die Erhebung der **Umsatzsteuer** kommt jenem FA zu, dem die Erhebung der Einkommensteuer bzw Körperschaftsteuer obliegt.

In **Zweifelsfällen** richtet sich die Zuständigkeit nach der Subsidiarregelung des § 25 AVOG 2010, wonach je nach Lage des Falles die Lage des Gutes, der Ort der Tätigkeit oder der Wohnsitz bzw Aufenthalt des Abgabepflichtigen für die örtliche Zuständigkeit eines bestimmten Finanzamtes heranzuziehen ist.

Hinweis:
- *siehe auch A 66*

Quellen:
- §§ 20-25 AVOG 2010

Literatur:
- *Tanzer/Unger*, BAO 2014/2015, 1[illegible]4 f
- *Beiser*, Steuern[12], Rz 751
- *Doralt*, Steuerrecht 2014/15, Rz 5[illegible]2
- *Lang/Unger*, Steuerrecht graphisch[5], Rz 167

B 128. Unterscheiden Sie die gesetzliche von der gewillkürten Vertretung.

Formen der **gesetzlichen Vertretung** liegen vor bei gesetzlichen Vertretern natürlicher Personen, Vertretern juristischer Personen und Masseverwaltern. Diesen kommen prinzipiell alle Rechte und Pflichten des Vertretenen zu (zB Pflicht zur Abgabenentrichtung aus den verwalteten Mitteln, zur Buchführung und zur pünktlichen Einreichung von Abgabenerklärungen).

Abgabenrechtliche Pflichten einer Personenvereinigung (-gemeinschaft) ohne eigene Rechtspersönlichkeit sind primär von den mit der Geschäftsführung betrauten Personen zu erfüllen, subsidiär von den Gesellschaftern bzw Mitgliedern.

Abgesehen davon können sich die Partei und/oder ihr gesetzlicher Vertreter auch (zusätzlich) durch einen oder mehrere **gewillkürte Vertreter** vertreten lassen, ausgenommen jedoch in jenen Fällen, in welchen die Behörde ausdrücklich das persönliche Erscheinen fordert.

Obwohl grds der Nachweis der Bevollmächtigung durch Vorlage einer schriftlichen Urkunde erfolgt, genügt bei Rechtsanwälten, Wirtschaftstreuhändern und Notaren die mündliche Berufung auf die erteilte Vollmacht.

„Winkelschreiber" sind als Bevollmächtigte unter Verständigung des Vollmachtgebers mittels Bescheid abzulehnen.

Quellen:	Literatur:
▪ §§ 77-84 BAO	▪ *Tanzer/Unger*, BAO 2014/2015,139 f ▪ *Doralt*, Steuerrecht 2014/15, Rz 563

B 129. Welche Obliegenheiten des Abgabepflichtigen kennen Sie?

- **Offenlegung- und Wahrheitspflicht**
  Demnach hat der Steuerpflichtige sämtliche ihn betreffenden abgabenrechtlich bedeutsamen Umstände der Abgabenbehörde vollständig und wahrheitsgemäß offenzulegen. Die Offenlegungspflicht nach § 119 BAO ist zwar für sich allein leerläufig, stützt sich aber auf Erklärungs- und Anzeigepflichten in den einzelnen Steuergesetzen; zB Erklärungspflicht nach § 42 EStG.

- **Anzeigepflicht**
  Überdies besteht eine gesonderte Anzeigepflicht beim zuständigen FA für jeden, der eine betriebliche Tätigkeit aufnimmt oder einstellt. Diese **Betriebseröffnungsmeldung** ist binnen eines Monats vorzunehmen, sobald eine Leistung nach außen angeboten wird, auch wenn noch keine Einkünfte erzielt wurden.
  Außerdem besteht seit dem Auslaufen der Erbschafts- und Schenkungssteuer eine Pflicht zur Schenkungsmeldung (§ 121a BAO) mit unterschiedlichen Freigrenzen (50.000 €/Jahr für Angehörige; 15.000 €/3 Jahre für Dritte).
  Die vorsätzliche **Verletzung** einer abgabenrechtlichen Anzeigepflicht stellt eine **Finanzordnungswidrigkeit** dar (§ 50 Abs 1 lit a FinStrG).

- **Führen von Büchern und Aufzeichnungen**
  Hierbei sind unter „Büchern" geschlossene Rechnungskreise zu verstehen. So erfolgt nach dem System der doppelten Buchhaltung keine Buchung ohne Gegenbuchung.

Aufzeichnungen sind dagegen alles andere, was für Besteuerungszwecke schriftlich festgehalten wird, dh alle Dokumentationen, die nicht in eine Bilanz münden (Einnahmen-Ausgabenrechnung). Mit ebendiesen Aufzeichnungen werden offene Rechnungskreise nachvollzogen.
Die 4. und 5. Einkunftsart (nichtselbständige Arbeit und Kapitalvermögen) unterliegen beim Steuerpflichtigen keiner ausdrücklichen Aufzeichnungspflicht, sonst jedoch alle.

Die **Rechnungslegungspflicht** trifft generell alle Steuerpflichtigen, die
- nach dem Unternehmensgesetzbuch oder anderen Vorschriften (PrivatstiftungsG, VereinsG, GewO etc) zur Führung und Aufbewahrung von Büchern und Aufzeichnungen verpflichtet sind (§ 124 BAO);
- die Umsatzgrenzen des § 125 BAO überschreiten:
- bei land- und forstwirtschaftlichen Betrieben mit > 150.000 € Einheitswert bzw LuF-Geschäftsbetrieben mit > 550.000 € Umsatz/Jahr in zwei aufeinander folgenden Kalenderjahren.

Die **Steuerbilanz** muss in diesem Fall erst ab dem zweitfolgenden Jahr geführt werden (aus Praktikabilität, um nicht mitten im Jahr die Buchführung umstellen zu müssen).

- Das **Zurückwechseln auf die Überschussrechnung** nach § 4 Abs 3 EStG bei zweimaligem Unterschreiten der obigen Grenzen kann hingegen schon ab dem nächsten Jahr erfolgen.

- Während einer gesetzlichen **Aufbewahrungsfrist** von **7 Jahren** sind sämtliche Bücher, Aufzeichnungen und dazugehörige Belege sowie Datenträger zu verwahren, soweit nicht materielle Tatbestände noch längere Zeiträume festlegen (wie zB in der USt: 22 Jahre im Falle der Anschaffung eines Grundstückes aufgrund des 20-jährigen Vorsteuerberichtigungszeitraumes.

- **Einreichung von Abgabenerklärungen**
  Die Verpflichtung zur Einreichung von Abgabenerklärungen ergibt sich ex lege oder auf Aufforderung durch die Behörde, vor allem durch Zusendung von Vordrucken. Sie sind schriftlich unter Verwendung der amtlichen Vordrucke einzureichen oder idR verpflichtend elektronisch zu übermitteln (soweit zumutbar, vgl FinanzOnline-VO).
  Einkommensteuer-, Körperschaftsteuer- und Umsatzsteuererklärungen sind nach geltender Rechtslage **bis Ende April – bzw Ende Juni bei elektronischer Einreichung – des Folgejahres** einzureichen (berufsmäßige Parteienvertreter sind verpflichtet zur Einreichung via FinanzOnline).
  Eine Fristverlängerung auf Antrag ist möglich. Wird einem solchen Antrag nicht stattgegeben, ist eine Nachfrist von mindestens einer Woche zu gewähren.

Bei verspäteter Abgabe der Erklärung kann (Ermessen, siehe hierzu B 113 sowie B 114) ein **Verspätungszuschlag** (VZ) von bis zu 10 % jenes Abgabenbetrages eingehoben werden, der sich aufgrund der verspäteten Erklärung ergibt.
Die vorsätzliche Verletzung der Erklärungspflicht stellt überdies eine Finanzordnungswidrigkeit dar (§ 51 Abs 1 FinStrG).

Quellen:
- §§ 119-125, §§ 133 ff BAO
- §§ 50, 51 FinStrG
- FinanzOnline-Verordnung 2006 – FOnV 2006, BGBl II 2006/513

Literatur:
- *Tanzer/Unger*, BAO 2014/2015, 109 ff
- *Doralt*, Steuerrecht 2014/15, Rz 564

B 130. Welche Befugnisse der Abgabenbehörde kennen Sie?

- **Auskunftspflicht** (§ 143 BAO)
  Die Auskunftspflicht trifft jeden, auch wenn es sich nicht um die eigene Steuerpflicht handelt. Die Abgabenbehörden sind daher berechtigt, über alle für die Abgabenerhebung maßgeblichen Tatsachen von jedermann Auskunft zu verlangen. Sie ist keine Zeugenschaft und kann während oder vor einem Beweisverfahren geltend gemacht werden. So kann ein Steuerverfahren aufgrund einer Auskunft auch durchaus wieder aufgerollt werden, wenn dadurch neue Tatsachen ans Licht gekommen sind.
- **Nachschau** (§§ 144–146 BAO)
  Die Behörde kann bei allen Steuerpflichtigen, die zur Führung von Büchern oder Aufzeichnungen verpflichtet sind, Nachschau halten. In der Nachschau kann gezielt geprüft werden, vor allem um konkrete Einzelsachverhalte genau zu erheben, zB um den Einsatz und somit die Abnutzung eines bestimmten Betriebsvermögens oder um die Voraussetzungen für einen bestimmten Vorsteuerabzug bei der Umsatzsteuer zu klären (zB Umsatzsteuersonderprüfung, „USO“). Die Beamten können hierzu einen Lokalaugenschein vornehmen, ob die angegebenen Sachverhalte zutreffen und ob überhaupt Bücher geführt werden. Sie dürfen aber keine Hausdurchsuchung (im Finanzstrafverfahren) vorwegnehmen, zB keine geschlossenen Behältnisse (Safes) ohne Einwilligung des Steuerpflichtigen öffnen.
  Die Behördenvertreter sind zwar berechtigt, die aktuellen Aufzeichnungen einzusehen, sie dürfen diese aber nicht mit Aufzeichnungen aus anderen Zeiträumen in Verbindung bringen oder sonst umfassend prüfen. Dies würde eine formell mangelhafte Außenprüfung darstellen.
- **Außenprüfung** (vormals Betriebsprüfung) (§§ 147–153 BAO)
  Seit dem AbgÄG 2003 wurden die bis dahin bestehenden Buch- und Betriebsprüfungen einerseits und die Prüfung der Aufzeichnungen andererseits rechtlich vereinheitlicht zur gegenständlichen Außenprüfung.

Unter diesem Titel ist die Abgabenbehörde berechtigt, alle für die Erhebung der Abgaben bedeutsamen Umstände und die damit zusammenhängenden rechtlichen Verhältnisse umfassend zu prüfen.
Außenprüfungen sind nach Tunlichkeit eine Woche vor Beginn dem Steuerpflichtigen anzukündigen, es sei denn, der Prüfungszweck würde dadurch vereitelt (§ 148 Abs 5 BAO).
Nach Beendigung der Prüfung teilt der Prüfer dem Steuerpflichtigen in einer förmlichen **Schlussbesprechung** das Ergebnis mit. Dieser hat nun Gelegenheit, auf die Vorhalte einzugehen (nur Tatfragen). Der Prüfer teilt seine Annahmen mit, die vom Steuerpflichtigen widerlegt werden können. Eine **Niederschrift** der Schlussbesprechung wird angefertigt, von den Beteiligten unterschrieben und ihnen eine Abschrift ausgefolgt. Ein (zwingend zu erstellender) schriftlicher **Prüfungsbericht** ergeht an das zuständige Finanzamt, eine Abschrift muss dem Geprüften ausgefolgt werden. Das FA muss der Meinung des Prüfers aber nicht unbedingt folgen.

- **Beistandspflicht anderer Behörden** (§ 158 BAO)
  Zum Zwecke der Abgabenerhebung müssen Dienststellen von Körperschaften öffentlichen Rechts den Abgabenbehörden auf Ersuchen Hilfe leisten, insbesondere Akteneinsicht gewähren, soweit dem keine gesetzliche Verschwiegenheitspflicht entgegensteht (zB Brief-, Post- oder Fernmeldegeheimnis). Aus diesem Grund können sich die Abgabenbehörden in allen steuerlich relevanten Angelegenheiten an die entsprechenden Dienststellen wenden.

Quellen:	Literatur:
▪ §§ 143-153, § 158 BAO	▪ *Tanzer/Unger*, BAO 2014/2015, 116 ff
	▪ *Doralt*, Steuerrecht 2014/15, Rz 555

B 131. Welche allgemeinen Verfahrensgrundsätze kennen Sie?

- **Gleichmäßigkeit der Besteuerung** (§ 114 BAO)
  Dieser zentrale Grundsatz bezweckt einen fehlerfreien, vor allem von Schikanen freien Gesetzesvollzug. Dies soll dem Gleichheitssatz des Art 7 B-VG und dem Legalitätsprinzip des Art 18 Abs 1 B-VG Rechnung tragen.
  Um dies zu gewährleisten, sind die Abgabenbehörden verpflichtet, entsprechende Nachrichten zu erheben und zu sammeln sowie daraus resultierende laufende Kontrollmitteilungen anzufertigen und untereinander auszutauschen.

- **Amtswegigkeit** (§ 115 BAO)
  Dieses Prinzip determiniert die amtswegige Erforschung der materiellen Wahrheit (Untersuchungsgrundsatz) sowie eine Ermittlungspflicht der Behörde. Die Mitwirkungspflicht des Steuerpflichtigen soll hierbei die Behörde in verhältnismäßigem Umfang unterstützen. Allenfalls besteht sogar eine erhöhte Mitwirkungspflicht,

insbesondere bei eingeschränkten Ermittlungsmöglichkeiten (zB bei Auslandssachverhalten), jedoch nur wenn keine Amtshilfemöglichkeit besteht, ansonsten muss die Behörde diese wahrnehmen (idR also nur iZm Drittstaaten und nicht im EU/EWR-Raum).

Zur Nachvollziehung und Kontrolle der Behördentätigkeit steht das **Parteiengehör** zur Verfügung. Es erstreckt sich nach hL nur auf Sachfragen (Tatfragen) und nicht auf Rechtsfragen, wenngleich eine saubere Trennung im Einzelfall praktisch schwierig ist. Die Partei muss insbesondere Akteneinsicht und Gelegenheit zur Stellungnahme erhalten, wobei bei dieser Gelegenheit kein Neuerungsverbot besteht, auch nicht im Rechtsmittelverfahren. Die Verletzung des Parteiengehörs kann als Verletzung des „Überraschungsverbots" auch einen vom VwGH aufzugreifenden Verfahrensmangel darstellen.

- **Freie Beweismittelwahl und freie Beweiswürdigung**
  Als Beweismittel kommt demnach alles in Betracht, was zur Feststellung des maßgeblichen Sachverhaltes geeignet und nach Lage des einzelnen Falles zweckdienlich erscheint.
  Im Rahmen einer Endbeurteilung hat die Abgabenbehörde grds nach freier Überzeugung (ohne strenge Beweisregeln), jedoch unter sorgfältiger Berücksichtigung der gewonnenen Ermittlungsergebnisse zu beurteilen, ob eine Tatsache als erwiesen anzunehmen ist oder nicht.

- **Vorfragenberücksichtigung**
  Wenn eine entsprechende Vorfrage noch nicht entschieden ist, kann die Abgabenbehörde die Rechtsfrage nach eigener Anschauung beurteilen (oder eine gewisse vertretbare Zeit zuwarten, zB hinsichtlich eines Erbrechts). Entscheidet später die zuständige Behörde davon abweichend, stellt dies einen Wiederaufnahmsgrund (§ 303 BAO) dar.
  Bei bereits entschiedenen Vorfragen besteht eine Bindung der Abgabenbehörden an Entscheidungen von Gerichten und Verwaltungsbehörden (Urteile, Bescheide) über Vorfragen. Ausgenommen hiervon sind gerichtliche Entscheidungen über privatrechtliche Vorfragen, da hier eine Bindung nur insoweit besteht, als bei der Ermittlung des Sachverhaltes amtswegig vorgegangen wurde.

Quellen:	**Literatur:**
▪ §§ 114-116; §§ 166 ff BAO	▪ *Tanzer/Unger*, BAO 2014/2015, 103 ff
	▪ *Doralt*, Steuerrecht 2014/15, Rz 566

B 132. Erläutern Sie die konkrete Festsetzung der Abgaben

Soweit in materiellen Abgabenvorschriften nichts anderes vorgeschrieben ist, hat die Abgabenbehörde im Zweifel die Abgabenfestsetzung durch **Bescheid** vorzunehmen.

Spruchbestandteil eines jeden Abgabenbescheides sind:

- **Adressat** (insbes relevant bei bereits liquidierten Gesellschaften)
- **Art und Höhe** der Abgaben
- Zeitpunkt der **Fälligkeit** der Abgabe
- **Bemessungsgrundlagen** (bzgl ESt daher zwar das Einkommen, jedoch nicht die einzelnen Einkünfte; bzgl USt daher zwar die Umsätze/Vorsteuern, jedoch nicht die einzelnen Umsatzarten).

Gegebenenfalls kann die Behörde einen vorläufigen Bescheid gem § 200 BAO erlassen. Eine **vorläufige Festsetzung** liegt im Ermessen der Abgabenbehörde, wenn die Abgabenpflicht zwar noch ungewiss, aber wahrscheinlich ist oder der Umfang der Abgabenpflicht noch ungewiss ist.

Wenn die Ungewissheit beseitigt ist, muss der vorläufige Bescheid durch einen endgültigen ersetzt werden, der in jeder Hinsicht vom vorläufigen Bescheid abweichen kann (<u>keine Teilrechtskraft</u>); sofern der vorläufige Bescheid ohnedies sachlich zutrifft, ist er dagegen nur für endgültig zu erklären. Vorläufige Bescheide sind im vollen Umfang mit **Bescheidbeschwerde** anfechtbar; ebenso aber auch nachfolgende endgültige Bescheide oder Endgültigerklärungen.

Eine besondere **Feststellung** erfolgt bei jenen Einkünften, bei denen mehrere Personen an einer betrieblichen Einkunftsquelle oder – bei Vermietung und Verpachtung – an unbeweglichem Vermögen beteiligt sind.

Feststellungen erfolgen damit für alle **Mitunternehmerschaften** (Gewinnfeststellungen gem § 188 BAO) und bei Liegenschaften im Miteigentum mehrerer Personen.

Einwendungen gegen bspw die Gewinnfeststellung einer OG (Grundlagenbescheid) können nicht im Rechtsmittelverfahren gegen die einzelnen ESt-Bescheide der Mitunternehmer (abgeleitete Bescheide) rechtswirksam geltend gemacht werden. Vielmehr muss gleich der Grundlagenbescheid bekämpft werden (§ 252 BAO).

Hinweis:
- *siehe auch A 67*

Quellen:	**Literatur:**
▪ §§ 186 ff; §§ 198 ff BAO	▪ *Tanzer/Unger*, BAO 2014/2015, 61 ff
	▪ *Doralt*, Steuerrecht 2014/15, Rz 267

B 133. Wann werden Abgaben fällig?

Abgaben werden grds **einen Monat** nach Bekanntgabe des Abgabenbescheides fällig, soweit keine besonderen Regelungen bestehen (zB für Abzugsteuern und für Vorauszahlungen).

Werden Abgaben an einem Samstag, Sonntag, gesetzlichen Feiertag, Karfreitag oder am 24. Dezember fällig, gilt als Fälligkeitstag der nächste Werktag.

Wenn eine Abgabe **nicht spätestens am Fälligkeitstag entrichtet** wird, fällt verschuldensunabhängig der **erste Säumniszuschlag** von 2 % des nicht entrichteten Abgabenbetrages an. Ein **zweiter Säumniszuschlag** (iHv 1 %) fällt an, wenn die Abgabe nicht spätestens drei Monate nach Vollstreckbarkeit entrichtet wird; der **dritte Säumniszuschlag** (1 %) hängt vom Eintritt der Verpflichtung zur Entrichtung des zweiten Säumniszuschlages ab und setzt das Verstreichen einer weiteren Frist von drei Monaten voraus.

Der sich aus der Fälligkeit ergebende Zeitpunkt der fristgerechten Entrichtung kann auf Ansuchen des Abgabepflichtigen durch **Zahlungserleichterungen** (Stundung bzw ratenweise Entrichtung der Abgabe) hinausgeschoben werden.

Voraussetzungen zur Gewährung einer Zahlungserleichterung sind:

- Die sofortige Entrichtung wäre mit erheblichen Härten verbunden;
- die Einbringlichkeit der Abgabe wird durch den Aufschub nicht gefährdet;
- die Einbringung muss aufgrund eines Rückstandsausweises überhaupt in Betracht kommen.

Quellen:	**Literatur:**
▪ §§ 210 ff BAO	▪ *Tanzer/Unger*, BAO 2014/2015, 187 ff ▪ *Doralt*, Steuerrecht 2014/15, Rz 568

B 134. Wann ist eine Aussetzung der Einhebung rechtsmöglich?

Die Aussetzung der Einhebung dient dem Ziel der **faktischen Effizienz von Beschwerden** (verfassungs- und europarechtlich determiniert).

Der Beschwerdeführer soll nicht bis zur endgültigen Erledigung des Rechtsmittels mit den (finanziellen) Folgen einer potenziell rechtswidrigen behördlichen Entscheidung belastet bleiben.

Die Einhebung einer Abgabe ist demnach auszusetzen, wenn ihre Höhe **unmittelbar oder mittelbar von der Erledigung einer Bescheidbeschwerde** (betreffend eine Nachforderung) abhängt. Ein entsprechender Antrag des Abgabepflichtigen kann ab der Einbringung der Beschwerde bis zu deren Entscheidung gestellt werden.

Für den Zeitraum, in dem der Zahlungsaufschub in Anspruch genommen wird, fallen **Aussetzungszinsen** iHv 2 % über dem Basiszinssatz an (derzeitiger Stand: 1,88 % aufgrund eines negativen Basiszinsatzes von -0,12 %).

Hinweis:
- *siehe auch A 68*

Quellen:
- § 212a BAO

Literatur:
- *Tanzer/Unger*, BAO 2014/2015, 191 f
- *Beiser*, Steuern[12], Rz 771
- *Doralt*, Steuerrecht 2014/15, Rz 568

B 135. Was sind Beschwerdezinsen?

Wird eine **bereits entrichtete Abgabenschuld**, welche vom Ausgang einer Bescheidbeschwerde abhängt, **als Folge der Beschwerdeentscheidung** im Nachhinein **herabgesetzt**, kann der Steuerpflichtige die Zuerkennung von Beschwerdezinsen für den Zeitraum zwischen Entrichtung der Abgabenschuld und der Beschwerdeentscheidung beantragen.

Beschwerdezinsen stehen jedoch nur bei Stattgabe von „wirklichen" Beschwerden zu, dh wenn der angefochtene Bescheid zumindest teilweise rechtswidrig war, nicht aber bei solchen Beschwerden, mit denen vergessene Posten berücksichtigt werden sollen. Wenn der Steuerpflichtige zB vergessen hat, seinen tatsächlich entrichteten Kirchenbeitrag abzusetzen, wird zwar der Beschwerde gegen seinen ESt-Bescheid stattgegeben werden, er soll aber nicht noch zusätzlich mit Beschwerdezinsen „belohnt" werden.

Die **Höhe der Beschwerdezinsen** beträgt wie bei deren Pendant, den Aussetzungszinsen, 2 % über dem Basiszinssatz (derzeitiger Stand: 1,88 % aufgrund eines negativen Basiszinsatzes von -0,12 %).

Quellen:
- § 205a BAO

Literatur:
- *Tanzer/Unger*, BAO 2014/2015, 19[illegible]
- *Beiser*, Steuern[12], Rz 771
- *Doralt*, Steuerrecht 2014/15, Rz 56[illegible]

B 136. Was versteht man unter Anspruchszinsen?

Die **Differenz** zwischen den ESt- und KöSt-Vorauszahlungen und der späteren Veranlagungsschuld wird als Restschuld (Nachforderung) oder als Steuergutschrift nach beiden Seiten hin **verzinst**.

Höhe der Anspruchszinsen (Nachforderungszinsen bzw Gutschriftzinsen): 2 % über dem Basiszinssatz (derzeitiger Stand: 1,88 % aufgrund eines negativen Basizinssatzes von -0,12 %). Anspruchszinsen, die den Betrag von 50 € nicht erreichen, sind jedoch nicht festzusetzen („**Bagatellgrenze**").

Der anspruchszinsenrelevante Zeitraum läuft vom 1. Oktober des Folgejahres bezogen auf die Entstehung der Jahressteuerschuld bis zum Tag der bescheidmäßigen Veranlagung, höchstens aber 48 Monate (4 Jahre).

Hinweis:
- *siehe auch A 68*

Quellen:	**Literatur:**
▪ § 205 BAO	▪ *Tanzer/Unger*, BAO 2014/2015, 175 ff
	▪ *Beiser*, Steuern[12], Rz 769
	▪ *Doralt*, Steuerrecht 2014/15, Rz 568

B 137. Welche abgabenrechtlichen Verjährungsvorschriften kennen Sie?

1) **Festsetzungsverjährung (Bemessungsverjährung)**
Mit der Festsetzungsverjährung verjährt das Recht der Behörde, die Abgabe bescheidmäßig festzusetzen (§ 207 BAO).

Die **Verjährungsfrist** beträgt:
- grundsätzlich **fünf Jahre**,
- **für hinterzogene** Abgaben seit dem Betrugsbekämpfungsgesetz 2010 **zehn Jahre** (gilt auch bei strafbefreiender Selbstanzeige nach § 29 FinStrG).
- Bei Verbrauchsteuern (nicht USt) beträgt die Verjährungsfrist nur drei Jahre, denn die Überwälzung auf den Verbraucher ist später schwieriger möglich.

2) **Absolute Verjährung**
Abgaben dürfen nicht mehr festgesetzt werden, wenn seit dem Entstehen des Abgabenanspruchs – trotz Unterbrechungen – **zehn Jahre** verstrichen sind (§ 209 Abs 3 BAO).
Seit dem Betrugsbekämpfungsgesetz 2010 gilt iZm **vorläufigen Veranlagungen** eine absolute Verjährungsfrist von **15 Jahren**.

3) **Einhebungsverjährung**
Diese befristet das Recht, eine fällige Abgabe einzuheben und zwangsweise einzubringen (§ 238 BAO).
Sie beträgt **fünf Jahre** und beginnt mit Ablauf des Kalenderjahres, in welchem die Abgabe fällig geworden ist, keinesfalls jedoch früher als das Recht zur Festsetzung der Abgabe.
Die Einhebungsverjährungsfrist endet nicht früher als die Bemessungsverjährungsfrist.

Hinweis:
- *siehe auch A 71*

Quellen:
- §§ 207, 209; § 238 BAO

Literatur:
- *Tanzer/Unger*, BAO 2014/2015, 35 ff
- *Beiser*, Steuern[12], Rz 816 ff
- *Doralt*, Steuerrecht 2014/15, Rz 571
- *Lang/Unger*, Steuerrecht graphisch, Rz 180 ff

B 138. Welches Rechtsmittel steht Ihnen gegen Bescheide der Abgaben- bzw Finanzstrafbehörden zu?

Als Rechtsmittel gegen Bescheide der Abgaben- bzw Finanzstrafbehörden steht das Recht auf **Bescheidbeschwerde** zu, welche binnen eines Monats bei der bescheiderlassenden Behörde (zuständigem Finanzamt) einzubringen ist.

Die Bescheidbeschwerde muss folgende **Bestandteile** enthalten:

- Die Bezeichnung des angefochtenen **Bescheides**,
- eine Beschwerde**erklärung** (Umfang der Anfechtung),
- einen Beschwerde**antrag** (welche Änderungen beantragt werden) und
- eine **Begründung**.

Zu beachten ist, dass im Gegensatz zum Beschwerdeverfahren nach dem VwGVG (vgl § 7 VwGVG) die Einbringung der abgabenrechtlichen Bescheidbeschwerde keine aufschiebende Wirkung hat (§ 254 BAO).

Hinweis:
- *siehe auch A 70*

Quellen:
- §§ 243 ff BAO

Literatur:
- *Tanzer/Unger*, BAO 2014/2015, 207 ff
- *Beiser*, Steuern[12], Rz 763 ff
- *Doralt*, Steuerrecht 2014/15, Rz 572
- *Lang/Unger*, Steuerrecht graphisch, Rz 173

B 139. Wodurch wird das Bescheidbeschwerdeverfahren gekennzeichnet?

Über Beschwerden gegen abgaben- bzw finanzstrafbehördliche Bescheide entscheidet seit 1.1.2014 das **Bundesfinanzgericht (BFG)**. Es fungiert als Verwaltungsgericht für das gesamte Rechtsmittelverfahren in Steuerangelegenheiten, Zoll- und Finanzstrafsachen des Bundes. Die Beschwerdeverfahren in Abgabensachen der Länder und Gemeinden werden vor den jeweiligen Landesverwaltungsgerichten (LVerwG) geführt.

Zunächst ist grds eine **zwingende Beschwerdevorentscheidung** seitens der belangten Abgaben- bzw Finanzstrafbehörde zu erlassen.

Die Behörde kann hierbei den angefochtenen Bescheid aufheben, die Beschwerde als unbegründet abweisen, aber auch die angefochtene Entscheidung nach jeder Richtung abändern (reformatorische Entscheidungsbefugnis; kein Verböserungsverbot).

In **drei Ausnahmefällen** besteht keine Pflicht zur Erlassung einer Beschwerdevorentscheidung (vgl § 262 Abs 2 BAO):

- Der Beschwerdeführer beantragt die Unterlassung einer Beschwerdevorentscheidung und die Behörde legt die Beschwerde innerhalb von drei Monaten tatsächlich dem BFG vor
- Der Beschwerdeführer releviert in seiner Beschwerde lediglich die Verfassungswidrigkeit von Gesetzen od dgl
- Die belangte (bescheiderlassende) Behörde ist der/die Bundesminister/in für Finanzen

Im Fall der regelmäßig zwingenden Beschwerdevorentscheidung kann der Beschwerdeführer oder jeder, dem gegenüber die Beschwerdevorentscheidung wirkt, innerhalb eines Monats einen **Vorlageantrag** gegen die Beschwerdevorentscheidung stellen, wodurch die Bescheidbeschwerde wieder als unerledigt gilt.

Ergeht ausnahmsweise keine Beschwerdevorentscheidung oder wurde rechtzeitig ein Vorlageantrag gegen Beschwerdevorentscheidung gestellt, hat die belangte Behörde die **Beschwerde samt bezughabenden Akten** nach etwaigen Ergänzungen der Ermittlungen ohne unnötigen Aufschub **dem Bundesfinanzgericht vorzulegen.** Hiervon sind die Parteien unter Ausfertigung eines Vorlageberichtes und eines Aktenverzeichnis unverzüglich zu verständigen.

Ab Stellung eines Vorlageantrages bzw in den Ausnahmefällen des § 262 Abs 2 BAO ab Einbringung der Bescheidbeschwerde darf die belangte Behörde gemäß **§ 300 Abs 1 erster Satz BAO** den angefochtenen Bescheid bei sonstiger Nichtigkeit weder aufheben noch abändern.

Vor dem BFG steht sodann der Abgaben- bzw Finanzstrafbehörde, deren Bescheid angefochten wurde, ebenso Parteienstellung (**Amtspartei**) zu wie dem Abgabepflichtigen.

Das BFG hat daraufhin auf alle bis zur Wirksamkeit seines Erkentnisses bzw Beschlusses vorgebrachten, neuen Tatsachen, Beweise und Anträge, die ihm im Laufe des Beschwerdeverfahrens zur Kenntnis gelangen, Bedacht zu nehmen, selbst wenn dadurch das Beschwerdebegehren geändert oder ergänzt wird (**kein Neuerungsverbot**).

Dem BFG-Richter kommt das Recht zu, die Parteien zur formlosen **Erörterung der Sach- und Rechtslage** sowie zur Beilegung des Rechtsstreites (ein)zu laden, was jedoch keine (erzwingbare) Ladung darstellt und auch nicht mit einer mündlichen Verhandlung verwechselt werden darf. Der Zweck dieser „Ladung" liegt vielmehr in der Erörterung von Rechtsstandpunkten, von erforderlichen Beweisaufnahmen oder in der

Beibringung von Beweismitteln, wodurch eine Entlastung der mündlichen Verhandlung erfolgen soll.

Eine **mündliche Verhandlung** findet sodann statt, wenn es der Richter für erforderlich hält oder aufgrund eines formgerechten Parteienantrags (Amtspartei ausgenommen), der in der Beschwerde selbst, in einem Vorlageantrag oder in einer Beitrittserklärung zu stellen ist bzw gewesen wäre.

Die **Entscheidung** selbst obliegt schließlich entweder dem **Einzelrichter allein** oder einem vierköpfigen Senat.

Senatszuständigkeit ist nur dann gegeben, wenn

- dies in der Beschwerde oder im Vorlageantrag gültig beantragt oder
- vom Richter selbst verlangt wird.

Gegen Entscheidungen des Bundesfinanzgerichtes besteht für den **Abgabepflichtigen** nur die Möglichkeit der (ordentlichen bzw außerordentlichen) **Revision an den Verwaltungsgerichtshof bzw der Beschwerde an den Verfassungsgerichtshof**.

Spiegelbildlich kommt auch der belangten Behörde als **Amtspartei** gegen die BFG-Entscheidung die Möglichkeit zur (ordentlichen bzw außerordentlichen) **Revision (= Amtsrevision) an den Verwaltungsgerichtshof** zu. Eine Beschwerdemöglichkeit an den Verfassungsgerichthof kommt jedoch für die belangte Behörde nicht in Betracht.

Grafische Darstellung des Rechtsschutzweges:

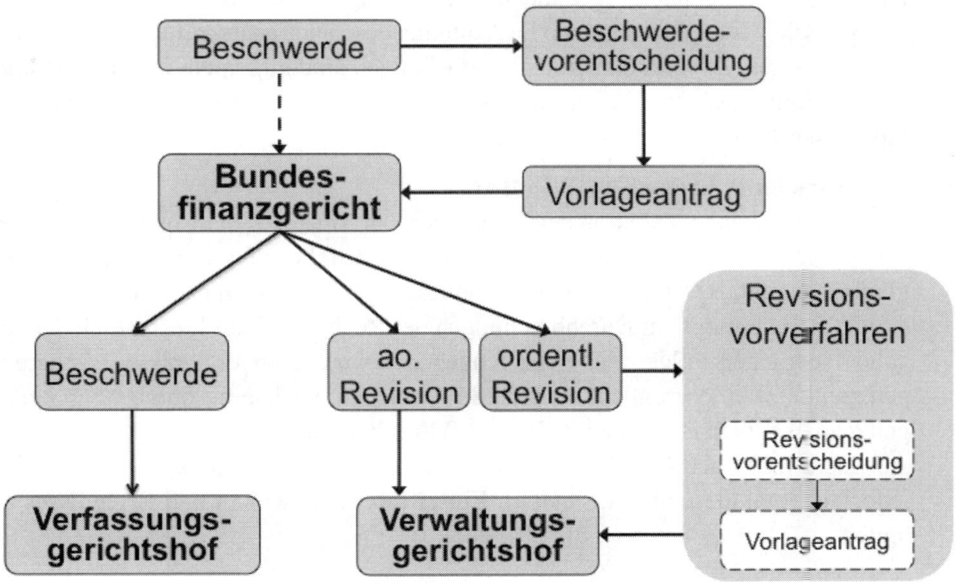

Hinweis:
- *siehe auch A 69, A 70*

Quellen:	**Literatur:**
▪ §§ 260-292 BAO	▪ *Tanzer/Unger*, BAO 2014/2015, 205 ff
▪ UFSG	▪ *Beiser*, Steuern[12], Rz 747
▪ Art 133 Z 4 B-VG	▪ *Doralt*, Steuerrecht 2014/15, Rz 572 ff
	▪ *Lang/Unger*, Steuerrecht graphisch[5], Rz 172 ff

B 140. Welche Durchbrechungen der Rechtskraft kennen Sie?

- **Abänderung, Zurücknahme und Aufhebung** (§ 293 f BAO)
  Die Abgabenbehörde kann auf Antrag der Partei oder von Amts wegen einen Bescheid wegen **Schreib- oder Rechenfehlern** oder wegen **offenbarer** ähnlicher **Unrichtigkeiten**, die auf dem ADV-Einsatz beruhen, berichtigen.
  Gemäß § 293a BAO kann (Ermessen) die Abgabenbehörde auf Antrag der Partei die Einkunftsart in einem Einkommensteuerbescheid berichtigen, wenn der Abgabepflichtige durch die Festsetzung einer **falschen Einkunftsart** in seinen Rechten (insbesondere iZm der Sozialversicherung) verletzt wird.
  Weiters möglich ist eine Berichtigung eines Bescheides, insoweit dessen Rechtswidrigkeit auf der **Übernahme** von **offensichtlichen Unrichtigkeiten** aus der Steuererklärung des Steuerpflichtigen beruht (§ 293b BAO).

- **Abänderung von abgeleiteten Bescheiden** (§ 295 BAO)
  Abgeleitete Bescheide sind bei nachträglicher **Abänderung, Aufhebung oder Erlassung** des **Grundlagenbescheides** amtswegig durch einen neuen Bescheid zu ersetzen bzw aufzuheben (gebundene Verwaltung = kein Ermessen). Dabei kann die Behörde warten, bis der neue Feststellungsbescheid rechtskräftig geworden ist.
  Abänderungen, Zurücknahmen und Aufhebungen sind allgemein **bis zum Ablauf der Verjährungsfrist** zulässig, Berichtigungen nach **§ 293** BAO jedoch nur **innerhalb eines Jahres** ab Eintritt der Rechtskraft.

- **Rückwirkendes Ereignis** (§ 295a BAO)
  Ein Bescheid kann auf Antrag der Partei oder von Amts wegen insoweit abgeändert werden, als ein Ereignis eintritt, das **abgabenrechtliche Wirkung für die Vergangenheit** auf den Bestand oder Umfang eines Abgabenanspruches hat (Ermessen).
  § 295a BAO ermöglicht Durchbrechungen der Rechtskraft nur hinsichtlich der abgabenrechtlichen Folgen des betreffenden rückwirkenden Ereignisses. Änderungen, zumal „Verböserungen" in anderen Bereichen, sind somit durch Abänderungen gemäß § 295a BAO nicht zulässig (**Teilrechtskraft**).
  Abänderungen nach § 295a sind bis zum Ablauf der **Verjährungsfrist** möglich, jedoch beginnt diese diesfalls erst **ab Eintritt des rückwirkenden Ereignisses** zu laufen.

- **Aufhebungen von abgabenbehördlichen Bescheiden** (§ 299 BAO)
Die Abgabenbehörde kann auf Antrag der Partei oder von Amts wegen einen eigenen Bescheid wegen **Rechtsunrichtigkeit** („wenn der Spruch des Bescheides sich als nicht richtig erweist“) aufheben (Ermessen).
Der Aufhebungsbescheid ist **zwingend** mit dem **Ersatzbescheid** zu verbinden. Durch die Aufhebung tritt das Verfahren in die Lage zurück, in der es sich vor der Aufhebung befunden hat.
Aufhebungen nach § 299 BAO sind sowohl bei **innerstaatlicher Rechtswidrigkeit** als auch bei unionsrechtlichen Verstößen bis zum **Ablauf eines Jahres** ab Zustellung rechtsmöglich.

- **Wiederaufnahme des Verfahrens** (§ 303 ff BAO)
Eine Wiederaufnahme **kann von Amts wegen oder auf Antrag des Abgabepflichtigen** erfolgen, wenn
  - der Steuerpflichtige einen Bescheid durch unrichtige oder irreführende Angaben erschlichen hat (zB durch Fälschen einer Urkunde; **Erschleichungstatbestand**);
  - Tatsachen oder Beweismittel neu hervorkommen (nova reperta), die im abgeschlossenen Verfahren nicht berücksichtigt wurden und einen anders lautenden Bescheid herbeigeführt hätten, va im Zuge einer Außenprüfung (**Neuerungstatbestand**), zB zu Unrecht geltend gemachte Betriebsausgaben, fehlende Aufzeichnungen, eine unrichtige Bewertung, ein falsch angegebener Kaufpreis oder ein nach Rechtskraft eingeholtes Sachverständigengutachten;
  - der Bescheid von Vorfragen abhängig war, über die anders entschieden wurde (**Vorfragentatbestand**); zB Pflichtteilsberechtigung in der ErbSt; neue Amtsbestätigung über eine Behinderung für die außergewöhnliche Belastung (§ 35 EStG);

  Nach Eintritt der Verjährung ist eine Wiederaufnahme grundsätzlich nicht mehr zulässig.

- **Wiedereinsetzung in den vorigen Stand** (§ 308 ff BAO)
Diese richtet sich gegen die Versäumung einer Frist, zB Beschwerdefristen, Vorlagefristen, Mängelbehebungsfristen, Zahlungsfristen, materielle Antragsfristen oder die Versäumung einer mündlichen Verhandlung vor dem BFG, wenn die **Partei durch** ein **unvorhergesehenes oder unabwendbares Ereignis gehindert** war, die betreffende Frist bzw Verhandlung einzuhalten.
Im Falle der Fristveräumnis hat der Antragsteller spätestens mit dem Wiedereinsetzungsantrag die versäumte Handlung nachzuholen.
Nach Ablauf von fünf Jahren ab dem Ende der versäumten Frist ist ein Wiedereinsetzungsantrag nicht mehr zulässig, jedoch muss ein dementsprechender Antrag überdies binnen drei Monaten nach Wegfall des Hindernisses gestellt werden.

Hinweis:

- *siehe auch A 72*

Quellen:

- §§ 293-310 BAO

Literatur:

- *Tanzer/Unger*, BAO 2014/2015, 233 ff
- *Beiser*, Steuern[12], Rz 823 ff
- *Doralt*, Steuerrecht 2014/15, Rz 575 ff
- *Lang/Unger*, Steuerrecht graphisch[5], Rz 176-179

Finanzstrafrecht

B 141. Was fällt unter den Geltungsbereich des Finanzstrafgesetzes?

Das FinStrG gilt grds für die **bundesrechtlich geregelten Abgaben**, die von den Abgabenbehörden des Bundes zu erheben sind; ausnahmsweise auch für die Grundsteuer.

Die Verkürzung von Gebühren wird nach § 9 Gebührengesetz geahndet und eine Verkürzung von Landes- und Gemeindeabgaben nach dem VerwaltungsstrafG.

Hinweis:
- *siehe auch A 73*

Quellen:	**Literatur:**
▪ § 2 FinStrG	▪ *Doralt*, Steuerrecht 2014/15, Rz 592
	▪ *Doralt/Ruppe*, Steuerrecht II[7], Rz 1402

B 142. Welche allgemeinen Grundsätze des Finanzstrafverfahrens kennen Sie?

Die Grundsätze des allgemeinen Strafrechts nach dem Strafgesetzbuch gelten prinzipiell auch für das Finanzstrafverfahren.

Diese sind insbesondere:

- **Das Rückwirkungsverbot**
  Dieses besagt, dass wegen eines Finanzvergehens nur dann eine Strafe verhängt werden darf, wenn die Tat schon zum Zeitpunkt ihrer Begehung mit Strafe bedroht war (**nullum crimen sine lege**).
- **Die Zurechnungsfähigkeit**
  Dieses Element ist für die **Schuldfrage** entscheidend. Demnach handelt nicht schuldhaft, wer zur Tatzeit wegen einer Geisteskrankheit, Schwachsinns, einer tiefgreifenden Bewusstseinsstörung oder wegen einer anderen schweren, einem dieser Zustände gleichwertigen seelischen Störung unfähig ist, das Unrecht seiner Tat einzusehen oder nach dieser Einsicht zu handeln.
  Für Personen, die das 14. Lebensjahr noch nicht vollendet haben, wird das Fehlen dieser Einsicht vom Gesetzgeber unwiderlegbar vermutet, bei Personen bis 18 Jahre kann die Zurechnungsfähigkeit aus bestimmten Gründen fehlen.

- **Vorsatz und Fahrlässigkeit**
  Vorsatz liegt vor, wenn der Täter einen Sachverhalt verwirklichen will, der einem gesetzlichen Tatbild entspricht. Hierbei liegt unbedingter Vorsatz vor, wenn der Täter die Tat bedenkt und beschließt (**dolus directus**); bedingter Vorsatz ist gegeben, wenn der Täter die Verwirklichung ernstlich für möglich hält und sich mit ihr abfindet (**dolus eventualis**). Für Vorsatzdelikte des Finanzstrafrechts genügt im Regelfall bedingter Vorsatz.
  Fahrlässig handelt, wer die Sorgfalt außer Acht lässt, zu der er nach den Umständen verpflichtet und nach seinen geistigen und körperlichen Verhältnissen befähigt ist und die ihm zuzumuten ist, und deshalb nicht erkennt, dass er einen Sachverhalt verwirklichen kann, der einem gesetzlichen Tatbestand entspricht (**unbewusste Fahrlässigkeit**). Fahrlässig handelt auch, wer es für möglich hält, dass er einen solchen Sachverhalt verwirklicht, ihn aber nicht herbeiführen will (**bewusste Fahrlässigkeit**).

- **Der entschuldbare Irrtum**
  Dem Täter wird weder Vorsatz noch Fahrlässigkeit zugerechnet, wenn ihm bei der Tat ein entschuldbarer Irrtum unterlief, der ihn das Vergehen (**Tatbildirrtum**) oder das darin liegende Unrecht (**Rechts- oder Verbotsirrtum**) nicht erkennen ließ.
  Ist der Irrtum jedoch **unentschuldbar**, dh wenn der Täter die pflichtgemäße und ihm zumutbare Sorgfalt außer Acht gelassen hat, so ist diesem Täter **Fahrlässigkeit** zuzurechnen und vorzuwerfen.

- **Der (entschuldigende) Notstand**
  Eine Tat ist nicht strafbar, wenn sie durch Notstand entschuldigt ist. Hierbei verweist das FinStrG direkt auf § 10 StGB, wonach jemand, der eine mit Strafe bedrohte Tat begeht, um einen unmittelbar drohenden bedeutenden Nachteil von sich oder einem anderen abzuwenden, entschuldigt ist, wenn der aus der Tat drohende Schaden nicht unverhältnismäßig schwerer wiegt als der Nachteil, den sie abwenden soll, und in der Lage des Täters von einem mit den rechtlich geschützten Werten verbundenen Menschen kein anderes Verhalten zu erwarten war.

- **Beteiligte**
  Finanzvergehen kann nicht nur der **unmittelbare Täter** begehen, sondern auch derjenige, der ihn dazu bestimmt (**Bestimmungstäter**) oder sonst zu ihrer Ausführung beiträgt (**Beitragstäter**). Jeder Beteiligte ist als Täter nach der ihm zuzurechnenden Schuld zu bestrafen.

- **Der Versuch**
  Grds sind **Tatabsichten**, die nach außen in Erscheinung treten, strafrechtlich unbeachtlich. Ebenso sind **Vorbereitungshandlungen** unbeachtlich, sofern sie nicht den Tatbestand eines eigenen Finanzvergehens erfüllen.
  Anders jedoch die **versuchte Tat**, für welche dieselben Strafdrohungen wie für die vollendete Tat gelten. Eine Tat ist dann versucht, sobald der Täter seinen Ent-

schluss, sie auszuführen oder einen anderen dazu zu bestimmen, durch eine der Ausführung unmittelbar vorangehende Handlung betätigt.
Nur ein Vorsatzdelikt kann versucht werden.

Quellen:
- § 4, §§ 7-11, § 13 FinStrG
- § 1, § 5 f, § 8 f, §§ 10-15 f StGB

Literatur:
- *Doralt*, Steuerrecht 2014/15, Rz 593
- *Doralt/Ruppe*, Steuerrecht II^{7}, Rz 1406 ff
- *Lang/Unger*, Steuerrecht graphisch^{5}, Rz 184

B 143. Was versteht man unter einer Selbstanzeige im Finanzstrafrecht?

Befindet sich ein Finanzvergehen noch im Versuchsstadium, so kann der Täter Straffreiheit durch Rücktritt vom Versuch erlangen.

Sowohl im Versuchsstadium als auch nach Vollendung der Tat kann Straffreiheit zudem durch Selbstanzeige erlangt werden.

Hierfür sind erforderlich:

- **(Zuständige) Behörde**
  Die Darlegung des Vergehens muss im Falle eines Zollvergehens gegenüber einer **Zollbehörde**, ansonsten gegenüber dem (irgendeinem) **Finanzamt** erfolgen.
- **Vollständige Offenlegung**
  Hierbei müssen alle zur Feststellung der Verkürzung bedeutsamen Umstände unverzüglich offengelegt werden (**qualifizierte Mitteilung der Verfehlung**).
- **Entrichtung des verkürzten Betrages**
  Dieser muss den **Abgaben- oder Monopolvorschriften entsprechend** binnen eines Monats entrichtet werden, daher idR nach bescheidmäßiger Vorschreibung des verkürzten Betrages aufgrund der Selbstanzeige.
  Zahlungserleichterungen sind in Einzelfällen zwar möglich, jedoch darf der Zahlungsaufschub nicht zwei Jahre überschreiten.
- **Rechtzeitigkeit**
  Nicht rechtzeitig ist eine Selbstanzeige, wenn
  - der Täter auf frischer Tat betreten wird;
  - zum Zeitpunkt der Selbstanzeige bereits Verfolgungshandlungen gesetzt waren (diese müssen dem Täter nicht bekannt sein);
  - wenn zum Zeitpunkt der Selbstanzeige die Tat bereits entdeckt und dies dem Selbstanzeiger bekannt war;
  - wenn bei einem vorsätzlichen Finanzvergehen die Selbstanzeige anlässlich einer finanzbehördlichen Nachschau, Prüfung usw nicht bereits vor Beginn der Amtshandlung erstattet wurde. Bei fahrlässigen Vergehen kann die Selbstanzeige somit auch noch während der Amtshandlung erstattet werden.

Hinweis:
- *siehe auch A 74*

Quellen:
- § 29 FinStrG

Literatur:
- *Doralt*, Steuerrecht 2014/15, Rz 596
- *Doralt/Ruppe*, Steuerrecht II[7], Rz 1428 ff
- *Lang/Unger*, Steuerrecht graphisch[5], Rz 186

B 144. Welche wichtigen finanzstrafrechtlichen Delikte kennen Sie?

- **Vorsätzliche Abgabenhinterziehung**
  Eine solche begeht, wer **vorsätzlich** unter Verletzung einer abgabenrechtlichen Anzeige-, Offenlegungs- oder Wahrheitspflicht eine Abgabenschmälerung bewirkt. Die diesbezügliche **Strafe** geht bis zum Zweifachen des hinterzogenen Betrages, darüber hinaus kann eine Freiheitsstrafe von bis zu einem Jahr verhängt werden.

- **Abgabenbetrug**
  Einen Abgabenbetrug begeht, wer eine vorsätzliche Abgabenhinterziehung unter Zuhilfenahme von verfälschten Urkunden bzw sonstigen Beweismitteln oder Scheinhandlungen (zB Scheinrechnungen) vornimmt. Je nach strafbestimmendne Wertbetrag kann die Strafe bis zu zehn Jahren Haft und/oder 2,5 Mio € Geldstrafe betragen.

- **Fahrlässige Abgabenverkürzung**
  Diese bewirkt, wer **fahrlässig** unter Verletzung einer abgabenrechtlichen Anzeige-, Offenlegungs- oder Wahrheitspflicht eine Abgabenschmälerung bewirkt.
  Die diesbezügliche **Strafe** geht bis zum Einfachen des verkürzten Betrages.

- **Finanzordnungswidrigkeiten**
  Diese Deliktsgruppe umfasst mehrere Rechtsverstöße gegen abgabenrechtliche Normen, wobei eine effektive Verkürzung von Abgaben nicht eintreten muss. Gemeinsam ist ihnen allen, dass sie nur **vorsätzlich** begangen werden können. Dolus eventualis genügt auch hier.
  - **Nichtentrichtung von Selbstbemessungsabgaben**, insbes auch USt-Vorauszahlungen, spätestens am 5. Tag nach Fälligkeit, wenn dem FA auch nicht die Höhe des geschuldeten Betrages bekanntgegeben wird.
  - Strafrahmen: Geldstrafe bis zur Hälfte des nicht entrichteten Betrages.
  - **Erwirken einer ungerechtfertigten USt-Gutschrift** durch vorsätzliche Abgabe unrichtiger UVAs.
  - Strafrahmen: Geldstrafe bis zur Hälfte der ungerechtfertigten Gutschrift.
  - **Erschleichung einer Zahlungserleichterung** durch Verletzung einer abgabenrechtlichen Offenlegungs- oder Wahrheitspflicht.
    Strafrahmen: Geldstrafe bis 3.625 €.

- **Verletzung von abgabenrechtlichen Offenlegungs- und Wahrheitspflichten** oder Aufzeichnungspflichten als Subsidiärtatbestand, falls dadurch kein anderes Finanzvergehen zu verantworten ist.

  Strafrahmen: Geldstrafe bis 3.625 €.

Hinweis:
- *siehe auch A 74, A 75*

Quellen:
- §§ 33, 34; § 49 ff FinStrG

Literatur:
- *Doralt*, Steuerrecht 2014/15, Rz 598 ff
- *Doralt/Ruppe*, Steuerrecht II[7], Rz 1440 ff
- *Lang/Unger*, Steuerrecht graphisch[5], Rz 188

B 145. Welche Besonderheiten hat das finanzstrafrechtliche Verfahren?

Es wird ein **verwaltungsbehördlich/verwaltungsgerichtliches** von einem **(straf-) gerichtlichen** Strafverfahren unterschieden.

(Straf-)Gerichtszuständigkeit ist gegeben bei vorsätzlichen Finanzvergehen sowie exklusiv bei einem Abgabenbetrug mit einem strafbestimmenden Wertbetrag von über 100.000 € sowie bei Schmuggel- und Abgabenhehlerei mit einem strafbestimmenden Wertbetrag von über 50.000 €.

In allen anderen Fällen und insbes bei Finanzordnungswidrigkeiten ist die **Finanzstrafbehörde zuständig**.
Hierbei wird als zunächst als Finanzstraf(verwaltungs)behörde grds das für die jeweilige Einhebung der entsprechenden Abgabe zuständige **Finanzamt** tätig.
Als Finanzstraf(verwaltungs)gericht fungiert das **Bundesfinanzgericht**.

Hinweis:
- *siehe auch A 75*

Quellen:
- §§ 53 ff FinStrG

Literatur:
- *Doralt*, Steuerrecht 2014/15, Rz 603 ff
- *Doralt/Ruppe*, Steuerrecht II[7], Rz 1458 ff
- *Lang/Unger*, Steuerrecht graphisch[4], Rz 189

ADVANCED
LEVEL

Einkommensteuer

A 1. Dualismus der Einkunftsarten

B ist ein Buchhändler. Als er den Computer für seine Lagerhaltung zerstört, schreibt er ihn zur Gänze steuermindernd ab. Der Gewinn aus dem Verkauf des Geschäftslokales einer Filiale von Bs Buchhandelskette ist steuerpflichtig. C ist ein Arbeitnehmer. Er kann die Zerstörung seines Computers, den er zu privaten Zwecken eingesetzt hat, nicht steuermindernd geltend machen. Der Gewinn aus dem Verkauf seiner Sammlung originaler Comic-Hefte unterliegt bei ihm nicht der Steuerpflicht.
Worin ist die unterschiedliche steuerliche Behandlung von B und von C begründet?

Das steuerbare Einkommen besteht aus dem Gesamtbetrag der in § 2 Abs 3 EStG aufgezählten Einkünfte. Diese sieben Einkunftsarten gliedern sich in betriebliche und in außerbetriebliche Einkünfte.

Die **betrieblichen Einkünfte** (Einkünfte aus Land- und Forstwirtschaft, Einkünfte aus selbständiger Arbeit und Einkünfte aus Gewerbebetrieb) ergeben sich aus der Gewinnermittlung (§ 2 Abs 4 Z 1 EStG), daher auch „Gewinneinkünfte". Die **außerbetrieblichen Einkünfte** (Einkünfte aus nichtselbständiger Arbeit, Einkünfte aus Kapitalvermögen, Einkünfte aus Vermietung und Verpachtung und sonstige Einkünfte) ergeben sich aus dem Überschuss der Einnahmen über die Werbungskosten, daher auch „Überschusseinkünfte".

Bei den betrieblichen Einkünften mindern Wertverluste von Wirtschaftsgütern des Betriebsvermögens den steuerlichen Gewinn, Wertsteigerungen erhöhen ihn. Daher mindert der Wertverlust des Computers und erhöht der Veräußerungsmehrerlös der Filiale den Gewinn von B. Bei den außerbetrieblichen Einkünften wirken sich Wertveränderungen von Wirtschaftsgütern nicht auf die Steuerbemessungsgrundlage aus. Daher ist für die Steuerpflicht von C sowohl der Wertverlust seines Computers als auch der Gewinn aus dem Verkauf seiner Comichefte-Sammlung steuerlich irrelevant. Dieses Prinzip wird **„Dualismus der Einkunftsarten"** oder **„Dualismus der Einkunftsermittlung"** genannt.

Der Dualismus der Einkunftsarten hat durch die Einführung der Besteuerung von Veräußerungsgewinnen aus Kapitalvermögen und von Immobilienvermögen seit 1.4.2012 massiv an Bedeutung verloren. Seither sind auch im außerbetrieblichen Bereich die Wertveränderungen der wichtigsten Wirtschaftsgüter mit typischerweise steigendem Wert (Wertpapiere und Immobilien) steuerbar. Weiterhin nicht steuerbar sind die Wertveränderungen von Kunstwerken, Antiquitäten, Schmuck, Edelmetallen und ähnlichen Wertanlagen.

Hinweis:
- *siehe auch B 9 und B 11*

Quellen:
- Steuerrechtswissenschaft (Reinvermögenszugangstheorie bzw Quellentheorie)

Literatur:
- *Beiser,* Steuern[12], Rz 51 f
- *Doralt,* Steuerrecht 2014/15, Rz 16

A 2. Die sieben Einkunftsarten

A ist Forstwirt. A betreibt ein Sägewerk, in dem er ausschließlich das Holz seiner eigenen Wälder verarbeitet. Er verkauft die hergestellten Bretter und Sägespäne. Außerdem erhält A vom Verursacher eines Autounfalls Schmerzengeld.
B ist Rechtsanwältin und verwaltet außerdem ein Zinshaus, das sie im Privatvermögen hält. B ist weiters Präsidentin der Rechtsanwaltskammer.
C ist Komplementärin einer Elektrohandels-KG und betreibt zusätzlich als Einzelunternehmerin eine Immobilienverwaltung.
D ist Pensionist und bezieht seine Pension von der Pensionsversicherungsanstalt (PVA). Er hat sein Geldvermögen angelegt und bezieht daraus Zinsen und Dividenden.
E vermietet Schier und Snowboards an Wintertouristen. Er veräußert seine Anteile an der örtlichen Schilift-AG, an der er für drei Jahre zu 7 % beteiligt war.
Die F-GmbH ist in der Steuerberatung tätig.
G, ein Steuerberater, ist Geschäftsführer der F-GmbH, an der er zu 30 % beteiligt ist. G erhält von der F-GmbH einen Bezug für seine Geschäftsführertätigkeit.
Welche Einkünfte erzielen die angeführten Personen A bis G?

A erzielt **Einkünfte aus Land- und Forstwirtschaft** (§ 21 Abs 1 Z 1 EStG); und zwar auch mit dem Gewinn aus den im Sägewerk hergestellten Produkten, weil das Sägewerk einen **Nebenbetrieb** darstellt, der nur der Verarbeitung der eigenen Erzeugnisse dient (§ 21 Abs 2 Z 1 EStG). Das Schmerzengeld gehört zu keiner Einkunftsart und ist daher **nicht steuerbar**.

B erzielt **Einkünfte aus selbständiger Arbeit** aus ihrer Tätigkeit als Rechtsanwältin (§ 22 Z 1 lit b dritter Teilstrich EStG). Die Hausverwaltung führt bei ihr zu **Einkünften aus Vermietung und Verpachtung** (und nicht aus selbständiger Arbeit), weil sie ihr eigenes (und nicht fremdes) Vermögen verwaltet (§ 28 Abs 1 Z 1 EStG – und nicht § 22 Z 2 erster Teilstrich EStG). Die Einkünfte aus ihrer Tätigkeit als Präsidentin der Rechtsanwaltskammer sind **sonstige Einkünfte**, nämlich Funktionsgebühren (§ 29 Z 4 EStG).

C erhält als Komplementärin Gewinnanteile einer gewerblich tätigen Mitunternehmerschaft. Diese führen bei ihr zu **Einkünften aus Gewerbebetrieb** (§ 23 Z 2 EStG). Die Einnahmen aus der Verwaltung fremder Immobilien führen zu **Einkünften aus selbständiger Tätigkeit** (§ 22 Z 2 erster Teilstrich EStG).

D bezieht mit der Pension aus der gesetzlichen Sozialversicherung **Einkünfte aus nichtselbständiger Arbeit** (§ 25 Z 3 lit a EStG). Die Zinsen und Dividenden gehören zu den **Einkünften aus der Überlassung von Kapital** (§ 27 Abs 2 Z 1 lit a und Z 2 EStG).

E erzielt mit dem Schiverleih **Einkünfte aus Gewerbebetrieb** (§ 23 Z 1 EStG): Der Geschäftsbetrieb eines Schiverleihs übersteigt wegen der vielen Nebenleistungen (wachsen, Bindung einstellen, Kanten schleifen, Versicherung vermitteln usw) die bloße Vermögensverwaltung. Damit liegen Einkünfte aus Gewerbebetrieb vor, die allenfalls in Betracht kommenden außerbetrieblichen Einkünften vorgehen.

Unter der Voraussetzung, dass die Anteile an der Schilift-AG nicht zum (notwendigen oder gewillkürten) Betriebsvermögen des Schiverleihs gehören, führt die Veräußerung der Anteile an der Schilift-AG zu **Einkünften aus Kapitalvermögen**; genauer: zu Einkünften aus realisierten Wertsteigerungen von Kapitalvermögen (§ 27 Abs 3 EStG). Hat E die Aktien der Schilift-AG auf einem Bankdepot gehalten, dann ist diese Bank zur Berechnung des Veräußerungsgewinnes und zur Abfuhr der dementsprechenden Kapitalertragsteuer (KESt) in Höhe von 25 % verpflichtet (§ 27a Abs 3 Z 2 lit a EStG iVm § 93 Abs 2 Z 2 EStG). Der KESt-Abzug ist mit Endbesteuerungswirkung verbunden (§ 97 Abs 1 EStG).

Wurden die Anteile an der Schilift-AG jedoch im Betriebsvermögen des E gehalten (zB weil der Erfolg des Schiverleihs vollkommen abhängig vom Betrieb des Schiliftes ist), gehört der Gewinn aus dem Aktienverkauf zu den **Einkünften aus Gewerbebetrieb** des E. Betriebliche Einkünfte gehen nämlich Einkünften aus Kapitalvermögen vor; dennoch ist Kapitalertragsteuer (KESt) von der Bank einzubehalten (§ 27a Abs 3 Z 2 lit a EStG iVm § 27a Abs 6 und § 93 Abs 2 Z 2 EStG). Der KESt-Abzug ist jedoch nicht mit Endbesteuerungswirkung verbunden (§ 97 Abs 1 lit a EStG).

Die **F**-GmbH ist aufgrund des Unternehmensgesetzbuches zur Rechnungslegung verpflichtet (§ 189 Abs 1 Z 1 UGB); daher gehören alle ihre Einkünfte zu den **Einkünften aus Gewerbebetrieb** (§ 7 Abs 3 KStG).

G erhält von einer Kapitalgesellschaft (der F-GmbH), an der er wesentlich – nämlich zu mehr als 25 % – beteiligt ist, Vergütungen für eine „sonst alle Merkmale eines Dienstverhältnisses aufweisende Beschäftigung“. Diese Vergütungen sind daher bei ihm Einkünfte aus **sonstiger selbständiger Arbeit** (§ 22 Z 2 zweiter Teilstrich EStG).

Hinweis:
- *siehe auch B 9*

Quellen:
- § 2 Abs 3 Z 1-7; § 21-31 EStG
- § 189 UGB
- § 7 Abs 3 KStG

Literatur:
- *Beiser*, Steuern[12], Rz 53-60
- *Doralt*, Steuerrecht 2014/15, Rz 15-31
- *Doralt/Ruppe*, Steuerrecht I[11], Rz 58-140

A 3. Land- und forstwirtschaftlicher Nebenbetrieb

Der Landwirt L betreibt einen Mastschweinbetrieb (Einheitswert des Betriebes: 70.000 €, keine Rechnungslegung). Alle vierzehn Tage bietet er selbstgemachte Brat- und Leberwürste, Leberpasteten und Ähnliches zum Verkauf ab Hof an. Zur Produktion dieser Wurstwaren verwendet er das Schweinefleisch aus eigener Zucht und Schlachtung, weiters kauft er Semmeln von der Bäckerei ein (Einkaufswert = 3 % vom Wurstumsatz), Gewürze im Supermarkt (Einkaufswert = 1 % vom Wurstumsatz) sowie Wursthäute, Därme und Rindfleisch vom Fleischhauer (Einkaufswert = 20 % vom Wurstumsatz).
Welche Auswirkungen hat der Wurstverkauf auf die Einkommensteuerpflicht Ls?

L kann den Gewinn aus seinem landwirtschaftlichen Betrieb durch **Pauschalierung** ermitteln, weil er weder zur Buchführung verpflichtet ist (gem § 125 Abs 1 lit b BAO besteht Buchführungspflicht erst, wenn der Einheitswert zum 1. 1. des Jahres 150.000 € überstiegen hat) noch freiwillig Bücher führt (§ 17 Abs 4 EStG). Aufgrund des § 17 Abs 4 und 5 EStG ist die land- und forstwirtschaftliche **Pauschalierungsverordnung** (BGBl II 125/2013) ergangen. Gem § 2 der V kann bei einem Einheitswert unter 75.000 € der Gewinn mittels eines Durchschnittssatzes (42 %) vom maßgeblichen Einheitswert ermittelt werden. Der Grundbetrag des Gewinnes von L beträgt somit 29.400 €.

Die Produktion und der Verkauf von Wurstwaren stellen einen **Nebenbetrieb** zur Landwirtschaft dar. Als Nebenbetrieb gilt ein Betrieb, der dem land- und forstwirtschaftlichen Hauptbetrieb zu dienen bestimmt ist (§ 21 Abs 2 Z 1 EStG). Für sich betrachtet wären die Erzeugung und der Verkauf von Wurstwaren eine gewerbliche Tätigkeit (ein Fleischhauer hat Einkünfte aus Gewerbebetrieb). Wegen ihres **engen Zusammenhanges** mit der Haupttätigkeit und wegen ihrer **untergeordneten Bedeutung** geht der Nebenbetrieb jedoch im Hauptbetrieb „auf".

Der enge Zusammenhang des Neben- zum Hauptbetrieb und die wirtschaftliche Unterordnung äußern sich darin, dass überwiegend Erzeugnisse des land- und forstwirtschaftlichen Hauptbetriebes verwendet werden. Nach der Ansicht der Finanzverwaltung ist von einem **Überwiegen der Erzeugnisse des landwirtschaftlichen Haupt-**

betriebes auszugehen, wenn der Wert der zugekauften Waren 25 % der Einnahmen aus dem Nebenbetrieb nicht überschreitet. Beträgt der Zukaufswert jedoch mehr als 25 %, liegt ein eigener Gewerbebetrieb vor. Diese Abgrenzung des Nebenbetriebes zum eigenen Gewerbebetrieb lehnt sich an die gesetzlich vorgegebene Grenze zwischen dem land- und forstwirtschaftlichen Hauptbetrieb und einem Gewerbebetrieb an: Werden Einkünfte auch aus zugekauften Erzeugnissen erzielt, dann gilt für die Abgrenzung zum Gewerbebetrieb § 30 Abs 9 bis 11 BewG (§ 21 Abs 1 Z 1 EStG). Gem § 30 Abs 9 BewG ist ein einheitlicher landwirtschaftlicher Betrieb auch dann anzunehmen, wenn der Einkaufswert des Zukaufes fremder Erzeugnisse nicht mehr als 25 % des Umsatzes dieses Betriebes beträgt.

Für die Prüfung der wirtschaftlichen Unterordnung (§ 14 der V) wird vor allem die **Relation der Umsätze des Hauptbetriebes zu jenen des Nebenbetriebes** herangezogen. Die Unterordnung ist anzunehmen, wenn die Einnahmen aus der Nebentätigkeit nicht mehr als 33.000 € inkl USt betragen (§ 14 iVm § 7 Abs 4 der V).

Bei L kann ein enger Zusammenhang des Nebenbetriebs zum Hauptbetrieb sowie die wirtschaftliche Unterordnung angenommen werden (der Wert des Zukaufs beträgt lediglich 24 % von den Einnahmen aus dem Wurstverkauf), daher liegt ein landwirtschaftlicher Nebenbetrieb vor.

Der Gewinn aus einem landwirtschaftlichen Nebenbetrieb ist durch **Einnahmen-Ausgabenrechnung** gesondert zu ermitteln (§ 7 Abs 1 erster Satz der V). Die Ausgaben für den Zukauf der Waren für die Wurstproduktion sind also von der Pauschalierung nicht erfasst, sondern können zusätzlich abgesetzt werden; die Betriebsausgaben dürfen allerdings pauschal mit 70 % der Einnahmen in Abzug gebracht werden (§ 7 Abs 3 erster Satz der V).

Hinweis:
- *siehe auch B 17*

Quellen:
- § 2 Abs 3 Z 1, § 21 EStG
- land- und forstwirtschaftliche Pauschalierungsverordnung (BGBl II 125/2013)
- EStR 2000 Rz 4147 f; 5002; 5045-5049

Literatur:
- *Doralt*, Steuerrecht 2014/15, Rz 18
- *Doralt/Ruppe*, Steuerrecht I[11], Rz 59-60

A 4. Die Besteuerung der Gesellschafter-Geschäftsführer

A ist zu 20 % an der A-GmbH beteiligt. Aufgrund eines Arbeitsvertrags mit der A-GmbH wird A als Geschäftsführer der A-GmbH tätig.
B ist zu 40 % an der B-GmbH beteiligt. Aufgrund eines Arbeitsvertrags mit der B-GmbH wird B als Geschäftsführer der B-GmbH tätig.

C ist zu 10 % an der C-GmbH beteiligt. Aufgrund eines Werkvertrags mit der C-GmbH wird C als Geschäftsführer der C-GmbH tätig.
D ist zu 50 % an der D-OG beteiligt. Aufgrund eines Arbeitsvertrags mit der D-OG wird D als Geschäftsführer der D-OG tätig.
Zu welcher Einkunftsart gehören die Vergütungen für die Geschäftsführertätigkeit des A, B, C und D?

A erhält für seine Tätigkeit als Geschäftsführer der A-GmbH einen Arbeitslohn. Die Beteiligung an der A-GmbH zu 20 % ist keine „wesentliche" Beteiligung – eine solche „wesentliche" Beteiligung liegt erst bei einer Beteiligungshöhe von mehr als 25 % vor (§ 22 Z 2 zweiter Teilstrich zweiter Satz EStG). Daher führt der Arbeitslohn, den A erhält, steuerrechtlich zu Einkünften aus **nichtselbständiger Arbeit** (§ 25 Abs 1 Z 1 lit b EStG).

B ist – im Gegensatz zu A – an der B-GmbH „wesentlich" beteiligt, weil seine Anteile am Stammkapital der B-GmbH mehr als 25 % betragen. Daher führt die Vergütung, die B für seine Geschäftsführertätigkeit erhält, zu Einkünften aus **sonstiger selbständiger Arbeit** (§ 22 Z 2 zweiter Teilstrich EStG).

C wird nicht aufgrund eines Arbeitsvertrages, sondern aufgrund eines Werkvertrages als Geschäftsführer der C-GmbH tätig. Für die Beurteilung seiner Einkünfte spielt die Höhe der Beteiligung keine Rolle. Er hat Einkünfte aus **sonstiger selbständiger Arbeit** (§ 22 Z 2 erster Teilstrich EStG), weil er durch seine Geschäftsführertätigkeit fremdes Vermögen verwaltet.

D ist nicht an einer Kapitalgesellschaft, sondern an einer Personengesellschaft beteiligt. Die Abgrenzungsmerkmale von § 22 Z 2 und § 25 Abs 1 Z 1 lit b sind auf D nicht anwendbar, weil sie nur für Gesellschafter-Geschäftsführer von Kapitalgesellschaften gelten. Durch seine Beteiligung an der D-OG wird D zum Mitunternehmer. Zwischen einem Mitunternehmer und seiner Mitunternehmerschaft abgeschlossene Arbeitsverträge werden steuerlich nicht anerkannt. Vielmehr stellen die Vergütungen, die D für seine Geschäftsführertätigkeit erhält, einen Gewinnvoraus dar. Die Einkunftsart, die D erzielt, ist daher abhängig von der Einkunftsart, die die Mitunternehmerschaft erzielt. Erzielt die Mitunternehmerschaft Einkünfte aus Land- und Forstwirtschaft, dann führen die Geschäftsführerbezüge bei D zu Einkünften aus **Land- und Forstwirtschaft** (§ 21 Abs 2 Z 2 EStG); erzielt die Mitunternehmerschaft Einkünfte aus selbständiger Tätigkeit, denn gehören die Geschäftsführerbezüge zu den Einkünften aus **selbständiger Arbeit** (§ 22 Z 3 EStG); erzielt die Mitunternehmerschaft Einkünfte aus Gewerbebetrieb, dann gehören die Geschäftsführerbezüge Ds ebenfalls zu den Einkünften aus **Gewerbebetrieb** (§ 23 Z 2 EStG)

Hinweis:
- *siehe auch B 36*

Quellen:
- § 21; § 22; § 23, § 25 EStG

Literatur:
- *Beiser*, Steuern[12], Rz 254-256
- *Doralt*, Steuerrecht 2014/15, Rz 19; Rz 21 f; Rz 35
- *Doralt/Ruppe*, Steuerrecht I[11], Rz 67; 79; 84; 532-534; 543 f

A 5. Die Gewinnermittlung durch Vermögensvergleich

B besitzt eine Druckerei. Sie ermittelt den Gewinn nach § 5 Abs 1 EStG. C besitzt eine Blumenhandlung. Sie ermittelt ihren Gewinn nach § 4 Abs 1 EStG.
Im letzten Jahr haben beide je ein Aktienpaket in den Betrieb eingelegt, Mieten für drei Jahre vorausbezahlt und ein abweichendes Wirtschaftsjahr beantragt. Welche steuerlichen Unterschiede bestehen zwischen B und C?

Das in den Betrieb eingelegte Aktienpaket ist als **gewillkürtes Betriebsvermögen** zu bewerten, das durch Aufnahme von neutralem Vermögen in die Bilanz entsteht. Nach Ansicht des VwGH ist gewillkürtes Betriebsvermögen nur bei Gewinnermittlung nach § 5 EStG zulässig, C kann daher das Aktienpaket nicht in ihre Bilanz aufnehmen.

Für die Mietvorauszahlung muss B in ihrer Bilanz **verpflichtend** einen aktiven **Rechnungsabgrenzungsposten** bilden, um die Ausgaben derjenigen Periode zuzuordnen, zu der sie steuerlich gehören. C hat bezüglich der Bildung eines Rechnungsabgrenzungspostens grundsätzlich ein **Wahlrecht**. Dieses Wahlrecht wird jedoch durch § 4 Abs 6 EStG eingeschränkt. Genauso besteht auch bei **Rückstellungen** eine Pflicht bei der Gewinnermittlung nach § 5 EStG, während es bei der Gewinnermittlung nach § 4 Abs 1 EStG ein Wahlrecht gibt.

Nur **buchführende Land- und Forstwirte** und **rechnungslegungspflichtige Gewerbetreibende** dürfen ein vom Kalenderjahr abweichendes Wirtschaftsjahr haben (§ 2 Abs 5 dritter Satz EStG). B kann daher ihren Gewinn für ein abweichendes Wirtschaftsjahr ermitteln, für C deckt sich das Wirtschaftsjahr zwingend mit dem Kalenderjahr.

Grundsätzlich ist die Bewertung von Wirtschaftsgütern bei der Gewinnermittlung nach § 5 EStG aufgrund der **Maßgeblichkeit der Unternehmensbilanz für die Steuerbilanz** an die unternehmensrechtlichen Bewertungsvorschriften gebunden, während bei der Gewinnermittlung nach § 4 Abs 1 EStG die Bewertung ausschließlich nach § 6 EStG erfolgt.

Hinweis:
- *siehe auch B 15, B 16*

Quellen:
- § 4 Abs 1; § 5 Abs 1 EStG
- EStR 2000 Rz 416
- EStR 2000 Rz 4147 f; 5002; 5045-5049

Literatur:
- *Beiser*, Steuern[12], Rz 164
- *Doralt*, Steuerrecht 2014/15, Rz 49; Rz 52-55/1
- *Doralt/Ruppe*, Steuerrecht I[11], Rz 151-167

A 6. Basispauschalierung

Q ist eine freiberufliche Yoga-Lehrerin, die ihren Gewinn nach § 4 Abs 3 EStG ermittelt. Der Umsatz betrug im Jahr 2008 180.000 €, im Jahr 2009 190.000 €. Im Jahr 2009 hat sie folgende Ausgaben: Miete für den Unterrichtsraum: 8.000 €, Lohnaufwand inkl. Sozialversicherung für einen angestellten Trainer: 45.000 €, Versicherungsaufwand: 400 €, eigene Sozialversicherungsbeiträge: 20.000 €.
Wie wird Q ihre Betriebsausgaben ermitteln?

Q erzielt Einkünfte aus **selbständiger Tätigkeit**, ermittelt ihren Gewinn gemäß **§ 4 Abs 3 EStG**, hatte im Vorjahr einen Umsatz von nicht mehr als **220.000 €** und kann daher ihre Betriebsausgaben mit einem **Durchschnittssatz** ermitteln (§ 17 EStG). Da sie Einkünfte aus einer unterrichtenden Tätigkeit hat, beträgt ihr **Betriebsausgabenpauschale** 6 %, höchstens jedoch 13.200 € (im konkreten Fall: 11.400 €).

Neben der Betriebsausgabenpauschale können Beiträge zur gesetzlichen **Sozialversicherung** und Ausgaben für **Löhne** einschließlich Lohnnebenkosten geltend gemacht werden (65.000 €).

Von der Pauschale umfasst sind dagegen Versicherungsbeiträge und der Mietaufwand (8.400 €). Durch den Ansatz des Betriebsausgabenpauschales vermindert sich die Steuerbemessungsgrundlage Qs um 65.000 + 11.400 = 76.400 auf 113.600 €, obwohl ihre tatsächlichen Ausgaben um 3.000 € geringer waren und der Gewinn Qs eigentlich 190.000 – (65.000 + 8.400) = 116.600 € beträgt.

Hinweis:
- *siehe auch B 17*

Quellen:	**Literatur:**
▪ § 17 EStG	▪ *Doralt*, Steuerrecht 2014/15, Rz 51; Rz 120 f
▪ EStR 2000 Rz 4100-4127	▪ *Doralt/Ruppe*, Steuerrecht I[11], Rz 235-240

A 7. Gemischt genutztes Wirtschaftsgut

Herr X (Gewinnermittlung gemäß § 4 Abs 1) hat im Jahr 2006 ein Gebäude mit 100 m² Nutzfläche gekauft. 70 m² nutzt er als Hauptwohnsitz mit seiner Familie; 30 m² nutzt er für sein Unternehmen als Lagerraum.
Im Jahr 2013 übersiedelt er mit seiner Familie in eine andere Wohnung und verkauft das ganze Gebäude.
Wie ist der Veräußerungsgewinn 2013 ertragsteuerlich zu behandeln?

Bei dem Gebäude handelt es sich um ein **gemischt genutztes Wirtschaftsgut,** das teils betrieblich als Lagerraum und teils privat als Hauptwohnsitz der Familie genutzt wird. Der Anteil der betrieblichen bzw privaten Nutzung wird idR entsprechend der räumlichen Nutzung nach der Nutzfläche ermittelt. In die Verhältnisrechnung sind nur benutzbare Räume einzubeziehen. Neutrale Flächen (Stiegenhaus, Gang, Heizraum) in einem sonst gemischt genutzten Gebäude sind entsprechend den übrigen Nutzungsanteilen aufzuteilen. Somit ergeben sich hier ein Privatanteil von 70 % und ein betrieblicher Anteil von 30 %; dies sagt jedoch noch nichts über die Zuordnung des Gebäudes zum Betriebs- bzw Privatvermögen aus.

Grundsätzlich kann ein Wirtschaftsgut nur entweder Betriebsvermögen oder Privatvermögen sein. Bei beweglichen Wirtschaftsgütern wird auf das **Überwiegen** abgestellt. Für Gebäude besteht jedoch eine Ausnahme: Gebäude werden bei teils privater, teils betrieblicher Nutzung grundsätzlich im **Nutzungsverhältnis aufgeteilt**.

Nur geringfügige betriebliche oder private Nutzungen (bis 20 %) bleiben unbeachtlich, sodass bei mehr als 80 % betrieblicher Nutzung das ganze Gebäude zum Betriebsvermögen zählt und die private Nutzung als Nutzungsentnahme laufend berücksichtigt wird; bei mehr als 80 % privater Nutzung ist hingegen das ganze Gebäude Privatvermögen, die betriebliche Nutzung wird als Einlage berücksichtigt und führt nur mit den anteiligen Aufwendungen zu Betriebsausgaben.

Da hier weder die betriebliche noch die private Nutzung höher als 80 % ist, kommt es also zur Aufteilung: 70 % des Gebäudes zählen zum Privatvermögen, 30 % zum Betriebsvermögen. Dies ist für die Behandlung des Veräußerungserlöses im Jahr 2013 entscheidend.

70 % des Veräußerungserlöses resultieren aus der Veräußerung **notwendigen Privatvermögens**. Selbst wenn Herr X seinen Gewinn nach § 5 Abs 1 EStG ermitteln würde, könnte er die Privatwohnung nicht als gewillkürtes Betriebsvermögen einlegen.

Gewinne aus der Veräußerung von Grundstücken des Privatvermögens unterliegen als sonstige Einkünfte (genauer: **Private Grundstücksveräußerungen**) der Einkommensteuer (§ 30 EStG). Von der Besteuerung ausgenommen ist jedoch die Veräußerung „von Eigenheimen oder Eigentumswohnungen samt Grund und Boden, wenn sie dem Veräußerer ab der Anschaffung bis zur Veräußerung für mindestens zwei Jahre durchgehend als Hauptwohnsitz gedient haben und der Hauptwohnsitz aufgegeben wird" (§ 30 Abs 2 Z 1 lit a EStG). Für das Vorliegen eines **Eigenheimes** bzw einer **Eigentumswohnung** ist gem § 18 Abs 1 Z 3 lit b EStG Voraussetzung, dass mindestens zwei Dritteln der Gesamtnutzfläche eines Wohnhauses bzw einer Wohnung Wohnzwecken dienen; Herr X bewohnt 70 % des Hauses mit seiner Familie; die Grenze von zwei Drittel ist somit überschritten; ein Eigenheim liegt vor. Da Herr X das Gebäude darüber hinaus seit 2006 als **Hauptwohnsitz** nutzt, sind bereits mehr als zwei Jahre vergangen und die Veräußerung bleibt nach § 30 Abs 2 Z 1 lit a EStG steuerfrei.

30 % des Veräußerungserlöses resultieren aus der Veräußerung von **Betriebsvermögen**; der Veräußerungsgewinn von Betriebsvermögen ist steuerpflichtig. Der Veräußerungsgewinn ist mit dem besonderen Steuersatz von 25 % zu versteuern und erhöht das der Tarifsteuer unterliegende Einkommen von Herrn X nicht (§ 30a Abs 1 EStG); das gilt auch für betriebliche Einkünfte aus der Veräußerung von Grundstücken (§ 30a

Abs 3 EStG). Die Steuer ist als „**Immobilienertragsteuer**" von dem am Veräußerungsgeschäft beteiligten Parteienvertreter (Rechtsanwalt oder Notar) selbst zu berechnen und abzuführen, wenn auch die Selbstberechnung der Grunderwerbsteuer durchgeführt wird. Andernfalls ist der Veräußerungsgewinn durch Herrn X zu ermitteln, eine „besondere Vorauszahlung" ist in Höhe von 25 % des Veräußerungsgewinns zu entrichten (§ 30b Abs 4 iVm Abs 5 EStG). Da es sich um ein betriebliches Grundstück handelt und bei diesen die Abgeltungswirkung gemäß § 30b Abs 2 EStG nicht zur Anwendung kommt, muss Herr X den Veräußerungsgewinn sowohl im Fall der Abfuhr der Immobilienertragsteuer durch den Parteienvertreter als auch im Fall der Leistung einer besonderen Vorauszahlung in seiner Einkommensteuererklärung angeben (§ 42 Abs 1 Z 5 EStG).

Hinweis:
- *siehe auch B 18, B 19*

Quellen:	**Literatur:**
▪ § 30-30c EStG	▪ *Beiser*, Steuern[12], Rz 160
▪ EStR 2000 Rz 557-572	▪ *Doralt*, Steuerrecht 2013/14, Rz 55/1; 59
▪ Verwaltungsgerichtshofjudikatur	▪ *Doralt/Ruppe*, Steuerrecht I[11], Rz 183-187

A 8. Stichtagsbewertung

T ist ein Transportunternehmer, der seinen Gewinn nach § 5 Abs 1 EStG ermittelt. Der 31. 12. ist sein Bilanzstichtag. Ende Jänner 2010 erfährt T von folgenden Vorkommnissen; im Mai 2010 erstellt er seine Bilanz für 2009:

a) Der Lkw 1 von T ist aufgrund starken Glatteises im Dezember 2009 über eine Klippe gestürzt und nicht mehr fahrtauglich.

b) Der Lkw 2 von T war Anfang Jänner 2010 in einen schweren Unfall verwickelt, eine Reparatur ist nicht mehr möglich.

Wie hat er die beiden Vorkommnisse in der Bilanz zu würdigen?
Was würde sich ändern, wenn T seinen Gewinn nicht nach § 5 Abs 1 EStG, sondern nach § 4 Abs 1 EStG ermittelte?

In der Bilanzierung gilt das Prinzip der **Stichtagsbewertung**, welches wiederum im steuerlichen Prinzip der Periodenbesteuerung begründet ist. **Bewertet wird zum Bewertungsstichtag**, das ist der Bilanzstichtag. Bilanzstichtag ist der 31. 12., wenn das Wirtschaftsjahr dem Kalenderjahr entspricht, oder jeweils des letzte Tag des Wirtschaftsjahres bei einem abweichenden Wirtschaftsjahr. **Werterhellende** Umstände sind Umstände, die zwar erst nach dem Bilanzstichtag bekannt werden, aber den Wert eines Wirtschaftsgutes vor dem bzw zum Bilanzstichtag betreffen. Dagegen betreffen **wertbeeinflussende** bzw wertverändernde Umstände den Wert eines Wirtschaftsgutes erst nach dem Bilanzstichtag.

a) Die Zerstörung des Lkw 1 ist während des Bilanzjahres 2009 erfolgt. Es liegt daher ein **werterhellender Umstand** vor, weil es sich um einen nach dem Bilanzstichtag bekannt gewordenen Umstand handelt, der den Wert eines Wirtschaftsguts am Bilanzstichtag betrifft. Der Umstand ist in der Bilanz zu berücksichtigen und der Lkw 1 zum **Schrottwert** anzusetzen.

b) Die Zerstörung des Lkw 2 stellt einen **wertbeeinflussenden** (= wertbegründenden oder wertverändernden) **Umstand** dar, weil es sich um einen nach dem Bilanzstichtag bekannt gewordenen Umstand handelt, der den Wert eines Wirtschaftsguts nach dem Bilanzstichtag betrifft. Der Umstand ist in der Bilanz nicht zu berücksichtigen. Der Lkw 2 ist mit jenem **Wert** anzusetzen, den er **vor dem Unfall** hatte.

Würde T seinen Gewinn nicht nach § 5 Abs 1 EStG ermitteln, sondern nach **§ 4 Abs 1 EStG**, ergäbe sich daraus keine Änderung für die Bilanzierung der beiden Lkw. Das Stichtagsprinzip stellt nämlich einen **allgemeinen Bewertungsgrundsatz** dar und ist als solcher Teil der allgemeinen Grundsätze ordnungsmäßiger Buchführung (GoB), welche in gleicher Weise vom § 5-Ermittler wie vom § 4 Abs 1-Ermittler zu befolgen sind (vgl EStR 2000 Rz 2124). Die ausdrückliche Erwähnung des Stichtagsprinzips in § 201 Abs 2 Z 4 UGB bedeutet nicht, dass es für Bilanzierer, die ihren Gewinn nicht nach dem UGB ermitteln, unanwendbar wäre.

Hinweis:
- *siehe auch B 22*

Quellen:	**Literatur:**
▪ § 201 Abs 2 Z 4 lit b UGB	▪ *Beiser*, Steuern[12], Rz 187 f
▪ EStR 2000 Rz 2124; 2130-2132	▪ *Doralt*, Steuerrecht 2014/15, Rz 70
	▪ *Doralt/Ruppe*, Steuerrecht I[11], Rz 305-309

A 9. Bewertung von unkörperlichem Anlagevermögen

U ist angestellter Techniker bei der Motorenfabrik M. M ermittelt ihren Gewinn gem § 5 Abs 1 EStG. Wie sind seine patentierten Erfindungen in Ms Bilanz anzusetzen?
Wie wäre die Lösung, wenn M ihren Gewinn nach § 4 Abs 1 EStG ermittelte?
V erfindet in seiner Freizeit einen neuen Motor. Er lässt ihn patentieren, gründet seine eigene Firma und verwendet das Patent als Anlagegut.
Wie hat V sein Patent in der Bilanz anzusetzen?

Patente sind **unkörperliche** Wirtschaftsgüter. Wenn M ihren Gewinn gem § 5 Abs 1 EStG ermittelt, hat sie bei der Erstellung der Unternehmensbilanz die Vorschriften des UGB zu beachten. Gem § 197 Abs 2 UGB dürfen immaterielle Wirtschaftsgüter des Anlagevermögens, die nicht entgeltlich erworben wurden, nicht aktiviert werden.

Da es keine abweichenden steuerlichen Vorschriften gibt, besteht das Aktivierungsverbot des UGB auch für die steuerliche Gewinnermittlung.

Ermittelt M dagegen ihren Gewinn nach § 4 Abs 1 EStG, ergibt sich das Aktivierungsverbot für die Patente nicht aus dem UGB, sondern aus § 4 Abs 1 vierter Satz EStG. Im Ergebnis besteht kein Unterschied zwischen den beiden Arten der Bilanzierung – für beide gilt ein Aktivierungsverbot selbsterstellter unkörperlicher Wirtschaftsgüter des Anlagevermögens.

Erfindet V einen Motor in seiner Freizeit, wird das unkörperliche Wirtschaftsgut nicht im Betriebsvermögen des V selbst erstellt. Die Erfindung erfolgt vielmehr im außerbetrieblichen Bereich, und das fertige Patent wird danach in den Betrieb des V eingelegt. In diesem Fall greift weder das Aktivierungsverbot des UGB noch das des EStG, denn § 6 Z 5 EStG geht dem Aktivierungsverbot des § 4 Abs 1 vierter Satz EStG vor. Die **Einlage** ist mit dem **Teilwert** im Zeitpunkt der Zuführung anzusetzen (§ 6 Z 5 EStG).

Hinweis:
- *siehe zur Bewertung allgemein B 22 bis B 25*

Quellen:	**Literatur:**
▪ § 197 Abs 2 UGB	▪ *Beiser*, Steuern[12], Rz 202
▪ § 4 Abs 1 vorletzter Satz; § 6 Z 5 EStG	▪ *Doralt*, Steuerrecht 2014/15, Rz 86
▪ EStR 2000 Rz 623-634; 2499-2502	▪ *Doralt/Ruppe*, Steuerrecht I[11], Rz 371-373

A 10. Bewertung von abnutzbarem Anlagevermögen

Die Anschaffungskosten eines Gebäudes im Betriebsvermögen betrugen Anfang 2006 100.000 €. Das Gebäude hat eine Nutzungsdauer von 20 Jahren, was mit einem Gutachten nachgewiesen worden ist. Am Bilanzstichtag 31. 12. 2007 ist der Wert des Gebäudes aufgrund eines Statikgutachtens auf 60.000 € gesunken. 2009 erweist sich das Statikgutachten als falsch; der Wert des Gebäudes steigt auf 120.000 €.

Geben Sie die möglichen Bewertungen für 2007 und 2009 für folgende Fälle an:

a) Der Gewinn wird gemäß § 4 Abs 1 EStG ermittelt.

b) Der Gewinn wird gemäß § 5 Abs 1 EStG ermittelt.

Das Gebäude ist mit den Anschaffungskosten iHv 100.000 € zu bewerten. Da es schon Anfang 2006 gekauft worden ist, steht für das Jahr 2006 eine Ganzjahres-AfA zu, der Buchwert am 31. 12. 2006 beträgt daher 95.000 €. Der Buchwert am 31. 12. 2007 betrüge aufgrund einer Normalabschreibung mit der Jahres-AfA 90.000 €.

a) Gewinnermittlung nach § 4 Abs 1 EStG:

2007: Der Teilwert beträgt am 31. 12. 2007 aufgrund des Statikgutachtens nur mehr 60.000 € und ist damit niedriger als der Buchwert iHv 90.000 €. Es liegt eine **dau-**

ernde Wertminderung vor, wenn das Gebäude zB zu schwach konstruiert worden ist. Daher besteht gem § 6 Z 1 dritter Satz EStG ein Wahlrecht auf:

- entweder die **Abwertung** auf den Teilwert (60.000 €)
- oder die **Fortführung der Normalabschreibung** (5.000 € pro Jahr) auf den Buchwert 90.000 €.

2009: Der Teilwert beträgt 120.000 € und ist damit höher als der Buchwert, der bei einer inzwischen einmalig erfolgten Vornahme einer Normal-AfA am 31. 12. 2008

- im Falle einer 2007 vorgenommenen Teilwertabschreibung 55.000 € beträgt.
- bei einer Fortsetzung der Normalabschreibung 2007 85.000 € beträgt.

Der höhere Wert darf jedoch aufgrund des **uneingeschränkten Wertzusammenhanges** nicht angesetzt werden (§ 6 Z 1 letzter Satz EStG); es ist die Normalabschreibung von 5.000 € vorzunehmen und zwar

- im Falle einer 2007 vorgenommenen Teilwertabschreibung auf nunmehr 50.000 €.
- bei der Fortsetzung der Normalabschreibung 2007 auf nunmehr 80.000 €.

b) Gewinnermittlung nach § 5 Abs 1 EStG:

2007: Unternehmensrechtlich besteht für Anlagevermögen mit einer voraussichtlich dauernden Wertminderung eine **Abschreibungspflicht** (§ 204 Abs 2 UGB). Aufgrund des Maßgeblichkeitsprinzips besteht die Abschreibungspflicht auch steuerlich.

2009: Unternehmensrechtlich besteht für den Fall einer Abschreibung gemäß § 204 Abs 2 UGB, für die in einem späteren Geschäftsjahr die Gründe weggefallen sind, ein **Zuschreibungsgebot** (§ 208 Abs 1 UGB). Der Betrag der Abschreibung (30.000 €) ist im Umfang der Werterhöhung unter Berücksichtigung der regulären Abschreibungen, die inzwischen vorzunehmen gewesen wären, zuzuschreiben. Es sind demnach 20.000 € zuzuschreiben, womit der Buchwert am 31. 12. 2009 80.000 € beträgt (viermalige Normalabschreibung von 5.000 € pro Jahr von den AK 100.000 €).
Die **Zuschreibung darf allerdings unterlassen werden**, wenn damit ein steuerrechtlicher Ansatz weitergeführt werden kann (§ 208 Abs 2 UGB). In diesem Fall beträgt der Wert 50.000 €.

Hinweis:
- *siehe auch B 24*

Quellen:
- § 204 Abs 2; 208 UGB
- § 6 Z 1 EStG
- EStR 2000 Rz 2280-2286

Literatur:
- *Beiser*, Steuern[12], Rz 214, 222
- *Doralt*, Steuerrecht 2014/15, Rz 86
- *Doralt/Ruppe*, Steuerrecht I[11], Rz 351-353

A 11. Betriebsausgaben

T führt einen Tischlereibetrieb und ermittelt seinen Gewinn nach § 5 Abs 1 EStG. Er hat im Jahr 2009 folgende Aufwendungen getätigt: Lohnaufwand für drei Beschäftigte (30.000 €), Sozialversicherungsbeiträge für seine drei Beschäftigten (30.000 €) und für ihn selbst (10.000 €), Mietaufwand für eine Lagerhalle (10.000 € – den Vermieter kann er nicht angeben, weil dieser die Einnahmen nicht versteuert), Leasingraten für einen Kastenwagen (10.000 €), antike Bauernmöbel für sein Büro (100.000 €). Weiters bildet er eine pauschale Rückstellung in Höhe von 2 % des Umsatzes für allfällige Reklamationen (5.000 €). Aus dem Vorjahr hat er einen Verlustvortrag iHv 20.000 €. Geringwertige Wirtschaftsgüter hat er im Wert von insgesamt 5.000 € gekauft, außerdem hat er 2003 eine Drechselmaschine im Wert von 10.000 € angeschafft (Nutzungsdauer: 10 Jahre).
Wie hoch sind die Betriebsausgaben Ts im Jahr 2009?

Folgende Aufwendungen sind Betriebsausgaben:

- Lohnaufwand für die Beschäftigten	30.000
- Sozialversicherungsbeiträge für die Beschäftigten	30.000
- Sozialversicherungsbeiträge für ihn selbst (§ 4 Abs 4 Z 1 lit a EStG)	10.000
- Leasingraten für ein betrieblich genutztes Fahrzeug	10.000
- Ausgaben für geringwertige Wirtschaftsgüter	5.000
- AfA für betrieblich genutzte Wirtschaftsgüter (Drechselmaschine)	1.000
Summe der Betriebsausgaben:	86.000

Keine Betriebsausgaben sind:

- Ausgaben, deren Empfänger trotz eines diesbezüglichen Verlangens der Finanzbehörde dieser nicht genannt wird (§ 162 BAO – sogenannte „Empfängerbenennungspflicht").
- Die Anschaffungskosten von Antiquitäten können nicht im Wege der AfA als Betriebsausgaben geltend gemacht werden. Denn Antiquitäten sind ein nicht abnutzbares Wirtschaftsgut.
- pauschale Rückstellungen vermindern den steuerlichen Gewinn nicht, sie können daher nicht als Betriebsausgaben abgezogen werden (§ 9 Abs 3 EStG).
- Verlustvorträge sind keine Betriebsausgaben, sondern Sonderausgaben (§ 18 Abs 6 EStG).

Hinweis:
- *siehe auch B 26*

Quellen:
- § 4 Abs 4; § 9 Abs 3; § 18 Abs 6; § 20 Abs 1 EStG
- § 162 BAO
- EStR 2000 Rz 1234-1237a; 3319; 4762-4765; 4797 ff

Literatur:
- *Beiser*, Steuern[12], Rz 68 f
- *Doralt*, Steuerrecht 2014/15, Rz 94; Rz 153
- *Doralt/Ruppe*, Steuerrecht I[11], Rz 257-270; 273; 633

A 12. AfA und stille Reserven

K kauft am 20. 6. 2000 eine Maschine um 100.000 € + 20 % USt. Sie wird am 25. 6. 2000 geliefert. Er nimmt sie am 2. 7. 2000 in Betrieb und kann sie voraussichtlich 10 Jahre lang verwenden. Am 2. 3. 2008 stellt er den Betrieb der Maschine ein, verkauft und übergibt sie zu ihrem Marktwert von 35.000 € + USt dem Käufer B. K kauft sich am 29. 1. 2009 ein weiterentwickeltes Modell um 130.000 €, das am 11. 2. 2009 geliefert wird. Die neue Maschine wird am 20. 2. 2009 in Betrieb genommen und voraussichtlich 10 Jahre lang im Betrieb verwendet werden.
Wie wirken sich diese Vorgänge in Ks Buchhaltung aus?

Der Abschluss des Kaufvertrags hat als schwebendes Geschäft keine Auswirkung auf die Buchhaltung. Erst mit der Lieferung findet der Kauf seinen Niederschlag in der Buchhaltung (zB als gewinnneutraler Aktivtausch Bankguthaben gegen Maschine + Vorsteuer). Die Anschaffungskosten sind im Wege der **AfA** auf die betriebsgewöhnliche Nutzungsdauer der Maschine zu verteilen (§ 7 Abs 1 EStG). Der Betrag von 100.000 € aufgeteilt auf 10 Jahre ergibt eine jährliche Abschreibung von 10.000 €. Da die Inbetriebnahme erst in der zweiten Jahreshälfte erfolgt, ist im Jahr 2000 nur eine **Halbjahres-AfA** zulässig (§ 7 Abs 2 EStG).

- Am 31. 12. 2000 ist daher der Buchwert der Maschine mit 95.000 € anzusetzen.
- Am 31. 12. 2001 ist der Buchwert der Maschine mit 85.000 € anzusetzen.
- Am 31. 12. 2002 ist der Buchwert der Maschine mit 75.000 € anzusetzen.
- Am 31. 12. 2003 ist der Buchwert der Maschine mit 65.000 € anzusetzen.
- Am 31. 12. 2004 ist der Buchwert der Maschine mit 55.000 € anzusetzen.
- Am 31. 12. 2005 ist der Buchwert der Maschine mit 45.000 € anzusetzen.
- Am 31. 12. 2006 ist der Buchwert der Maschine mit 35.000 € anzusetzen.
- Am 31. 12. 2007 ist der Buchwert der Maschine mit 25.000 € anzusetzen.
- Am 2. 3. 2008 hat die Maschine einen Buchwert von 20.000 €, weil für die Verwendung vom 1. 1. 2008 bis zum 2. 3. 2008 die Halbjahres-AfA angesetzt werden kann.

Die Differenz des Buchwerts zum Verkaufserlös in Höhe von 15.000 € stellt eine **stille Reserve** dar (§ 12 Abs 2 EStG). Buchhalterisch liegt in Höhe von 20.000 € ein gewinnneutraler Aktivtausch vor (zB Maschine gegen Forderung); die Aufdeckung der stille Reserve in Höhe von 15.000 € würde sich an und für sich in einer erfolgswirksamen Buchung niederschlagen (Gewinnerhöhung um 15.000 €). Allerdings kann dieser Betrag einer **steuerfreien Übertragungsrücklage** zugeführt werden (§ 12 Abs 8 EStG). Das ist deshalb notwendig, weil am Bilanzstichtag (31. 12. 2008) noch keine neue Maschine angeschafft worden ist und sich die nicht versteuerten aufgedeckten stillen Reserven sonst bilanziell nicht abbilden ließen.

Die Übertragung der aufgedeckten stillen Reserve auf die im nächsten Jahr angeschaffte Maschine ist zulässig, weil

- K eine natürliche Person ist
- die stillen Reserven bei der Veräußerung von Anlagevermögen aufgedeckt worden sind
- die veräußerte Maschine länger als 7 Jahre zum Anlagevermögen des Betriebes gehört hat
- die 2009 neu angeschaffte Maschine in einer inländischen Betriebsstätte verwendet wird
- sowohl die veräußerte als auch die neu angeschaffte Maschine ein körperliches Wirtschaftsgut darstellen (§ 12 Abs 1 und Abs 3 EStG).

Durch die Bildung der Übertragungsrücklage bleibt der Veräußerungserlös in dem Ausmaß, in dem er für den Ankauf der neuen Maschine verwendet wird, steuerfrei.

Grundlage für die steuerliche Abschreibung der neu angeschafften Maschine sind die Anschaffungskosten der Maschine (130.000 €) vermindert um die Übertragungsrücklage (15.000 €), also 115.000 €. In der Unternehmensbilanz wird die Übertragungsrücklage in eine Bewertungsreserve übertragen und parallel zur Abschreibung als Ertrag aufgelöst. Daher ist die neue Maschine am 31. 12. 2009 in der Bilanz mit 117.000 € anzusetzen (Anschaffungskosten von 130.000 € – Ganzjahres-AfA von 13.000 €) und der Gewinn durch die Auflösung der Übertragungsrücklage zu 10 % (= 1.500 €) um 1.500 € zu erhöhen.

Hinweis:
- *siehe auch B 27, B 28, B 30*

Quellen:
- § 7 Abs 2; § 12 EStG
- EStR 2000 Rz 3126-3133; 3145; 3861-3892d

Literatur:
- *Beiser*, Steuern[12], Rz 222, 239
- *Doralt*, Steuerrecht 2014/15, Rz 81; 107; 112
- *Doralt/Ruppe*, Steuerrecht I[11], Rz 423-424; 445-459

A 13. Rückstellungen

A ist ein rechnungslegungspflichtiger Gewerbetreibender. Sein Bilanzstichtag ist der 31. 12.

a) A möchte im Jänner 2010 eine Fertigungsstraße generalüberholen lassen. Ein Kostenvoranschlag vom November 2009 weist voraussichtliche Kosten iHv 40.000 € aus.

b) Aufgrund einer Produkthaftungsklage, die 2009 eingebracht worden ist, muss A mit einer Schadenersatzzahlung samt Prozesskosten von 15.000 € für 2012 rechnen.

Wie sind die voraussichtlichen Kosten in der steuerlichen Gewinnermittlung für 2009 zu behandeln?

Rückstellungen können mit steuerlicher Wirkung ausschließlich in den Fällen gebildet werden, die in § 9 Abs 1 Z 1 bis 4 EStG angeführt sind. Rückstellungen sind demnach zulässig für Anwartschaften auf Abfertigungen, für laufende Pensionen und Anwartschaften auf Pensionen, für bestimmte sonstige ungewisse Verbindlichkeiten und für drohende Verluste aus schwebenden Geschäften.

Die Kosten für die Generalüberholung der Maschine sind zwar drohende Kosten, aber zum Bilanzstichtag besteht noch keine Verbindlichkeit gegenüber einem Dritten. Diese sogenannten **Aufwandsrückstellungen** sind zwar in der Unternehmensbilanz zulässig, aber steuerlich nicht gewinnmindernd. Der in der Unternehmensbilanz rückgestellte Betrag muss daher in der Mehr-Weniger-Rechnung dem unternehmensrechtlichen Ergebnis hinzugerechnet werden (gewinnerhöhend bzw verlustvermindernd).

Für die Prozesskosten und den Schadenersatzanspruch ist eine Rückstellung für ungewisse Verbindlichkeiten („**Verbindlichkeitsrückstellung**") zu bilden, weil mit dem Eintreten der Zahlungsverpflichtung ernsthaft zu rechnen ist. In der Unternehmensbilanz wirkt sich die erwartete Verbindlichkeit in der geschätzten Gesamthöhe gewinnmindernd aus. Die Rückstellung hat jedoch eine geschätzte Laufzeit von mehr als 12 Monaten (nämlich drei Jahre). Steuerlich kann die Rückstellung daher nur zum mit 3,5 % pro Jahr **abgezinsten Wert** gewinnmindernd angesetzt werden (§ 9 Abs 5 EStG). Abzugsfähig sind im Jahr 2009 daher bloß 13.425 €. Die Differenz zwischen dem unternehmensrechtlich gewinnmindernden Betrag und dem steuerlich gewinnmindernden Betrag (also 1.575 €) ist in der Mehr-Weniger-Rechnung dem unternehmensrechtlichen Ergebnis hinzuzurechnen (gewinnerhöhend bzw verlustvermindernd).

Hinweis:
- *siehe auch B 31*

Quellen:	**Literatur:**
▪ § 198 Abs 8 UGB	▪ *Beiser*, Steuern[12], Rz 237 f
▪ § 9 EStG	▪ *Doralt*, Steuerrecht 2013/14, Rz 98; 101-106
▪ EStR 2000 Rz 3313; 3502; 3510	▪ *Doralt/Ruppe*, Steuerrecht I[11], Rz 404-406

A 14. Firmenwert

Frau A erwirbt das Handelsunternehmen des Herrn X um 20.000 €. Die Vermögensgegenstände des Unternehmens sind zum Zeitpunkt des Erwerbes 15.000 € wert, das Unternehmen hat keine Schulden. Frau A ermittelt ihren Gewinn gem § 5 Abs 1 EStG.
Wie ist die Differenz zwischen dem Kaufpreis und dem Wert der erworbenen Vermögensgegenstände bei Frau A steuerlich zu behandeln? Was muss Frau A in ihrer Unternehmensbilanz beachten?
Wie wäre die Lösung, wenn Frau A eine Rechtsanwältin ist, die die Anwaltskanzlei von Herrn X übernimmt?

Für Frau A stellt die Differenz in Höhe von 5.000 € den **Firmenwert** (good will) dar. Unter dem Firmenwert versteht man idR den Unterschiedsbetrag zwischen dem Unternehmenskaufpreis (hier 20.000 €) und dem Wert der einzelnen Vermögensgegenstände des Unternehmens im Zeitpunkt der Übernahme vermindert um die Schulden (hier 15.000 €, weil das Unternehmen keine Schulden hat). Der Firmenwert ist eine Saldogröße; er lässt sich einzelnen Vermögensgegenständen und Schulden nicht genau zuordnen. Dagegen sind stille Reserven jene über den Buchwert hinausgehenden Beträge, die einzelnen Vermögensgegenständen direkt zugeordnet werden können; diese sind in den 15.000 € (tatsächlicher Wert) bereits enthalten.

Dass der Käufer eines Unternehmens mehr zahlt als den bloßen Zeitwert der Vermögensgegenstände abzüglich der Schulden, kann verschiedene **Gründe** haben: die Marktmacht des Unternehmens, Standortvorteile, der Bekanntheitsgrad, die Organisation, Fertigungs- und Verfahrenstechniken, das Vertriebsnetz etc.

Der Firmenwert darf nur dann angesetzt werden, wenn er entgeltlich erworben wurde (**derivativer Firmenwert**); dies ist im Rahmen eines Unternehmenskaufes der Fall. Nicht auszuweisen ist hingegen ein selbstgeschaffener Firmenwert (**originärer Firmenwert**), weil immaterielle Wirtschaftsgüter des Anlagevermögens generell nicht aktiviert werden dürfen, soweit sie nicht entgeltlich erworben worden sind. Dieses Aktivierungsverbot ist sowohl im Steuerrecht in § 4 Abs 1 EStG als auch in § 197 Abs 2 UGB vorgesehen.

In der Unternehmensbilanz muss der Firmenwert (im UGB auch „Geschäftswert" genannt) angesetzt werden. Er ist planmäßig auf die voraussichtliche Nutzungsdauer abzuschreiben. In Fällen, in denen die Nutzungsdauer des Firmenwerts nicht verlässlich geschätzt werden kann, ist der Firmenwert über 10 Jahre gleichmäßig verteilt abzuschreiben (§ 203 Abs 5 UGB).

Im Steuerrecht gilt der Firmenwert als **abnutzbares Anlagevermögen** (§ 6 Z 1 zweiter Satz EStG) und muss aktiviert werden. Die Anschaffungskosten sind gleichmäßig verteilt auf **15 Jahre** abzusetzen (§ 8 Abs 3 EStG). Durch die festgelegte Abschreibungsdauer kann sich ein Unterschied zur Unternehmensbilanz ergeben, wenn die voraussichtliche Nutzungsdauer kürzer oder länger als 15 Jahre ist. Die Differenz zwischen dem in der Unternehmensbilanz abgeschriebenen Betrag und dem steuerlich zwingend anzusetzenden Fünfzehntel muss in der Mehr-Weniger-Rechnung dem unternehmensrechtlichen Ergebnis hinzu- oder weggerechnet werden.

Ist A eine Rechtsanwältin, die eine andere Kanzlei erwirbt, dann muss sie die erworbenen Wirtschaftsgüter (darunter auch den Firmenwert) in das Anlagenverzeichnis eintragen. Für die Differenz zwischen dem Kaufpreis und dem Wert der erworbenen Wirtschaftsgüter, also dem „Firmenwert", der bei freien Berufen „Praxiswert" genannt wird, besteht keine gesetzlich normierte Abschreibungsdauer. Der Praxiswert kann daher auf einen kürzeren Zeitraum (idR 5 Jahre) abgeschrieben werden.

Hinweis:
- *siehe auch B 32*

Quellen:
- § 203 Abs 5 UGB
- § 6 Z 1 zweiter Satz ; § 8 Abs 3 EStG
- EStR 2000 Rz 2287-2300; 3187-3195

Literatur:
- *Beiser*, Steuern[12], Rz 202
- *Doralt*, Steuerrecht 2014/15, Rz 107
- *Doralt/Ruppe*, Steuerrecht I[11], Rz 349-350; 426

A 15. Gewinnfreibetrag

Y führt einen Lebensmitteleinzelhandel als Einzelunternehmer. Er erwirtschaftet 2010 einen Umsatz iHv 600.000 € (ohne USt) und einen Gewinn iHv 38.000 €.
Im Laufe des Jahres 2010 hat er einen gebrauchten PKW-Kombi um 15.000 € gekauft, um damit zusätzlich zu seinen Filialen einen „Rollenden Supermarkt" zu betreiben. Weiters hat er eine neue Kühlvitrine um 7.500 € und eine neue Wurstschneidemaschine um 700 € gekauft. Die Nutzungsdauer der beiden Geräte beträgt jeweils 5 Jahre. Diese Anschaffungen sind mit der jeweiligen AfA bereits im Gewinn von 38.000 € enthalten.
Wie wirken sich die Anschaffungen des Jahres 2010 – abgesehen von der AfA – auf die Steuerbemessungsgrundlage aus?

Y kann seinen Gewinn auf drei verschiedene Arten ermitteln: durch Einnahmen-Ausgaben-Rechnung, mittels Teilpauschalierung nach der V BGBl II 228/1999 oder mittels freiwilliger Buchführung gem § 4 Abs 1 EStG.

Natürliche Personen, die den Gewinn durch Betriebsvermögensvergleich oder Einnahmen-Ausgaben-Rechnung ermitteln, können vom Gewinn einen Gewinnfreibetrag geltend machen. Der Gewinnfreibetrag ist zweigeteilt in einen „Grundfreibetrag" und einen „investitionsbedingten Gewinnfreibetrag". Bis zu einem Gewinn von 30.000 € beträgt der Gewinnfreibetrag 13 % des Gewinns ohne weitere Voraussetzungen (Grundfreibetrag). Für jenen Betrag des Gewinns, der zwischen 30.001 € und 580.000 € liegt, kann nur insoweit ein gestaffelter Gewinnfreibetrag iHv 13 % für die ersten 175.000 €, 7 % für die nächsten 175.000 € und 4,5 % für die restlichen 230.000 € geltend gemacht werden, als bestimmte Wirtschaftsgüter angeschafft werden (investitionsbedingter Gewinnfreibetrag). Begünstigt sind abnutzbare körperliche Wirtschaftsgüter des Anlagevermögens mit einer Nutzungsdauer von mindestens 4 Jahren. Nicht begünstigt sind jedoch zB PKW und Kombinationskraftfahrzeuge, gebrauchte und geringwertige Wirtschaftsgüter.

Wird der Gewinn nach § 17 EStG oder einer auf § 17 EStG gestützten Pauschalierungsverordnung ermittelt, dann kann nur der Grundfreibetrag, nicht aber der investitionsbedingte Gewinnfreibetrag geltend gemacht werden.

Y erfüllt die Voraussetzung für die vereinfachte Gewinnermittlung nach der Pauschalierungsverordnung für den Lebensmittelhandel. Gem § 3 Abs 1 der V ermittelt sich sein Gewinn für 2010 wie folgt:

Basisbetrag			**3.630,00**
+	2 % der Betriebseinnahmen	= 2 %*(600.000 + 600.000*20 %)	
(=	Umsatz inkl. USt)		14.400,00
=	Gewinn (Zwischenergebnis)		18.030,00
–	Grundfreibetrag	= 18.030*13 %	- 2.343,90
=	**steuerpflichtiger Gewinn**		**15.686,10**

Ermittelt Y seinen Gewinn mittels Einnahmen-Ausgaben-Rechnung oder mittels freiwilliger Bilanzierung, kann er zusätzlich zum Grundfreibetrag auch noch den investitionsbedingten Gewinnfreibetrag geltend machen, soweit dieser durch die Anschaffung begünstigter Wirtschaftsgüter gedeckt ist. Die Anschaffung des PKW-Kombi ist nicht durch den investitionsbedingten Freibetrag begünstigt. Die begünstigten Wirtschaftsgüter haben einen Wert von 8.200 €. Da der Gewinn 30.000 € nur um 8.000 € überschreitet, können nur 13 % von 8.000 € als investitionsbedingter Gewinnfreibetrag geltend gemacht werden. Der steuerpflichtige Gewinn ist daher wie folgt zu berechnen:

Gewinn laut EAR oder Bilanz			**38.000,00**
–	Grundfreibetrag	= 30.000*13 %	- 3.900,00
–	Freibetrag (Kühlvitrine)	= 7.500*13 %	- 975,00
–	Freibetrag (Schneidemaschine)	= 500*13 %	- 65,00
=	**steuerpflichtiger Gewinn**		**33.060,00**

Hinweis:

- *siehe auch B 33*

Quellen:

- § 10 EStG
- EStR 2000 Rz 3845-3848

Literatur:

- *Beiser*, Steuern[12], Rz 243-247
- *Doralt*, Steuerrecht 2014/15, Rz 114 f
- *Doralt/Ruppe*, Steuerrecht I[11], Rz 462/1-462/5

A 16. Die Einnahmen-Ausgabenrechnung

Der Obst- und Gemüsehändler G ermittelt seinen Gewinn durch Einnahmen-Ausgabenrechnung. I ist ein unternehmensrechtlich bilanzierender Gemüsegroßhändler.
Für beide gilt folgender Sachverhalt:
Die letzte Gemüselieferung ist er seinem Lieferanten schuldig geblieben, andererseits haben ihn drei seiner Kunden für eine erfolgte Lieferung noch nicht

bezahlt. Voriges Jahr hatte er nach einer zehnjährigen Gewinnphase erstmals ein Verlustjahr. Er verkaufte daher sein Betriebsgrundstück und mietete sich ein. Da es ihm heuer besser geht, zahlt er gleich auch die Miete für nächstes Jahr.
Welche Unterschiede bestehen zwischen G und I?

Für G gilt das **Zufluss-Abfluss-Prinzip**: Einnahmen wirken sich erst bei Zahlungseingang aus (§ 19 Abs 1 EStG), Ausgaben erst bei Zahlungsabfluss (§ 19 Abs 2 EStG). Während für G sowohl die erhaltene als auch die geleistete Gemüselieferung steuerlich irrelevant sind, müsste sie I als Verbindlichkeit bzw Forderung in die Bilanz aufnehmen. Hätte G die Lieferungen bereits bezahlt bzw erhalten, würden sich die **Zahlungsströme** bei ihm in der Ermittlung des Überschusses der Einnahmen über die Ausgaben niederschlagen; I hätte bei der erhaltenen Lieferung einen gewinnneutralen Aktivtausch zu verbuchen und könnte bei der geleisteten Lieferung bereits vor der Bezahlung einen Gewinn verbuchen.

Die **Verluste** Gs können von späteren Überschüssen der Einnahmen über die Ausgaben der darauffolgenden **drei Jahre** abgezogen werden (§ 18 Abs 7 EStG). I kann seine Verluste unter den Voraussetzungen des § 18 Abs 6 EStG und des § 2 Abs 2a EStG zeitlich unbegrenzt von späteren Gewinnen abziehen.

Der Gewinn oder Verlust aus der **Veräußerung von Grund und Boden** des Anlagevermögens ist sowohl bei der Ermittlung des Überschusses der Einnahmen über die Ausgaben als auch bei der Bilanzierung **zu berücksichtigen**. Der Veräußerungsgewinn ist entweder im Wege der Immobilienertragsteuer durch den am Veräußerungsgeschäft beteiligten Rechtsanwalt oder Notar zu berechnen und abzuführen oder von G bzw I als besondere Vorauszahlung zu versteuern (§ 30b EStG). Sowohl im Fall der Selbsberechnung als auch im Fall der Leistung einer Vorauszahlung ist der Veräußerungsgewinn zusätzlich in die Einkommensteuererklärung aufzunehmen, weil es sich um ein betriebliches Grundstück handelt.

Die **Vorauszahlung** der Miete für das laufende und das folgende Kalenderjahr stellt bei G im Zeitpunkt des Zahlungsabflusses eine **Ausgabe** dar (§ 4 Abs 6 EStG). I müsste für die Mietvorauszahlung einen Rechnungsabgrenzungsposten bilden.

Weitere Unterschiede der Einnahmen-Ausgabenrechnung zur Gewinnermittlung nach § 5 Abs 1 EStG sind:

- die Möglichkeit, Umsatz- und Vorsteuerbeträge als **durchlaufenden Posten** zu behandeln und daher aus der Einnahmen-Ausgabenrechnung auszuscheiden;
- abnutzbares Anlagevermögen kann nur im Wege der AfA (bzw AfaA) abgeschrieben werden; eine **Teilwertabschreibung** ist nicht möglich;
- die **Kreditvaluta** beeinflusst den Überschuss der Einnahmen über die Ausgaben nicht; die Kreditzinsen stellen eine Betriebsausgabe dar;

Hinweis:
- *siehe auch B 34*

Quellen:
- § 4; § 5; § 18 Abs 6 und Abs 7; § 19; § 30-30c EStG
- EStR 2000 Rz 686-688

Literatur:
- *Beiser*, Steuern[12], Rz 146 f, Rz 164
- *Doralt*, Steuerrecht 2014/15, Rz 48-55/1, Rz 117
- *Doralt/Ruppe*, Steuerrecht I[11], Rz 228-234

A 17. Veräußerung von Kapitalvermögen

Der Autohändler A, der seinen Gewinn nach § 5 Abs 1 EStG ermittelt, veräußert am 1. 3. 2013 Anteile an einer Reparaturwerkstatt-GmbH sowie verschiedene in- und ausländische Aktien aus dem gewillkürten Betriebsvermögen. Die Aktien lagen auf einem Wertpapierdepot bei einer inländischen Bank. Ein Teil der Aktien kann mit Gewinn veräußert werden, ein Teil mit Verlust. Was muss A bei seiner Gewinnermittlung beachten?

Der Gewinn aus der Veräußerung von Aktien und GmbH-Anteilen, die sich im Betriebsvermögen des Veräußerers befunden haben, gehört zu den betrieblichen Einkünften; hier konkret zu den Einkünften aus Gewerbebetrieb. Allerdings sieht § 27a Abs 6 EStG vor, dass der besondere Steuersatz und die damit im Zusammenhang stehenden Regelungen für alle Haupteinkunftsarten – und damit auch für betriebliche Einkünfte – gelten. Parallel dazu gelten auch die Vorschriften über den Kapitalertragsteuerabzug für alle Haupteinkunftsarten (§ 93 Abs 3 EStG). Dagegen erstreckt sich die Endbesteuerungswirkung bei Einkünften aus realisierten Wertsteigerungen von Kapitalvermögen und aus Derivaten nicht auf die Haupteinkunftsarten.

Konkret stellt sich die Versteuerung der Veräußerungsgewinne wie folgt dar:

Die Gewinnausschüttungen aus der GmbH und den Aktiengesellschaften sind grundsätzlich Einkünfte aus der Überlassung von Kapital gemäß § 27 Abs 2 Z 1 EStG. Daher ist der Gewinn aus der Veräußerung der Aktien und GmbH-Anteile zu den Einkünften aus **realisierten Wertsteigerungen von Kapitalvermögen** gemäß § 27 Abs 3 zu zählen. Für diese Einkünfte ist ein besonderer Steuersatz in Höhe von 25 % vorgesehen, sie erhöhen weder den Gesamtbetrag der Einkünfte noch das Einkommen des Veräußerers (§ 27a Abs 1 EStG). Bemessungsgrundlage ist der Unterschiedsbetrag zwischen dem Veräußerungserlös und den Anschaffungskosten der Aktien bzw der GmbH-Anteile (§ 27a Abs 3 Z 2 lit a EStG); etwaige Anschaffungsnebenkosten (zB Notarkosten für den Erwerb der GmbH-Anteile) mindern den Veräußerungserlös (§ 27a Abs 4 Z 2 letzter Satz EStG).

Bezüglich der in- und ausländischen Aktien liegt mit der österreichischen Bank eine inländische depotführende Stelle vor, die die Veräußerung abwickelt. Diese Bank hat die Kapitalertragsteuer zu berechnen und abzuführen (§ 93 EStG). Dabei muss die Bank die Verluste aus der Veräußerung des einen Teils der Aktien mit den Gewinnen aus der Veräußerung das anderen Teils ausgleichen und die Kapitalertragsteuer nur vom verbleibenden positiven Betrag berechnen (§ 93 Abs 6 EStG).

GmbH-Anteile sind keine depotfähigen Wertpapiere, weshalb es bei der Veräußerung der GmbH-Anteile zu keinem Kapitalertragsteuerabzug kommt.

Da es sich sowohl bei den Aktien um Betriebsvermögen handelt und die realisierten Veräußerungsgewinne zu den Einkünften aus Gewerbebetrieb gehören, ist der Kapitalertragsteuerabzug nicht mit **Steuerabgeltungswirkung** verbunden (§ 97 Abs 1 lit a EStG). Sämtliche realisierten Wertsteigerungen (sowohl die der Aktien als auch die der GmbH-Anteile) müssen daher von A in seine Einkommensteuererklärung aufgenommen werden.

Übersteigt die Summe der Verluste aus der Veräußerung der Aktien jene der Gewinne – verbleibt also nach dem Verlustausgleich durch die depotführende Bank ein negativer Betrag –, hat A die Verluste aus der Veräußerung der Aktien vorrangig mit den Gewinnen aus der Veräußerung der GmbH-Anteile im Rahmen seiner Einkommensteuerveranlagung verrechnen. Verbleibt danach immer noch ein Verlust, ist dieser restliche Betrag zu halbieren (§ 6 Z 2 lit c EStG). Danach kann ein Ausgleich innerhalb der Einkünfte aus Gewerbebetrieb oder der anderen Einkünfte erfolgen, der verbleibende Verlust ist vortragsfähig.

Hinweis:
- *siehe auch B 51*

Quellen:	**Literatur:**
▪ § 6 Z 2 lit c, § 27, § 27a, § 93, § 97 EStG ▪ EStR 2000 Rz 6105-6110; 6143-6145b; 6231; 7701-7788	▪ *Beiser*, Steuern[12], Rz 59-59g ▪ *Doralt*, Steuerrecht 2014/15, Rz 2-/2, Rz 24/4, Rz 172 ▪ *Doralt/Ruppe*, Steuerrecht I[11], Rz 749-770

A 18. Gewinnermittlung bei Mitunternehmerschaften

F, G und H haben sich zu einer offenen Gesellschaft (OG) zusammengeschlossen und betreiben gemeinsam eine Autoreparaturwerkstatt. F ist zu 40 %, G und H sind zu je 30 % an der OG beteiligt; der Gewinn der OG wird entsprechend dem Beteiligungsverhältnis aufgeteilt. Der unternehmensrechtliche Gewinn der OG für das Jahr 2010 beträgt 180.000 €. Die unternehmensrechtliche Bewertung und Abschreibung schlägt sich in der Mehr-Weniger-Rechnung mit + 20.000 € nieder.

F ist Dienstnehmer der OG und bezieht einen Jahresgehalt iHv 60.000 € pro Jahr (darin enthalten: 12.000 € Dienstnehmeranteil zur Sozialversicherung). An Sozialversicherungsabgaben zahlt die OG für ihn 30.000 €.

G vermietet der OG das Werkstattgebäude für einen Mietzins von 30.000 € pro Jahr. G tätigt folgende Aufwendungen im Zusammenhang mit dem Gebäude: Betriebskosten: 6.000 €, Fremdkapitalzinsen: 5.000 €, AfA: 4.000 €.

H gewährt der OG ein Darlehen, für das er pro Jahr 5.000 € Zinsen erhält. Die Zahlungen der OG an F, G und H wurden in der Unternehmensbilanz jeweils als betrieblicher Aufwand verbucht.
Ermitteln Sie die Steuerbemessungsgrundlage für F, G und H.

Bei der Ermittlung des steuerlichen Gewinn einer OG ist vom unternehmensrechtlichen Bilanzgewinn auszugehen. Dieser wird entsprechend der zivilrechtlichen Vereinbarung auf die Gesellschafter aufgeteilt.

Von dem auf jeden Gesellschafter entfallenden Betrag sind jeweils **Sonderbetriebseinnahmen** hinzuzuzählen und **Sonderbetriebsausgaben** abzuziehen.

Diese „Hinzurechnungsregel" hat folgenden Hintergrund:

- Ein Einzelunternehmer kann für seine Arbeit keinen „Unternehmerlohn" als Betriebsausgabe abziehen; im Sinne der Gleichbehandlung soll das auch ein Mitunternehmer nicht können.
- Eine Verlagerung von betrieblichen Einkünften in die außerbetriebliche Sphäre soll verhindert werden.
- Es soll zu einer Vereinfachung dergestalt kommen, dass alle Zahlungen der Gesellschaft an ihre Gesellschafter – egal ob als Lohn, Zinsen, Miete oÄ deklariert – steuerlich als „Gewinnvoraus" behandelt werden.

Zählt man die Gewinnanteile der einzelnen Gesellschafter nach Berücksichtigung der Sonderbetriebsausgaben und -einnahmen wieder zusammen, erhält man den Gesamtbetrag der Einkünfte der OG.

unternehmensr. Gewinn	180.000
Mehr-Weniger-Rechnung	+ 20.000
steuerlicher Gewinn	200.000

Mitunternehmer	**F (40 %)**	**G (30 %)**	**H (30 %)**
Anteil je Person	80.000	60.000	60.000
Sonderbetriebseinnahme	Lohn: +60.000	Miete: +30.000	Zinsen: +5.000
Sonderbetriebsausgabe	SV-DN: -12.000	-15.000	-0
Summe pro Person	128.000	75.000	65.000

Die Ermittlung des Gesamtbetrags der Einkünfte der OG und des auf den jeweiligen Gesellschafter entfallenden Anteils nennt man „Gewinnfeststellung" gem § 188 BAO.

Das Betriebsstättenfinanzamt der OG teilt den Mitunternehmern F, G und H den ermittelten Gesamtbetrag der Einkünfte der OG sowie den jeweils auf den einzelnen Gesellschafter entfallenden Anteil in einem Feststellungsbescheid mit. Jeder Mitunternehmer muss daraufhin die ihm zugewiesenen Beträge als Einkünfte aus Gewerbebetrieb im Veranlagungsweg versteuern.

Hinweis:
- *siehe auch B 36, B 37*
- *zur Gewinnfeststellung siehe B 132; A 67*

Quellen:
- § 21 Abs 2 Z 2; § 22 Z 3; § 23 Z 2 EStG
- § 185 bis § 191 BAO
- EStR 2000 Rz 5853-5878

Literatur:
- *Beiser*, Steuern[12], Rz 248-262
- *Doralt*, Steuerrecht 2014/15, Rz 123-127
- *Doralt/Ruppe*, Steuerrecht I[11], Rz 525-564

A 19. Echte und unechte stille Gesellschaft

Am Handelsbetrieb des V sind X und Y beteiligt. V verspricht dem X für seine Einlage eine jährliche Zahlung iHv 4 % seines Gewinnes. Y bekommt für seine Einlage 5 % des jährlichen Gewinnes und wird im Fall der Auflösung der Gesellschaft mit seinem Anteil an den stillen Reserven und am Firmenwert abgeschichtet.
V hatte in den Vorjahren keine Verluste. Im Jahr 2013 macht V einen Gewinn iHv 100.000 €.
Wodurch unterscheiden sich X und Y in steuerrechtlicher Hinsicht?

Bei einer stillen Gesellschaft beteiligt sich der Gesellschafter an einem Unternehmen, das ein anderer betreibt, mit einer Vermögenseinlage. Die stille **Gesellschaft** tritt nach außen nicht in Erscheinung.

X ist ein „**typischer**" oder **„echter" stiller Gesellschafter**, weil er ausschließlich am Erfolg des V beteiligt ist. Es liegt nämlich eine **bloße Gewinnbeteiligung** ohne Teilnahme an den Vermögenswertsteigerungen vor. Die Erträgnisse sind bei X **Einkünfte aus Kapitalvermögen** (§ 27 Abs 2 Z 4 EStG). Falls V Verluste schreibt, ist der Verlustanteil des X nicht steuerwirksam, sondern nur mit späteren Gewinnanteilen aus der stillen Gesellschaft verrechenbar (§ 27 Abs 2 Z 4 EStG).

Wenn V an X dessen Anteil am Gewinn iHv 4.000 € auszahlt, muss er keine KESt einbehalten (§ 27a Abs. 2 Z 3 EStG). X muss in seiner Einkommensteuererklärung 4.000 € als Einkünfte aus Kapitalvermögen angeben.

Y ist ein „**atypischer**" oder **„unechter" stiller Gesellschafter**, weil er nicht nur am Erfolg, sondern auch an den stillen Reserven und am Firmenwert des V partizipiert. Y ist trotz fehlender Unternehmerinitiative ein ausreichendes **Unternehmerrisiko** eingegangen und daher steuerlich als Mitunternehmer anzusehen. Y hat daher **Einkünfte aus Gewerbebetrieb**.

Wenn V an Y dessen Anteil am Gewinn iHv 5.000 € auszahlt, braucht er ebenfalls keine KESt einzubehalten. Y muss in seiner Einkommensteuererklärung 5.000 € als Einkünfte aus Gewerbebetrieb angeben.

Hinweis:
- *siehe auch B 40*

Quellen:
- § 179-188 UGB
- § 27 Abs 2 Z 4 und § 27a Abs 2 Z 3EStG
- EStR 2000 Rz 5815-5820; 6127-6131

Literatur:
- *Beiser*, Steuern[12], Rz 264 f
- *Doralt*, Steuerrecht 2014/15, Rz 24/1 und Rz 123
- *Doralt/Ruppe*, Steuerrecht I[11], Rz 94, Rz 99/1, Rz 529

A 20. Werbungskosten bei Vermietung und Verpachtung

H erbt von T ein Zinshaus (Einheitswert: 17.000 €; Schätzwert ohne Grund und Boden: 700.000 €). Drei Jahre vor dem Tod Ts wurde eine umfangreiche Gesamtrenovierung für die Schall- und Wärmedämmung (Dach neu gedeckt, neue Fassade, neue Fenster) um 100.000 € durchgeführt.
Wie muss H die AfA berechnen, wenn sie das Haus weiterhin vermietet?

Die umfangreichen Gesamtrenovierungsmaßnahmen Ts stellten einen **Instandsetzungsaufwand** dar, weil die Nutzungsdauer des Gebäudes durch sie wesentlich verlängert worden ist (§ 28 Abs 2 fünfter Satz EStG). Die Aufwendungen konnten auf Antrag auf **fünfzehn Jahre** verteilt werden, wenn die Voraussetzungen des § 4 Abs 2 Z 3 MRG erfüllt waren (§ 28 Abs 3 Z 1 EStG), ansonsten auf **zehn Jahre** (§ 28 Abs 2 EStG).

Anmerkung: Die Verteilung der Aufwendungen auf 15 statt auf 10 Jahre kann deshalb für den Steuerpflichtigen günstiger sein, weil im außerbetrieblichen Bereich kein Verlustvortrag möglich ist und durch andere Einkünfte (zB Alterspension) nicht kompensierte Verluste aus Vermietung und Verpachtung in einem bestimmten Kalenderjahr steuerlich ungenützt „verfallen" würden. Das Risiko eines derartigen Verfalls ist geringer, wenn der Verlust auf mehr Jahre verteilt werden darf, weil dadurch Verlustanteil pro Jahr sinkt.

H erwirbt das Zinshaus **unentgeltlich** und kann daher die **restlichen Teilbeträge** (7 Zehntel-Beträge bzw 12 Fünfzehntel-Beträge) weiter geltend machen (§ 28 Abs 2 letzter Teilstrich EStG). Auch die AfA des Rechtsvorgängers T kann H fortsetzen (§ 16 Abs 1 Z 8 lit b EStG).

Die jährlichen Werbungskosten betragen:

- 10.000 € Zehntelabsetzbetrag bzw 6.667 € Fünfzehntelabsetzbetrag sowie
- 10.500 € AfA (= 1,5 % von 700.000 €).

Hinweis:
- *siehe auch B 41*

Quellen:
- § 28 Abs 2 und 3; § 16 Abs 1 EStG
- EStR 2000 Rz 6442b-6442i, 6486

Literatur:
- *Doralt*, Steuerrecht 2014/15, Rz 136-140
- *Doralt/Ruppe*, Steuerrecht I[11], Rz 329-335

A 21. Die Erhebungsformen der Einkommensteuer

A arbeitet für die Firma X, nebenbei verdient er sich etwas als Musiker in einer Tanzmusikkapelle dazu. Weiters besitzt er ein Sparbuch.
In welcher Form wird die Einkommensteuer von Herrn A erhoben?

Die Einkünfte aus der nichtselbständigen Arbeit unterliegen der **Lohnsteuer**, wenn der Arbeitgeber im Inland eine Betriebsstätte unterhält (§ 47 Abs 1 EStG). Die Firma X hat die Einkommensteuer vom Lohn, den sie an Herrn X auszahlt, zu berechnen und an das Finanzamt der Betriebsstätte abzuführen (§ 79 Abs 1 EStG). Die einbehaltene und abgeführte Lohnsteuer ist im Zuge der Veranlagung auf die Einkommensteuerschuld anzurechnen.

Der Zuverdienst als Musiker gehört zu den Einkünften aus selbständiger Tätigkeit gem § 2 Abs 3 Z 2 EStG. Diese unterliegen der **Veranlagung**, wenn ihr Gesamtbetrag 730 € übersteigt (§ 41 Abs 1 Z 1 EStG).

Die Kapitalerträge (Zinsen) aus dem Sparbuch unterliegen der **Kapitalertragsteuer** (KESt) in Höhe von 25 % (§ 93 Abs 2 Z 1 iVm § 27 Abs 2 Z 2 und § 27a Abs 1 EStG). Die Bank hat als Schuldnerin der Kapitalerträge den KESt-Betrag einzubehalten (§ 96 Abs 1 Z 1 lit b iVm § 95 Abs 3 Z 2 EStG) und an ihr Betriebsstättenfinanzamt abzuführen (§ 96 Abs 2 EStG). Die Zinsbeträge aus dem Sparbuch sind mit dem KESt-Abzug endbesteuert: A braucht sie nicht in die Einkommensteuererklärung aufzunehmen, sie erhöhen den Gesamtbetrag seines Einkommens nicht (§ 27a Abs 1 und § 97 Abs 1 EStG).

Hinweis:
- *siehe auch B 50, B 51*

Quellen:
- § 41; § 47; § 49; § 27 und § 27a; § 93-97 EStG

Literatur:
- *Beiser*, Steuern[12], Rz 59-59b, Rz 95
- *Doralt*, Steuerrecht 2014/15, Rz 167, 170-172
- *Doralt/Ruppe*, Steuerrecht I[11], Rz 727-734; 743-748; 7449-770

Körperschaftsteuer

A 22. Durchgriffsprinzip/Trennungsprinzip

Herr H und seine Frau F führen einen Familienbetrieb, die B-Gesellschaft. An der B-Gesellschaft ist H zu einem Drittel und F zu zwei Dritteln beteiligt. Das Jahresergebnis der B-Gesellschaft beträgt 300.000 €. Laut Gesellschafterbeschluss soll an H ein Sechstel des Gewinns ausbezahlt werden, an F ein Drittel und die Hälfte des Gewinns soll in der Gesellschaft verbleiben. Zusätzlich dazu hat H einen Geschäftsführerbezug von 100.000 € erhalten. Wie ist der Gewinn und dessen Auszahlung bei F, H und der B-Gesellschaft zu behandeln, wenn diese

a) eine KG ist

b) eine GmbH ist?

a) Die Kommanditgesellschaft (KG) ist steuerlich eine Mitunternehmerschaft. Das Ergebnis einer KG wird daher anteilig direkt den Gesellschaftern zugerechnet (zB § 23 Z 2 EStG). Die KG ist also ertragsteuerlich transparent (**Durchgriffsprinzip**). Das hat folgende Auswirkungen:
Nicht nur der „ausgeschüttete" Gewinn, sondern das Gesamtergebnis der KG wird im Verhältnis der Beteiligung auf H und F aufgeteilt. Daher wird H ein Gewinnanteil von 100.000 € (300.000/3) und F ein Gewinnanteil von 200.000 € (300.000 *2/3) zugerechnet. Der jeweilige Anteil ist bei den Gesellschaftern unter jener Einkunftsart zu erfassen, die von der Gesellschaft erzielt wird.
Der Geschäftsführerbezug wird aufgrund eines Dienst- oder Werkvertrages zwischen der B-KG und ihrem Gesellschafter H an H gezahlt. Steuerlich sind jedoch Dienst- oder Werkverträge eines Gesellschafters einer Personengesellschaft zu dieser Personengesellschaft nicht anzuerkennen (zB § 23 Z 2 EStG). Der „Bezug" ist bei H daher als Gewinnvoraus zu werten und führt bei H als Sonderbetriebseinnahme zu Einkünften aus Gewerbebetrieb.

b) Die Gesellschaft mit beschränkter Haftung (GmbH) hat eigene Rechtspersönlichkeit. Als juristische Person des privaten Rechts ist sie Subjekt der Körperschaftsteuer (§ 1 Abs 2 Z 1 KStG). Es sind daher die Sphäre der Gesellschaft und jene des Gesellschafters voneinander getrennt zu betrachten (**Trennungsprinzip**).
Der von der GmbH erzielte Gewinn von 300.000 € unterliegt bei dieser mit einem Satz von 25 % der Körperschaftsteuer (§ 22 Abs 1 KStG). Der Gewinn nach Steuer beträgt daher 225.000 €. Die Gewinnausschüttung ist bei der GmbH Einkommensverwendung, daher ist der ausgeschüttete Betrag von 112.500 € keine gewinnmindernde Betriebsausgabe für B.
Halten H und F die GmbH-Anteile im Privatvermögen, dann sind die Ausschüttungen von 37.500 € (112.500/6) an H und 75.000 € (112.500/3) an F bei diesen **Ein-**

künfte aus Kapitalvermögen (§ 27 Abs 2 Z 1 und § 27a Abs 1 EStG) und durch den von der B-GmbH durchzuführenden KESt-Abzug endbesteuert (§ 93 Abs 2 Z 1 und § 97 Abs 1 EStG). Daher ist keine Aufnahme des Ausschüttungsbetrages in die Einkommensteuererklärung von H oder F notwendig, und die Summe hat keine Auswirkungen auf den progressiven ESt-Tarif Hs bzw Fs. Soweit der Gewinn in der GmbH verbleibt, ergeben sich keine steuerlichen Wirkungen für H oder F.
Der Geschäftsführerbezug wird aufgrund eines Dienst- oder Werkvertrages zwischen der B-GmbH und ihrem Gesellschafter H an H gezahlt. Steuerlich sind Dienst- oder Werkverträge eines Gesellschafters einer Kapitalgesellschaft zu dieser Kapitalgesellschaft anzuerkennen, weil H und die B-GmbH verschiedene Rechtssubjekte sind und sie daher zueinander in Rechtsbeziehungen treten können. Daher stellt die Zahlung des Geschäftsführerbezuges bei der B-GmbH eine Betriebsausgabe dar. H bezieht mit seinem Geschäftsführerbezug als wesentlich beteiligter Gesellschafter **Einkünfte aus selbständiger Arbeit** (§ 22 Z 2 zweiter Teilstrich EStG), und zwar gleichgültig, ob er die Bezüge aufgrund eines Dienst- oder eines Werkvertrages erhält.

Hinweis:
- *zur Einkommensteuer siehe B 36, B 37; A 4, A 18*

Quellen:
- § 22 Z 2; § 23 Z 2; § 27 Abs 2 Z 1 lit a, § 27a Abs 1, § 93 Abs 2 Z 1, § 97 Abs 1 EStG
- § 1 Abs 1 Z 1; § 22 Z 1 KStG
- EStR 2000 Rz 5860-5893

Literatur:
- *Beiser*, Steuern[12], Rz 248-262; 383
- *Doralt*, Steuerrecht 2014/15, Rz 19; 35; 123-127; 224
- *Doralt/Ruppe*, Steuerrecht I[11], Rz 93; 99/1; 528; 543-553; 902

A 23. Einkünfte, Einkunftsarten

A hat ein Gasthaus (Gewinn: 150.000 €; Vorjahresumsatz: 200.000 €), ein Zinshaus (Verlust: 50.000 €, aber positive Prognoserechnung) und eine Yacht, die er gelegentlich vermietet (Verlust: 8.500 €).
Welche Einkunftsarten liegen vor und wie ist der Gewinn zu ermitteln,
a) wenn A die Unternehmungen als Einzelunternehmer betreibt?
b) wenn A die Unternehmungen in der Form einer GmbH betreibt?

a) A ist ein Einzelunternehmer:

Die Einkünfte aus dem Gasthaus gehören zu den Einkünften aus **Gewerbebetrieb**. Der Gewinn As aus dem Gasthaus kann mittels Pauschalierung nach der Gastgewerbepauschalierungsverordnung, BGBl II 2012/488 oder gemäß § 17 EStG (Basispauschalierung) ermittelt werden. Voraussetzung ist, dass A nicht freiwillig Bücher geführt hat oder seinen Gewinn mittels vollständiger Einnahmen-Ausgaben-Rechnung ermittelt.

Der Verlust aus der Vermietung von Wohnungen des Zinshauses gehört zu den Einkünften aus **Vermietung und Verpachtung**. Liebhaberei liegt im konkreten Fall nicht vor, weil die Tätigkeit grundsätzlich geeignet ist, innerhalb des Beobachtungszeitraumes einen Gesamtüberschuss zu erzielen (positive Prognoserechnung). Die (negative) Steuerbemessungsgrundlage für die Erträge aus dem Zinshaus ergibt sich durch die Ermittlung des Überschusses der Werbungskosten über die Einnahmen.

Die gelegentliche Vermietung einer Yacht führt zu keiner Einkunftsquelle. Weil die Verluste aus der Bewirtschaftung eines Luxuswirtschaftsgutes entstehen, ist so lange eine Liebhaberei-Tätigkeit zu vermuten, als sich in einem absehbaren Zeitraum kein Gesamtgewinn erwarten lässt oder die Art der Bewirtschaftung der Yacht nicht so geändert wird, dass sich in einem absehbaren Zeitraum ein Gesamtgewinn erwarten lässt (§ 1 Abs 2 Z 1 LVO iVm § 2 Abs 4 LVO).

b) eine GmbH betreibt die Unternehmungen:

Die GmbH ist eine der Rechtsform nach rechnungslegungspflichtige Körperschaft (§ 7 Abs 3 KStG). Daher gelten die Einkünfte aus dem Gasthausbetrieb als Einkünfte aus **Gewerbebetrieb**. Der Gewinn ist für alle Einkünfte der GmbH nach § 5 Abs 1 EStG zu ermitteln.

Wird das Zinshaus in die Bücher der GmbH aufgenommen und liegt eine positive Prognoserechnung vor, dann gehört das Zinshaus zum gewillkürten Betriebsvermögen. Der Verlust aus der Vermietungstätigkeit ist nach § 5 Abs 1 EStG zu ermitteln.

Die Gewerbebetriebsfiktion hindert aber nicht daran, für die Frage der Liebhaberei eine **Einzelbetrachtung der Einkunftsquellen** durchzuführen (LRL 2012 Rz 138): Die Einnahmen und Ausgaben aus der Vermietung der Yacht sind daher als Liebhaberei aus der Körperschaftsteuerbemessungsgrundlage auszuscheiden.

Hinweis:
- *siehe auch B 59*
- *zur Einkommensteuer siehe auch B 8; B 9*

Quellen:
- § 2 Abs 3; § 17; § 23 Z 1; § 28 Abs 1 Z 1 EStG
- § 7 Abs 3 KStG
- LiebhabereiV, BGBl 1993/33
- GastgewerbepauschalierungsV, BGBl II 2012/488
- LRL 2012 Rz 138 f

Literatur:
- *Beiser*, Steuern[12], Rz 21-23a; 311 f
- *Doralt*, Steuerrecht 2014/15, Rz 20; 25; 38 f; 208
- *Doralt/Ruppe*, Steuerrecht I[11], Rz 46; 961-963

A 24. Anschaffung, Veräußerung und Erträge von Beteiligungen

An der inländischen M-AG sind Herr X zu 20 % und die inländische Y-AG seit dem 1. 5. 2012 zu 80 % beteiligt. X hält seine Anteile im Privatvermögen, die Anschaffungskosten betrugen 100.000 € zzgl 1.000 € Fremdfinanzierungszinsen. Die Anschaffungskosten der Y-AG betrugen 500.000 € zzgl 5.000 € Fremdfinanzierungszinsen. Mit 1. 3. 2013 tätigt die M-AG eine Gewinnausschüttung von 40.000 € an X und von 160.000 € an die Y-AG. Am 14. 12. 2013 erwirbt die O-AG 100 % der Anteile um einen Kaufpreis von 700.000 €.
Wie ist die Anschaffung und die Veräußerung, wie sind die Ausschüttungen bei X und Y zu behandeln?

X: Die Ausschüttung ist bei X unter den Einkünften aus Kapitalvermögen zu erfassen (Dividende iSd § 27 Abs 2 Z 1 lit a EStG), sie unterliegt dem besonderen Steuersatz von 25 % und erhöht das dem Tarifsteuersatz unterliegende Einkommen nicht (§ 27a Abs 1 EStG), M hat im Zeitpunkt der Ausschüttung die Kapitalertragsteuer einzubehalten und abzuführen (§ 93 Abs 2 Z 1 EStG), mit dem **KESt-Abzug** gilt die Einkommensteuer als abgegolten (§ 97 Abs 1 EStG).

Die Anschaffung der Aktien war bei X steuerneutral. Die Finanzierungskosten für die Aktien an der M-AG waren für X nicht als Werbungskosten abzugsfähig, weil sie im Zusammenhang mit Einkünften standen, auf die der besondere Steuersatz von 25 % anzuwenden war (§ 20 Abs 2 EStG und § 27a Abs 4 Z 2 erster Satz EStG).

Vom Veräußerungspreis erhält X 20 %, also 140.000 €. Abzüglich der historischen Anschaffungskosten in Höhe von 100.000 € beträgt der Veräußerungsgewinn 40.000 €. Die Fremdfinanzierungszinsen in Höhe von 1.000 € dürfen vom Veräußerungsgewinn nicht abgezogen werden (§ 27a Abs 4 Z 2 EStG). Bei dem Veräußerungsgewinn handelt es sich um Einkünfte aus **realisierten Wertsteigerungen von Kapitalvermögen** gemäß § 27 Abs 3 EStG. Wurden die Aktien an der M-AG auf dem Depot einer inländischen Bank verwart, dann hat diese Bank den Veräußerungsgewinn zu berechnen, die Kapitalertragsteuer davon einzubehalten und an das Finanzamt abzuführen (§ 93 Abs 2 Z 1 iVm § 95 Abs 2 Z 2 lit a EStG). Für X ist die Einkommensteuer mit dem Kapitalertragsteuerabzug erfüllt (§ 97 Abs 1 EStG), er braucht den Veräußerungsgewinn in seiner Einkommensteuererklärung nicht anzugeben.

Y: Die **Ausschüttung** ist bei Y steuerfrei, denn um Mehrfachbelastungen mit KöSt zu verhindern, gilt bei inländischen Beteiligungen die **Beteiligungsertragsbefreiung** hinsichtlich Gewinnausschüttungen (§ 10 Abs 1 Z 1 KStG). Auch ein KESt-Abzug entfällt, weil die Beteiligungshöhe der Y an der M-AG 10 % übersteigt (§ 94 Z 2 EStG).

Körperschaften können **Fremdkapitalzinsen**, die im Zusammenhang mit dem Beteiligungserwerb stehen, als Betriebsausgaben sofort abziehen (§ 11 Abs 1 Z 4 KStG). Nicht von der Beteiligungsertragsbefreiung erfasst sind die Wertschwankungen der Einkunftsquelle selbst. Daher führt der Veräußerungsgewinn aus dem Verkauf iHv

60.000 € (700.000 x 80 % = 560.000 – 500.000 Anschaffungskosten) bei Y zu körperschaftsteuerpflichtigen Einkünften aus Gewerbebetrieb. Die 5.000 € Fremdfinanzierungszinsen können vom Veräußerungserlös nicht abgezogen werden, weil sie bereits während der Behaltedauer der Beteiligung gewinnmindernd geltend gemacht worden sind. Hat die Y-AG die Aktien der M-AG auf einem Depot einer österreichischen Bank gehalten, dann ist diese Bank grundsätzlich zum KESt-Abzug vom Veräußerungsgewinn verpflichtet, dieser KESt-Abzug wäre aber nicht mit einer Abgeltungswirkung verbunden, weil die Y-AG keine natürliche Person ist (§ 27a Abs 6 erster Satz) und weil der Veräußerungsgewinn in diesem Fall zu einer Haupteinkunftsart gehört (§ 97 Abs 1 lit a EStG). Der KESt-Abzug wäre daher eine bloße Vorauszahlung auf die Körperschaftsteuer und hätte für die Y-AG einen Liquiditätsnachteil zur Folge, weil die Körperschaftsteuer früher zu zahlen sein würde als im Fall der Veranlagung, brächte aber keine Vorteile. Daher kann die Y-AG eine **Befreiungserklärung** gemäß § 94 Z 5 EStG abgeben. Das hat zur Folge, dass die österreichische Bank keine Kapitalertragsteuer abzuziehen hat und der Gewinn im Rahmen der Körperschaftsteuerveranlagung zu versteuern ist.

Hinweis:

- *siehe auch B 65; B 66*
- *zur Einkommensteuer siehe auch B 51*

Quellen:

- § 20 Abs 2; § 27 Abs 2 Z 1 lit a und Z 4; § 27a Abs 1; § 93 Abs 2 Z 1; § 94 Z 2 und Z 5; § 97 Abs 1 EStG
- § 10 Abs 1 Z 1; § 11 Abs 1 Z 4; § 12 Abs 2 KStG
- EStR 2000 Rz 7723; 7731
- KStR 2013 Rz 1157-1163; 1267-1274

Literatur:

- *Beiser*, Steuern[12], Rz 59-59 g; 324
- *Doralt*, Steuerrecht 2014/15, Rz 24-24/2; 72; 211; 223
- *Doralt/Ruppe*, Steuerrecht I[11], Rz 91-106/4; 646; 749-770; 997-1000; 1020 f

A 25. Gewinnausschüttung

Herr H ist Geschäftsführer der G-GmbH, an der er zu 50 % beteiligt ist. Im Jahr 2009 beträgt der steuerpflichtige Gewinn der G 40.000 €. G schüttet an H 15.000 € als Gewinnausschüttung aus. H hat Geschäftsführerbezüge in Höhe von 48.000 € empfangen.
Wie hoch ist die KöSt bei G? Welche steuerlichen Wirkungen haben die Gewinnausschüttung und der Geschäftsführerbezug bei G und H?

Bei G ist die **Gewinnausschüttung** aufgrund des Gewinnverteilungsbeschlusses eine offene Ausschüttung. Diese Ausschüttung stellt eine **Einkommensverwendung** dar und mindert den Gewinn Gs nicht. G hat vom Ausschüttungsbetrag 25 % KESt einzubehalten und an das Finanzamt abzuführen (§ 95 Abs 2 Z 1 lit a EStG).

Die von G an H ausbezahlten Geschäftsführerbezüge sind als Betriebsausgabe bei G gewinnmindernder Aufwand und haben daher den unternehmensrechtlichen Gewinn der G gemindert.

Die G hat ihren Gewinn der KöSt zu unterziehen. Bei einem KöSt-Satz von 25 % beträgt die KöSt von 40.000 € 10.000 €.

Bei H als wesentlich beteiligtem Gesellschafter-Geschäftsführer stellen die Geschäftsführer-Bezüge iHv 48.000 € Einkünfte aus sonstiger selbständiger Arbeit dar (§ 22 Z 2 zweiter Teilstrich EStG). Diese hat er in der ESt-Erklärung zu deklarieren, sie werden der Veranlagung unterzogen.

Die Gewinnausschüttung iHv 15.000 € ist durch den KESt-Abzug bereits besteuert, aufgrund der Endbesteuerungswirkung ist eine Aufnahme in die Einkommensteuererklärung nicht notwendig (§ 97 Abs 1 erster Satz EStG). Die Ausschüttung wird bei der Einkommensermittlung nicht mehr berücksichtigt und wirkt sich auch nicht auf die Progression aus, außer H beantragt eine Veranlagung gemäß § 27a Abs 5 EStG zum allgemeinen Tarifsteuersatz.

Im Mai 2011 wird bei der G-GmbH eine Betriebsprüfung betreffend das Jahr 2009 durchgeführt. Dabei stellt sich heraus, dass ein angemessener Geschäftsführerbezug lediglich 30.000 € ausmachen würde. Was bedeutet dies für G bzw H ertragsteuerlich?

Bei G: Aufgrund der **Nahebeziehung** zwischen G und H und der mangelnden **Fremdüblichkeit** liegt bezüglich des unangemessenen Teils iHv 18.000 € eine **verdeckte Gewinnausschüttung** vor (§ 8 Abs 2 KStG). Dieser Betrag stellt daher keine Betriebsausgabe, sondern Einkommensverwendung dar. Der steuerpflichtige Gewinn der G für 2009 ist um jene 18.000 € zu erhöhen, die von der Betriebsprüfung nicht als Betriebsausgabe anerkannt werden. Der Gewinn der G für das Jahr 2009 beträgt daher 58.000 €, die KÖSt 14.500 €. Für die angemessenen 30.000 € bleibt die Betriebsausgabeneigenschaft bestehen. Mittels Haftungsbescheids kann die G zur Zahlung der KESt auf die verdeckte Gewinnausschüttung in Höhe von 18.000 € herangezogen werden.

Bei H: Für die verdeckte Gewinnausschüttung wird bei H die KESt nacherhoben, wenn nicht bereits die G im Haftungswege zur Zahlung herangezogen worden ist. Damit ist der Betrag von 18.000 € endbesteuert. Andererseits mindern sich seine Geschäftsführer-Bezüge und damit seine Einkünfte aus selbständiger Arbeit auf das angemessene Ausmaß von 30.000 €; eventuell bereits erhobene ESt auf Einkünfte aus selbständiger Arbeit ist insoweit anzurechnen oder zu erstatten.

Hinweis:

- *siehe auch B 61*
- *zur Einkommensteuer siehe auch B 51*

Quellen:

- § 22 Z 2; § 27a Abs 5; § 95 Abs 2 Z 1 lit a; Abs 3 Z 1; § 97 Abs 1 EStG
- § 8 Abs 2 KStG
- EStR 2000 Rz 5267-5283
- KStR 2013 Rz 648-657; 776-778; 820-822

Literatur:

- *Beiser*, Steuern[12], Rz 59-59b; 59e; 318 f
- *Doralt*, Steuerrecht 2014/15, Rz 19; 24-24/1; 209
- *Doralt/Ruppe*, Steuerrecht I[11], Rz 67; 91-99/1; 975-987

A 26. Betrieb gewerblicher Art

Das Kloster K des katholischen Ordens O hat eine eigene Weinproduktion. Ein Teil des Weines wird um 25.000 € an die A-AG zur Sekterzeugung verkauft. Der Rest des Weines wird im eigenen Restaurant ausgeschenkt; der jährliche Gewinn des Restaurants beträgt rund 40.000 €. Im Folgejahr wird das Restaurant um 10.000 € pro Jahr verpachtet.
Wie ist der Erlös aus dem Weinverkauf an die A-AG zu versteuern? Wie ist der Gewinn des Restaurants zu behandeln? Wie ist im Folgejahr der Pachtzins beim Kloster zu versteuern?

Der Orden O ist eine Einrichtung der katholischen Kirche. Ein Orden der katholischen Kirche ist eine Körperschaft öffentlichen Rechts, wenn er nach kanonischem Recht mit Rechtswirksamkeit für den staatlichen Bereich errichtet worden ist (KStR 2013 Rz 45). Körperschaften öffentlichen Rechts sind von der unbeschränkten Körperschaftsteuerpflicht befreit. Allerdings unterliegen sie mit ihren Betrieben gewerblicher Art (BgA) der **unbeschränkten Körperschaftsteuerpflicht** (§ 1 Abs 2 Z 2 KStG). Zu klären ist daher, ob das Kloster einen (oder mehrere) BgA betreibt.

Ein **BgA** ist eine Einrichtung, die

- wirtschaftlich selbständig ist,
- einer zumindest überwiegend nachhaltigen privatwirtschaftlichen Tätigkeit nachgeht,
- von wirtschaftlichem Gewicht ist und
- der Erzielung von Einnahmen oder anderen wirtschaftlichen Vorteilen dient.

Gewinnerzielungsabsicht ist nicht erforderlich. Die Tätigkeit eines BgA gilt stets als Gewerbebetrieb. **Wirtschaftliche Selbständigkeit** liegt vor, wenn eine gewisse Trennung von der Hoheitsverwaltung besteht (zB besondere Leitung, eigenes Personal, eigene Buchführung). Das Erfordernis einer Tätigkeit von **wirtschaftlichem Gewicht** soll Bagatellfälle (Gelegenheitsaktivitäten) von der Steuerpflicht ausnehmen. Gewinne und Verluste aus Tätigkeiten mit Umsätzen unter 2.900 € sind nach der Verwaltungsgerichtshofjudikatur unerheblich.

Land- und Forstwirtschaft ist gemäß § 2 Abs 1 vierter Teilstrich KStG von der Definition eines Betriebs *gewerblicher* Art explizit ausgenommen. Die **eigene Weinproduktion** des Klosters zählt zur Land- und Forstwirtschaft; sie kann daher keinen BgA begründen und unterliegt somit nicht der Körperschaftsteuer.

Der Betrieb eines Restaurants stellt hingegen einen BgA dar. Der Gewinn des Restaurants in Höhe von 40.000 € unterliegt daher der Körperschaftsteuer.

Die **Verpachtung** eines BgA ist von Gesetzes wegen dem Betrieb eines BgA gleichgestellt (§ 2 Abs 2 Z 2 KStG). Der Pachtzins in Höhe von 10.000 € unterliegt daher ebenfalls der Körperschaftsteuer.

A 27. Beschränkte Steuerpflicht, Vereine

Ein Musikschulorchester hat sich in der Rechtsform eines ideellen Vereins konstituiert. Zur Finanzierung des Orchesters trägt neben den Mitgliedsbeiträgen von Förderern (4.000 €) und dem Eintrittskartenverkauf bei Konzertveranstaltungen (8.000 €) auch der Verkauf von CD-Mitschnitten dieser Auftritte bei (Jahresgewinn daraus 3.000 €). Außerdem besitzt der Verein zB für die Verwaltung der Mitgliedsbeiträge ein Konto und ein Sparbuch, das 500 € Zinsen abwirft.
Wofür besteht Steuerpflicht?

Es liegt ein gemeinnütziger Verein vor, weil man davon ausgehen kann, dass bei einem Musikschulorchester die Förderung der Kunst und Kultur und nicht bloß die Unterhaltung im Vordergrund steht. Gemeinnützige Vereine sind gemäß § 1 Abs 3 Z 3 iVm § 5 Z 6 KStG von der unbeschränkten Steuerpflicht befreit, soweit es die Vereinssphäre und unentbehrliche Hilfsbetriebe (§ 45 Abs 2 BAO) betrifft. Derartige Vereine unterliegen nur der **beschränkten Körperschaftsteuerpflicht**. Diese umfasst jene Einkünfte, bei denen die Steuer im Abzugswege erhoben wird (§ 21 Abs 2 KStG – betrifft KESt-pflichtige Einkünfte außer Beteiligungen im Sinne des § 10 KStG) sowie Einkünfte aus privaten Grundstücksveräußerungen (§ 21 Abs 3 Z 4 KStG).

Förderer zahlen Mitgliedsbeiträge nicht als Gegenleistung für eine konkrete Leistung des Vereins, sondern damit der Verein seinen Gemeinschaftszweck erfüllen kann. Man spricht in einem solchen Fall von **„echten" Mitgliedsbeiträgen**, diese sind nicht körperschaftsteuerbar.

Die Organisation von Orchesterkonzerten stellt für das Musikschulorchester einen **unentbehrlichen Hilfsbetrieb** dar. Ein unentbehrlicher Hilfsbetrieb ist ein wirtschaftlicher Geschäftsbetrieb, der in seiner Gesamtrichtung auf die Erfüllung der gemeinnützigen, mildtätigen oder kirchlichen Zwecke eingestellt ist (§ 45 Abs 2 lit a BAO). Dabei dürfen die Zwecke nicht anders als durch den wirtschaftlichen Geschäftsbetrieb erreichbar sein (§ 45 Abs 2 lit b BAO). Außerdem darf der wirtschaftliche Geschäftsbetrieb zu vergleichbaren steuerpflichtigen Betrieben nur im unvermeidlichen Ausmaß in Wettbewerb treten (§ 45 Abs 2 lit c BAO). Diese Voraussetzungen sind im vorliegenden Fall erfüllt: Die Eintrittsgelder für die Auftritte gehören zum unentbehrlichen Hilfsbetrieb des Vereines, weil ohne die Kulturveranstaltungen die Erfüllung des Vereinszweckes nicht möglich wäre. Kann man den wirtschaftlichen Geschäftsbetrieb einer gemeinnützigen Körperschaft als einen unentbehrlichen Hilfsbetrieb qualifizieren, so ergibt sich als Konsequenz, dass die Einkünfte des wirtschaftlichen Geschäftsbetriebs körperschaftsteuerfrei bleiben (§ 45 Abs 2 erster Satz BAO).

Der Verkauf von Tonträgern, die ausschließlich eigene Produktionen enthalten, kann noch als **unentbehrlicher Hilfsbetrieb** iSd § 45 Abs 2 BAO angesehen werden, solange nicht in einem größeren Umfang, als dies für die Erfüllung des Vereinszwecks unvermeidbar ist, mit steuerpflichtigen Musikproduktionsbetrieben in Konkurrenz getreten wird.

Wenn der wirtschaftliche Geschäftsbetrieb diese Grenze zwar überschreitet, seine Einnahmen aber ausschließlich zur Förderung der gemeinnützigen Vereinszwecke herangezogen werden (zB zur Anschaffung von Kinderinstrumenten, die gratis an Schüler verliehen werden), dann stellt die Musikproduktion einen **entbehrlichen Hilfsbetrieb** iSd § 45 Abs 1 BAO dar. Als Konsequenz sind die Einnahmen aus der Musikproduktion unbeschränkt körperschaftsteuerpflichtig, die restlichen Vereinseinnahmen (zB aus dem Eintrittskartenverkauf) blieben aber steuerfrei. Die Einkünfte von 3.000 € wären in diesem Fall zur Körperschaftsteuer zu veranlagen.

Wenn sich aber die Produktions- und Verwertungstätigkeit des Vereins in keiner Weise von einer mit Gewinnerzielungsabsicht unternommenen gewerblichen Betätigung unterscheidet, weil zB laufend Gewinne aus dem Verkauf der Tonträger erwirtschaftet werden, die den Förderbedarf der Vereinsmitglieder übersteigen, dann ist ein solcher Betrieb **begünstigungsschädlich**: Der gesamte Verein mit all seinen übrigen Einnahmen wird unbeschränkt körperschaftsteuerpflichtig (§ 45 Abs 3 iVm § 44 Abs 1 BAO). Die Einkünfte von 11.500 € wären dann zu erklären und zu veranlagen, bloß die Mitgliedsbeiträge stellen keine Betriebseinnahmen, sondern gewinnneutrale Einlagen dar.

Die Zinsen aus dem Sparkonto und dem Sparbuch sind dem gemeinnützigen Vereinszweck zugeordnet. Dort sind sie von der unbeschränkten Steuerpflicht ausgenommen. Da Zinsen im Abzugswege (KESt) besteuert werden (§ 93 Abs 2 Z 3 lit a EStG), unterliegen sie der **beschränkten Steuerpflicht** (§ 21 Abs 2 erster Satz KStG). Mit dem KESt-Abzug ist die KöSt abgegolten, weil ein beschränkt steuerpflichtiger Verein mit den Zinsen Einkünfte aus Kapitalvermögen bezieht und folglich der KESt-Abzug mit Endbesteuerungswirkung verbunden ist (§ 97 Abs 1 erster Satz EStG).

Hinweis:

- *siehe auch B 56; B 57*
- *zur BAO siehe auch B 123*

Quellen:

- § 1 Abs 3 Z 3 iVm § 5 Z 6; § 21 Abs 2 und 3 KStG
- § 93; § 97 Abs 1 EStG
- § 44; § 45 BAO
- VereinsR 2001 Rz 63; 151-156; 173-176; 180-183; 339 iVm 432 f

Literatur:

- *Beiser*, Steuern[12], Rz 304-306
- *Doralt*, Steuerrecht 2014/15, Rz 203; 541
- *Doralt/Ruppe*, Steuerrecht I[11], Rz 932; 1038 f

A 28. Einlagenbegriff, verdeckte Einlage

Frau R verkauft am 15.7.2012 ihr im Jahr 2010 um 200.000 € angeschafftes, im Privatvermögen gehaltenes Grundstück (Verkehrswert und Teilwert 250.000 €) um 250.000 €
a) an die S-KG, an der sie zu 50 % beteiligt ist.
b) an die T-GmbH, an der sie zu 25 % beteiligt ist.
Außerdem erhält sie für die Geschäftsführung
a) der S-KG
b) der T-GmbH
eine Vergütung von 32.000 € (angemessen wären 40.000 €).
Wie sind der Verkauf und der Bezug bei Gesellschaft und Gesellschafterin ertragsteuerlich zu behandeln?

ad a) **Beziehungen zur S-KG:**
Veräußerungen von Wirtschaftsgütern durch eine Mitunternehmerin an ihre Mitunternehmerschaft werden von § 23 Z 2 EStG nicht erfasst. Der Kaufvertrag ist also steuerlich anzuerkennen. Allerdings kann man „sich selbst" nichts verkaufen, daher ist zu aliquotieren: In Höhe der eigenen Beteiligung (hier 50 %) liegt eine Einlage vor, in Höhe der restlichen Beteiligungen ein Verkauf. Der fremdübliche Kaufpreis des halben Grundstücks beträgt 125.000 €, die restlichen 50 % des Grundstückes, die auf den eigenen Anteil der R an der S-KG entfallen, stellen eine **Einlage** dar, die mit den Anschaffungskosten bzw mit dem im Zeitpunkt der Einlage niedrigeren Teilwert zu bewerten ist (§ 6 Z 5 EStG). Da in diesem Fall der Teilwert die Anschaffungskosten übersteigt, sind 50 % der Anschaffungskosten, also 100.000 €, als Wert der Einlage anzusetzen. Der von der KG an R bezahlte „Kaufpreis" stellt bei der KG im Gegenzug eine fremdübliches Entgelt in Höhe von 125.000 € und eine **Entnahme in Höhe** von 125.000 € in die außerbetriebliche Sphäre der R dar. Die Einlage ist vom Gewinn der S-KG abzuziehen und ist daher steuerneutral. Die Entnahme ist dem Gewinn der S-KG hinzuzurechnen und daher ebenfalls steuerneutral.
Der Veräußerungsvorgang hinsichtlich der als Verkauf anerkannten Grundstückshälfte stellt aus Sicht der R eine private Grundstücksveräußerung gemäß § 30 EStG dar. Steuerpflichtig ist die Differenz zwischen dem Veräußerungserlös (250.000 € * 50 % = 125.000 €) und den Anschaffungskosten (200.000 € * 50 % = 100.000 €), also 25.000 €. Die Versteuerung mit 25 % erfolgt entweder durch Berechnung und Entrichtung durch den am Veräußerungsgeschäft beteiligten Rechtsanwalt oder Notar (§ 30c Abs 3 EStG) oder als besondere Vorauszahlung der R selbst (§ 30b Abs 4 EStG).
Hinsichtlich der übrigen Grundstückshälfte, die sie „an sich selbst" verkauft, liegt eine steuerneutrale Einlage des Grundstücks in der Höhe der Anschaf-

fungskosten (100.000 €) vor und eine ebenso steuerneutrale Entnahme von Geld (125.000 €).

Sollte die S-KG in weiterer Folge das Grundstück weiterverkaufen, betragen die für die Berechnung des Veräußerungsgewinns relevanten Anschaffungskosten 225.000 € (125.000 € + 100.000 €). Die 25.000 €, die im Zeitpunkt der Einlage nicht versteuert worden sind, werden „überbundene stille Reserve" genannt und erhöhen den Gewinn im Zeitpunkt einer allfälligen späteren Veräußerung des Grundstücks durch die S-KG.

Der „Geschäftsführerbezug" ist in der tatsächlich gezahlten Höhe in der Sonderbilanz von R anzusetzen. Er ist jener Einkunftsart zuzurechnen, die durch die Mitunternehmerschaft verwirklicht wird (hier Gewerbebetrieb), und bei R als **Gewinnvoraus** zu werten (§ 23 Z 2 EStG).

ad b) Beziehungen zur T-GmbH:

Die GmbH ist ein eigenes Steuersubjekt. Es gilt das Trennungsprinzip: Geschäftsbeziehungen zwischen der Gesellschafterin und der Gesellschaft sind anzuerkennen, soweit sie als fremdüblich anerkannt werden können. Daher stellt der Verkauf um 250.000 € bei R eine Veräußerung dar. R tätigt mit dem Verkauf des Grundstücks eine private Grundstücksveräußerung iSd § 30 Abs 1 EStG. Steuerpflichtig ist die Differenz zwischen dem Veräußerungserlös (250.000 €) und den Anschaffungskosten (200.000 €), also 50.000 €. Die Versteuerung mit 25 % erfolgt entweder durch Berechnung und Entrichtung durch den am Veräußerungsgeschäft beteiligten Rechtsanwalt oder Notar (§ 30c Abs 3 EStG) oder als besondere Vorauszahlung der R selbst (§ 30b Abs 4 EStG).

Bei T liegt eine Anschaffung vor: Das Grundstück ist mit dem Verkehrswert von 250.000 € zu aktivieren.

Der **Geschäftsführerbezug** ist grundsätzlich anzuerkennen. Hier ist aber die Gesellschaft aus nicht fremdüblichen Gründen gegenüber dem Gesellschafter bereichert (aufgrund der Ersparnis von 8.000 €). Es könnte daher grundsätzlich eine **Nutzungseinlage** des Gesellschafters in Höhe der „zu billigen" Arbeitsleistung erwogen werden. Da aber Arbeit **kein einlagefähiges Wirtschaftsgut** ist, bleibt es bei der Anerkennung der gezahlten 32.000 € (bei der Gesellschaft als Betriebsausgabe, bei R als Einkünfte aus selbständiger Arbeit). Nicht anerkannt wird eine zu niedrige Vergütung nur dann, wenn sie derart gering ist, dass sie den Charakter von Taschengeld hat.

Beachte: Es ist zu unterscheiden zwischen der einkommensteuerlichen Einlage in die Betriebssphäre (§ 6 Z 5 EStG) und der körperschaftsteuerlichen Einlage in die Körperschaft (§ 6 Z 14 EStG):

§ 6 Z 5 EStG behandelt die Einlage von Wirtschaftsgütern aus der außerbetrieblichen in die betriebliche Sphäre einer Person. Diese Einlage erfolgt grundsätzlich zum Teilwert, bei Wertpapieren, Derivaten und Grundstücken im Sinne des § 30 Abs 1 EStG allerdings nur dann, wenn er niedriger ist als die Anschaffungs- oder Herstellungskosten des eingelegten Wirtschaftsgutes.

Dagegen gilt die Einlage in eine juristische Person als Tausch (§ 6 Z 14 EStG), weil das Wirtschaftsgut von einem Rechtssubjekt (Anteilsinhaber) auf ein anderes (Körperschaft) wechselt und als Gegenleistung der Wert der Beteiligung des Gesellschafters erhöht wird. Es ist daher der Verkehrswert anzusetzen.

Hinweis:
- *siehe auch B 60*
- *zur ESt siehe auch B 21*

Quellen:
- § 6 Z 5 und 14; § 23 Z 2 EStG
- § 8 Abs 1 KStG
- EStR 2000 Rz 2588-2605; 5927
- KStR 2013 Rz 486-511

Literatur:
- *Beiser*, Steuern[12], Rz 151-154; 257
- *Doralt*, Steuerrecht 2014/15, Rz 28 125; 210
- *Doralt/Ruppe*, Steuerrecht I[11], Rz 1 9-136; 548; 964

A 29. Mantelkauf

M erbt 2007 von seinem Onkel N die 100-%-Beteiligung an der T-AG, die Möbel erzeugt. Die Geschäfte der T-AG laufen nicht besonders gut (hohe Verlustvorträge aus Vorjahren). Daher tauscht M kurz darauf den Vorstand der T-AG aus. Der neue Vorstand kündigt die Hälfte der Mitarbeiter, schult den Rest auf LKW-Fahrer um, schließt die Möbelproduktion und macht aus der T-AG eine Spedition. Die Lage verbessert sich nicht, aber 2008 gelingt es dem M, die T-AG an die S-AG zu verkaufen. Die S-AG führt die T-AG in der von ihr übernommenen Form weiter.
Wie wirken sich die Anteilsübertragungen und die gesetzten Maßnahmen auf die Verlustvorträge der T-AG aus?

Grundsätzlich bleiben bei der Übertragung einer Körperschaft die Verlustvorträge der übertragenen Körperschaft dieser bzw ihrem Rechtsnachfolger erhalten. Die Verlustvorträge verfallen jedoch, wenn die **Identität** des Steuerpflichtigen infolge einer

- wesentlichen Änderung der **organischen** und
- **wirtschaftlichen** Struktur im Zusammenhang mit einer
- wesentlichen Änderung der **Gesellschafterstruktur**
- auf **entgeltlicher** Grundlage

nach dem Gesamtbild der Verhältnisse wirtschaftlich nicht mehr gegeben ist (§ 8 Abs 4 Z 2 KStG). Bei Vorliegen dieser Merkmale spricht man von einem „**Mantelkauf**".

Die **Vererbung der Aktien** führt zu keiner Änderung der Gesellschafterstruktur auf entgeltlicher Basis. Es liegt daher kein Mantelkauf vor, und die Verlustvorträge bleiben der T-AG auch unter ihrem neuen Eigentümer M erhalten.

Der Kauf der T-AG **durch die S-AG** führt zwar zu einem entgeltlichen Gesellschafterwechsel, allerdings ändert sich die organische und wirtschaftliche Struktur der T-AG nach der Übernahme durch die S-AG nicht, weshalb auch in diesem Fall der T-AG ihre Verlustvorträge erhalten bleiben.

Hinweis:
- *siehe auch B 62*

Quellen:
- § 8 Abs 4 Z 2 KStG
- KStR 2013 Rz 993-1003

Literatur:
- *Beiser*, Steuern[12], Rz 356
- *Doralt*, Steuerrecht 2014/15, Rz 219
- *Doralt/Ruppe*, Steuerrecht I[11], Rz 1026

A 30. Gruppenbesteuerung I

Die A-AG ist seit dem 25. 5. 2002 zu 75 % an der B-GmbH beteiligt. Beide Körperschaften sind in Österreich unbeschränkt steuerpflichtig. Die A-AG möchte gemeinsam mit der B-GmbH ab dem 1. 1. 2007 eine Gruppe bilden. Was muss getan werden, damit A und B eine Gruppe bilden können?

Die materiellen Voraussetzungen für die Bildung einer Unternehmensgruppe sind:

1. das Vorliegen von Körperschaften, die die Voraussetzungen des § 9 Abs 2 bis 4 KStG erfüllen.
   Diese Voraussetzung ist erfüllt, weil sowohl A als auch B in Österreich unbeschränkt steuerpflichtige Körperschaften sind.
2. die finanzielle Verbindung dieser Körperschaften.
   Diese Voraussetzung ist erfüllt, weil A zu mehr als 50 % unmittelbar am Stammkapital der B beteiligt ist.
3. die qualifizierte Dauer dieser Verbindung.
   Diese Voraussetzung ist ebenfalls erfüllt, weil A während des gesamten Wirtschaftsjahres der B an dieser zu mehr als 50 % beteiligt ist.
   Die formellen Voraussetzungen für die Bildung einer Unternehmensgruppe sind in § 9 Abs 8 KStG aufgezählt. Dazu gehört zB
   - ein Gruppenantrag, der von den Vertretern aller einzubeziehenden Körperschaften unterfertigt ist
   - eine Erklärung, dass ein Steuerausgleich vereinbart worden ist
   - die Angabe der Beteiligungs- und Stimmrechtsverhältnisse und der Wirtschaftsjahre der einzubeziehenden Körperschaften.

Die Wirksamkeit der Gruppe beginnt mit dem ersten Wirtschaftsjahr nach Erfüllung der materiellen und formellen Voraussetzungen. Die Gruppenbesteuerung bewirkt, dass das Ergebnis sämtlicher Gruppenmitglieder steuerlich dem **Gruppenträger** zugerechnet wird.

Ab dem 1. 1. 2007 werden A und B als Unternehmensgruppe besteuert. Der Gewinn As für das Jahr 2007 beträgt 600.000 €, der Verlust Bs beträgt für das Jahr 2007 200.000 €. Wie hoch ist die Steuerbemessungsgrundlage der Gruppe im Jahr 2007?

Das Ergebnis des Gruppenmitglieds B ist vollständig dem Gruppenträger A zuzurechnen, auch wenn A an B nur zu 75 % beteiligt ist (§ 9 Abs 6 Z 2 KStG). Die Steuerbemessungsgrundlage der Gruppe beträgt daher 600.000 € – 200.000 € = 400.000 €, die von A zu versteuern sind.

A und B verfügen noch über steuerliche Verlustvorträge aus den Jahren 2003 bis 2006. Können diese Verlustvorträge 2007 verwertet werden?

Jedes Gruppenmitglied bzw der Gruppenträger kann nur seine eigenen Verlustvorträge, die aus der Zeit vor der Bildung der Gruppe stammen (sogenannte „Vorgruppenverluste"), von seinem jeweiligen steuerlichen Ergebnis abziehen (§ 9 Abs 6 Z 4 KStG). Da B im Jahr 2007 keinen Gewinn erwirtschaftet hat, ist der Vorgruppenverlust Bs nicht abziehbar. A hat jedoch im Jahr 2007 einen Gewinn erwirtschaftet und kann daher seine Verlustvorträge verwerten. Die Verwertbarkeit ist jedoch mit 75 % des Gewinns der A beschränkt (Vortragsgrenze des § 2 Abs 2b Z 2 EStG).

Die A möchte eine Teilwertabschreibung auf ihre Beteiligung an der B durchführen. Ist das mit steuerlicher Wirkung zulässig?

Nein, eine Teilwertabschreibung hinsichtlich einer Beteiligung an einem Gruppenmitglied ist steuerlich nicht abzugsfähig (§ 9 Abs 7 erster Satz KStG).

Die A zahlt jenen Betrag an die B, den sie sich aufgrund der Verwertung der Verluste der B an Körperschaftsteuer erspart. Wie wirkt sich diese Zahlung auf die Körperschaftsteuerbemessungsgrundlagen der A und der B aus?

Eine derartige Zahlung stellt eine Umlage zum Zweck des Ausgleichs der steuerlichen Wirkungen, die sich aus der Gruppenbesteuerung ergeben, dar. Eine solche Steuerumlage vermindert die Körperschaftsteuerbemessungsgrundlage des Zahlenden (A) nicht, erhöht aber andererseits auch die Bemessungsgrundlage des Empfängers (B) nicht (§ 9 Abs 6 Z 5 KStG).

Hinweis:
- *siehe auch B 63, B 64; A 31*

Quellen:
- § 9 KStG
- KStR 2013 Rz 1004-1143; 1583-1609

Literatur:
- *Beiser*, Steuern[12], Rz 334-354
- *Doralt*, Steuerrecht 2014/15, Rz 212-217
- *Doralt/Ruppe*, Steuerrecht I[11], Rz 937-955

A 31. Gruppenbesteuerung II

Die T-AG ist zu 60 % an der U-AG beteiligt, welche weder Sitz noch Geschäftsleitung im Inland hat, sondern in Norwegen ansässig ist. Ab dem 1. 1. 2005 bilden sie eine Gruppe. Der Gewinn 2015 beträgt bei T 40.000 €, der Verlust bei U 60.000 €.
Wie hoch ist die Steuerschuld der Gruppe aus der T-AG und der U-AG im Jahr 2015?

Die Gruppenbesteuerung bewirkt, dass das Ergebnis sämtlicher Gruppenmitglieder steuerlich dem **Gruppenträger** zugerechnet wird.Ab dem 1. 3. 2014 ist die Einbeziehung einer nicht unbeschränkt steuerpflichtigen Körperschaft in eine österreichische Unternehmensgruppe nur mehr dann möglich, wenn diese Körperschaft in einem EU-Mitgliedsstaat ansässig ist, oder in einem Staat, mit dem gegenüber Österreich eine umfassende Amtshilfe besteht. Da mit Norwegen eine solche umfassende Amtshilfe besteht, kann die U-AG auch weiterhin Mitglied der Unternehmensgruppe der T-AG sein.

Da die U-AG im Inland nicht unbeschränkt körperschaftsteuerpflichtig ist, wird ihr Verlust nicht zur Gänze, sondern nur entsprechend der Beteiligungshöhe des Gruppenträgers auf diesen übertragen (§ 9 Abs 6 Z 6 KStG). Dabei ist zu beachten, dass der auf den Gruppenträger übertragene Verlust nach den Vorschriften des **österreichischen** Steuerrechts gem § 5 Abs 1 EStG ermittelt worden sein muss. Unter der Voraussetzung, dass die 60.000 € Verlust nach österreichischem Recht ermittelt worden sind, kann er zu 60 % auf T übertragen werden: 60.000 € x 60 % = 36.000 €. Die Steuerbemessungsgrundlage der Unternehmensgruppe im Jahr 2015 würde daher 40.000 € – 36.000 € = 4.000 € betragen.

Seit dem 1. 1. 2015 sind allerdings Verluste ausländischer Gruppenmitglieder nur mehr im Ausmaß von höchstens 75 % der Einkommen der unbeschränkt steuerpflichtigen Gruppenkörperschaften zurechenbar (§ 9 Abs 6 Z 6 vorletzter Satz KStG). Daher beträgt die tatsächliche Steuerbemessungsgrundlage im Jahr 2015 30.000 € (40.000 € * 75 %). Bei einem Steuersatz von 25 % ergibt sich daraus eine Steuerschuld iHv 7.500 €.

Da von den zurechenbaren Verlusten der U-AG iHv 36.000 € im Jahr 2015 nur 10.000 € berücksichtigt werden konnten, dürfen die restlichen 26.000 € als Verluste des Gruppenträgers auf die folgenden Jahre vorgetragen werden.

Zu beachten ist, dass es zu einer **Nachversteuerungspflicht** kommen kann, wenn in nachfolgenden Jahren das ausländische Gruppenmitglied entweder Gewinne erwirtschaftet oder aus der Unternehmensgruppe ausscheidet (§ 9 Abs 6 Z 7 KStG).

Hinweis:
- *siehe auch B 63, B 64; A 30*

Quellen:
- § 9 Abs 6; § 24 Abs 4 KStG
- KStR 2013 Rz 1012-1020; 1075-1105

Literatur:
- *Beiser*, Steuern[12], Rz 334-354
- *Doralt*, Steuerrecht 2014/15, Rz 212-217
- *Doralt/Ruppe*, Steuerrecht I[11], Rz 937-955

A 32. Beteiligungserträge, Schachtelbeteiligungen

Die inländische A-GmbH ist an folgenden Gesellschaften seit jeweils 3 Jahren beteiligt:
a) zu 5 % an der M-AG (Sitz und Geschäftsleitung in Linz),
b) zu 75 % an der N-GmbH (Sitz und Geschäftsleitung in Bonn),
c) zu 8 % an der X-AG (Sitz und Geschäftsleitung in Kiew)
d) zu 20 % an der Y-AG (Sitz und Geschäftsleitung in São Paulo).
Welche Auswirkungen hätten bei den einzelnen Beteiligungen Gewinnausschüttungen, Teilwertabschreibungen oder Veräußerungsgewinne bzw -verluste?

ad a) Beteiligung an M:

- **Gewinnausschüttung**: Es handelt sich um eine inländische Beteiligung. Die Gewinnausschüttung der M-AG an die A-GmbH ist gem § 10 Abs 1 Z 1 KStG bei A von der KöSt befreit. Da A am Grundkapital der M zu weniger als 10 % beteiligt ist, darf die anlässlich der Dividendenausschüttung zum KESt-Abzug verpflichtete M nicht vom **KESt-Abzug** absehen (§ 94 Z 2 EStG). A kann sich aber diese KESt auf die eigene KöSt-Schuld anrechnen bzw erstatten lassen. Bei der Ausschüttung von Kapitalerträgen an eine Körperschaft besteht keine Endbesteuerungswirkung.

- **Teilwertabschreibung**: Teilwertabschreibungen können aufgrund eines Wertverlustes der Einkunftsquelle vorgenommen werden, betreffen also die Substanz. Sie sind nicht von § 10 Abs 1 KStG erfasst und damit **steuerwirksam**. Allerdings ist der durch die Teilwertabschreibung verursachte Verlust nicht sofort im Jahr der Abschreibung gewinnwirksam, sondern auf sieben Jahre zu verteilen (§ 12 Abs 3 Z 2 KStG).

- **Veräußerungsgewinn:** Auch ein Veräußerungsgewinn betrifft die Substanz (den Vermögensstamm, und nicht den Ertrag) und ist daher nicht von der Befreiung des § 10 Abs 1 KStG erfasst. Der Veräußerungsgewinn unterliegt der

Körperschaftsteuerpflicht, wobei die Pflicht zum Kapitalertragsteuerabzug durch die depotführende Bank bestehen kann, falls die A-GmbH keine Befreiungserklärung gemäß § 94 Z 5 EStG abgibt. Ein Veräußerungsverlust wäre wie die Teilwertabschreibung auf sieben Jahre zu verteilen (§ 12 Abs 3 Z 2 KStG).

ad b) Beteiligung an N:

- **Gewinnausschüttung**: Es handelt sich um eine Beteiligung an einer EU-Körperschaft (das sind alle Gesellschaftsformen, die in der Anlage 2 zum EStG aufgezählt und in einem Mitgliedstaat der EU ansässig sind und dort einer Ertragsteuer unterliegen). Die Gewinnausschüttung der N-GmbH an die A-GmbH ist gem § 10 Abs 1 Z 5 KStG bei A von der KöSt befreit. Die N-GmbH muss anlässlich der Gewinnausschüttung an die A-GmbH keine KESt einbehalten, weil sie als ausländische Körperschaft nicht der österreichischen Pflicht zum KESt-Abzug unterliegen kann. Die Ausschüttung unterliegt nur dann dem **KESt-Abzug**, wenn sie von einer inländischen auszahlenden Stelle ausbezahlt wird (§ 93 Abs 2 Z 1 EStG). In diesem Fall ist ein Absehen vom KESt-Abzug unabhängig vom Beteiligungsausmaß möglich, wenn die A-GmbH eine Befreiungserklärung iSd § 94 Z 5 abgibt).
- **Teilwertabschreibung**: wie ad a)
- **Veräußerungsgewinn**: wie ad a)

ad c) Beteiligung an X:

- **Gewinnausschüttung**: Es handelt sich um eine ausländische Beteiligung an einer Gesellschaft, die zwar mit einer inländischen Kapitalgesellschaft vergleichbar sein mag, aber in einem Staat ansässig ist, mit dem keine umfassende Amtshilfe besteht. In diesem Fall ist ein Beteiligungsertrag nur unter den Voraussetzungen des § 10 Abs 2 KStG steuerfrei. Diese Voraussetzungen sind hier nicht erfüllt, weil die Beteiligungshöhe 10 % vom Kapital der X-AG nicht erreicht. Daher sind die Gewinnausschüttungen der X-AG an die A-GmbH körperschaftsteuerpflichtig.

  Die Ausschüttung unterliegt nur dann dem **KESt-Abzug**, wenn sie von einer inländischen auszahlenden Stelle ausbezahlt wird (§ 93 Abs 2 Z 1 EStG). In diesem Fall ist ein Absehen vom KESt-Abzug unabhängig vom Beteiligungsausmaß möglich, wenn die A-GmbH eine Befreiungserklärung iSd § 94 Z 5 abgibt).
- **Teilwertabschreibung**: Teilwertabschreibungen sind **steuerwirksam**, dh wirken gewinnmindernd. Allerdings ist der durch die Teilwertabschreibung verursachte Verlust nicht sofort im Jahr der Abschreibung gewinnwirksam, sondern auf sieben Jahre zu verteilen (§ 12 Abs 3 Z 2 KStG).

- **Veräußerungsgewinn**: Der Veräußerungsgewinn unterliegt der Körperschaftsteuerpflicht. Ein Veräußerungsverlust wäre wie die Teilwertabschreibung auf sieben Jahre zu verteilen (§ 12 Abs 3 Z 2 KStG).

ad d) Beteiligung an Y:

- **Gewinnausschüttung**: Es handelt sich um eine ausländische Beteiligung an einer Gesellschaft, bei welcher die Beteiligungserträge unter den Voraussetzungen des § 10 Abs 2 KStG (sogenanntes „internationales Schachtelprivileg“) steuerfrei sind. Beide Voraussetzungen, nämlich das Bestehen einer Beteiligung iHv mindestens 10 % und seit mindestens einem Jahr, sind im vorliegenden Fall erfüllt. Daher sind die Gewinnausschüttungen der Y-AG an die A-GmbH steuerfrei.

  Die Ausschüttung unterliegt nur dann dem **KESt-Abzug**, wenn sie von einer inländischen auszahlenden Stelle ausbezahlt wird (§ 93 Abs 2 Z 1 EStG). In diesem Fall ist ein Absehen vom KESt-Abzug unabhängig vom Beteiligungsausmaß möglich, wenn die A-GmbH eine Befreiungserklärung iSd § 94 Z 5 abgibt).

  Teilwertabschreibung: Bei Vorliegen einer internationalen Schachtelbeteiligung sind Substanzveränderungen grundsätzlich **nicht steuerwirksam**. Daher wirkt sich eine Teilwertabschreibung nicht gewinnmindernd aus. A hat aber die Möglichkeit, bei Anschaffung bzw Entstehen der Schachtelbeteiligung in die Steuerwirksamkeit von Substanzveränderungen zu optieren (§ 10 Abs 3 – evtl iVm § 26a Abs 16 Z 2 KStG). Dann wären Teilwertabschreibungen (auf sieben Jahre verteilt) steuerwirksam.

- **Veräußerungsgewinn**: Bei Vorliegen einer internationalen Schachtelbeteiligung sind Veräußerungsgewinne und -verluste grundsätzlich nicht steuerwirksam. Im Fall einer Option gem § 10 Abs 3 KStG sind Veräußerungsgewinne jedoch steuerpflichtig und Veräußerungsverluste auf sieben Jahre verteilt gewinnmindernd absetzbar.

Hinweis:
- *siehe auch B 65 und B 66*

Quellen:
- § 10; § 12 Abs 3 Z 2; § 26a Abs 16 Z 2 KStG
- § 93 Abs 2 Z 1; § 94 Z 2 und 5 EStG
- KStR 2013 Rz 1153-1170; 1200-1248
- EStR 2000 Rz 7731

Literatur:
- *Beiser*, Steuern[12], Rz 323-329
- *Doralt*, Steuerrecht 2014/15, Rz 221, 223
- *Doralt/Ruppe*, Steuerrecht I[11], Rz 997-1007

A 33. Wertänderungen einer Beteiligung

Die inländische M-AG hält Beteiligungen an der inländischen N-AG (Buchwert 50.000 €) und an der inländischen P-AG (Buchwert 70.000 €). Am 5. 10. 2006 wird die Beteiligung an N um 75.000 € verkauft. Zum 31. 12. 2006 wird die Beteiligung an P auf 38.000 € abgewertet. Schildern Sie die ertragsteuerlichen Folgen.

Teilwertabschreibungen (TWA) von Beteiligungen sind ertragsteuerlich grundsätzlich auf sieben Jahre **zu verteilen** (§ 12 Abs 3 Z 2 KStG). Sie sind aber auf Antrag sofort erfolgswirksam, soweit ihnen im selben Jahr ein Gewinn aus einer Beteiligungsveräußerung (nicht aus einer bloßen Zuschreibung) gegenübersteht. Es kann daher der Verlust aus der TWA auf P (-32.000 €) mit dem sofort erfolgswirksamen Gewinn aus der Veräußerung der N (25.000 €) gegengerechnet werden (KStR 2013 Rz 1305).

Der so verbleibende Verlust aus der unternehmensrechtlichen TWA (-7.000 €) ist steuerrechtlich auf sieben Jahre zu verteilen. Dies erfolgt in der Mehr-Weniger-Rechnung im ersten Jahr durch eine Hinzurechnung von 6/7 (+6.000 €) zum Ergebnis der Unternehmensbilanz, in den sechs Folgejahren durch Abziehen der Siebtelbeträge (je -1.000 €) vom Ergebnis der Unternehmensbilanz.

Im Jahr 2009 wird auch die Beteiligung an der P-AG zu einem Preis von 40.500 € verkauft. Wie wirkt sich dieser Verkauf ertragsteuerlich aus?

Die Siebtelung aus der 2006 erfolgten TWA läuft grundsätzlich noch bis 2012. Soweit jedoch der **unternehmensrechtliche Veräußerungsgewinn** das Siebtel des Veräußerungsjahres übersteigt, können Siebtel der Folgejahre vorgezogen werden.

Der unternehmensrechtliche Veräußerungsgewinn beträgt 2.500 € und übersteigt damit das laufende Siebtel aus 2005 (-1.000 €) um 1.500 €. Von den noch offenen Siebteln der Jahre 2010–2012 (insgesamt 3.000 €) können somit 1.500 € in das Jahr 2009 vorgezogen werden. Es stehen damit dem unternehmensrechtlichen Veräußerungsgewinn 2009 von 2.500 € steuerlich das Siebtel aus 2009 (-1.000 €) und die vorgezogenen Siebtel (-1.500 €) gegenüber, wodurch der Veräußerungsgewinn steuerlich neutralisiert wird.

Von den Siebteln der Jahre 2010-2012 wurden die „hinteren" 1.500 € vorgezogen, es verbleiben somit noch 1.500 € an offenen Siebteln. 2010 sind daher 1.000 € steuerlich abzuziehen (ein volles Siebtel), 2011 der Rest iHv 500 € (vgl KStR 2013 Rz 1302).

Quellen:
- § 12 Abs 3 Z 2 KStG
- KStR 2013 Rz 1301-1306

Literatur:
- *Doralt/Ruppe*, Steuerrecht I[11], Rz 1022-1024

Stiftungseingangssteuer

A 34. Zuwendungen an eine Privatstiftung

Frau R (Wohnsitz in Frankfurt) errichtet eine Privatstiftung in Österreich und bringt folgendes Vermögen in die Stiftung ein:
eine Eigentumswohnung in Salzburg (ihr Zweitwohnsitz) – gemeiner Wert: 900.000 €/Einheitswert: 50.000 €; hypothekarische Belastung: 120.000 €
eine Beteiligung von 20 % an einer österreichischen börsennotierten AG – Anschaffungskosten vor 7 Jahren: 1,200.000 €, Kurswert im Zeitpunkt der Zuwendung: 1,500.000 €
ein österreichisches Sparbuch mit einer Einlage von 200.000 €.
Wie sind diese Zuwendungen in der Stiftungseingangssteuer zu behandeln?

Die Zuwendungen unterliegen dem Stiftungseingangssteuergesetz, weil die Stiftung ihren Sitz in Österreich hat. Ein Wohnsitz oder der gewöhnliche Aufenthalt des Zuwendenden in Österreich ist in diesem Fall nicht erforderlich.

Die zugewendete Eigentumswohnung ist von der Stiftungseingangssteuer befreit (§ 1 Abs 6 Z 5 StiftEG). Stattdessen unterliegt dieser Vorgang der Grunderwerbsteuer.

Da es sich bei der Eigentumswohnung um ein inländisches Grundstück iSd § 2 GrEStG handelt, fällt die Zuwendung des Grundstücks an die Privatstiftung in den Anwendungsbereich des Grunderwerbsteuergesetzes. Die mit dem zugewendeten Vermögen zusammenhängenden Schulden – nämlich die hypothekarische Belastung iHv 120.000 € – können vollständig abgezogen werden.

Die Bewertung in der Grunderwerbsteuer erfolgt mit dem **gemeinen Wert** des Grundstücks (§ 4 Abs 3 Z 3 lit a GrEStG), weil der Wert der Gegenleistung (Schuldenübernahme iHv 120.000 €) geringer ist als der gemeine Wert des Grundstücks (900.000 €). Hier ergibt sich ein „Wert" der Eigentumswohnung von 780.000 € (900.000 – 120.000). Auf diesen Wert ist zusätzlich zur normalen Grunderwerbsteuer in Höhe von 3,5 % das Stiftungseingangssteueräquivalent von 2,5 % anzuwenden (§ 7 Abs 2 GrEStG), weil der Wert der Gegenleistung (120.000 €) geringer ist als der halbe gmeine Wert des Grundstücks (450.000 €). In Summe beträgt die Grunderwerbsteuer für die Wohnung 46.800 € (27.300 € + 19.500 €).

Die Beteiligung an der AG ist mit dem **Kurswert** im Zeitpunkt der Zuwendung zu bewerten. Daher fällt Stiftungseingangssteuer in der Höhe von 37.500 € an (2,5 % von 1,500.000 €).

Das Sparbuch ist mit dem **gemeinen Wert** zu bewerten; dieser entspricht dem Stand der Einlage. Daher fällt Stiftungseingangssteuer in Höhe von 5.000 € an (2,5 % von 200.000 €).

Quellen:
- StiftEG (BGBl I 85/2008)
- § 2, § 4 und § 7 GrEStG

Literatur:
- *Beiser*, Steuern[12], Rz 360-362
- *Doralt*, Steuerrecht 2014/15, Rz 225
- *Doralt/Ruppe*, Steuerrecht I[11], Rz 1053-1056

Internationales Steuerrecht

A 35. (Un)beschränkte Steuerpflicht und internationales Steuerrecht

A zieht am 11. 11. 2009 mit seiner Familie nach Deutschland, wo sich sein neuer Arbeitsplatz befindet. Die bisher genutzte Familienwohnung in Wien wird ab 1. 1. 2010 unbefristet vermietet.
Welche Auswirkungen hat der Wegzug auf die Einkommensteuerpflicht des A in Österreich im Jahr 2010?
Hat Österreich das Besteuerungsrecht für die Einkünfte aus nichtselbständiger Arbeit und aus der Vermietung im Jahr 2010?

Unbeschränkte Einkommensteuerpflicht bedeutet die Besteuerung des gesamten Welteinkommens in Österreich nach dem **Universalitätsprinzip.** Die unbeschränkte Einkommensteuerpflicht setzt einen Wohnsitz oder gewöhnlichen Aufenthalt in Österreich voraus (§ 1 Abs 2 EStG).

Ein Wohnsitz in Österreich liegt dann vor, wenn der Steuerpflichtige in Österreich eine **Wohnung** innehat unter Umständen, die darauf schließen lassen, dass er die Wohnung **beibehalten und benutzen** wird (§ 26 Abs 1 BAO). Bis zum 31. 12. 2009 hat A noch einen Wohnsitz in Österreich, wenn er die bewohnbare Wohnung zB für letzte Behördenwege in Österreich oder Ähnliches benutzt. Wird jedoch zum 11. 11. 2009 bereits die Wohnung vollständig ausgeräumt und Strom, Gas und Wasser abgemeldet, gibt A noch zum 11. 11. 2009 seinen Wohnsitz in Österreich auf.

Ein gewöhnlicher Aufenthalt in Österreich liegt dann vor, wenn sich der Steuerpflichtige in Österreich unter Umständen aufhält, die erkennen lassen, dass er an diesem Ort oder in diesem Land **nicht nur vorübergehend verweilt** (§ 26 Abs 2 BAO). Ein gewöhnlicher Aufenthalt in Österreich wird durch den Wegzug As (mit seiner ganzen Familie) nach Deutschland zum 11. 11. 2009 ausgeschlossen. Ein eventueller kurzer Aufenthalt in Österreich zB für letzte Behördenwege begründet keinen gewöhnlichen Aufenthalt in Österreich in der Zeit vom 11. 11. bis zum 31. 12. 2009.

A wechselt daher zum 31. 12. 2009 (bzw zum 11. 11. 2009) von der unbeschränkten Steuerpflicht in Österreich in die beschränkte Steuerpflicht. Diese erstreckt sich nicht mehr auf das gesamte Welteinkommen As, sondern nur mehr auf bestimmte, in § 98 EStG taxativ aufgezählte Einkünfte (§ 1 Abs 3 EStG). Bei der beschränkten Steuerpflicht erfolgt die Besteuerung nach dem **Territorialitätsprinzip**.

Zu den Einkünften, die der beschränkten Steuerpflicht in Österreich unterliegen, gehören auch

- Einkünfte aus nichtselbständiger Arbeit, die im Inland [...] ausgeübt oder verwertet wird (§ 98 Abs 1 Z 4 EStG).

- Mieteinnahmen, die aus der Vermietung einer im Inland gelegenen Wohnung erzielt werden (§ 98 Abs 1 Z 6 EStG).

Unter der Annahme, dass A die Tätigkeit für seinen neuen Arbeitgeber nicht in Österreich ausübt und die Ergebnisse seiner Tätigkeit auch nicht in Österreich verwertet werden, besteht nach innerstaatlich-österreichischem Recht kein Besteuerungsanspruch der Republik Österreich. As Einkünfte aus der nichtselbständigen Tätigkeit unterliegen grundsätzlich der Besteuerung in Deutschland, wo A seit 11. 11. 2009 unbeschränkt steuerpflichtig ist.

Dagegen besteht für die Einnahmen aus der Vermietung seiner Wohnung in Wien ein Besteuerungsrecht der Republik Österreich, weil der Tatbestand des § 98 Abs 1 Z 6 EStG erfüllt ist. Das Besteuerungsrecht der Republik Österreich konkurriert jedoch mit jenem von Deutschland, wo A nach innerstaatlich-deutschem Recht aufgrund seines Wohnsitzes das gesamte Welteinkommen zu versteuern hat.

Um die doppelte Besteuerung ein und desselben Sachverhalts zu vermeiden, haben die Republik Österreich und Deutschland ein Doppelbesteuerungsabkommen (DBA) abgeschlossen:

1. **Prüfung der persönlichen Anwendbarkeit des DBA Ö-D**
   Das DBA Österreich-Deutschland ist auf As Mieteinkünfte anwendbar, weil A in einem der beiden Vertragsstaaten ansässig ist – nämlich in Deutschland (vgl Art 1 DBA Ö-D).

2. **Prüfung der sachlichen Anwendbarkeit des DBA Ö-D**
   In beiden Vertragsstaaten wird Einkommensteuer auf die Mieteinnahmen erhoben; die Einkommensteuer ist eine unter das DBA fallende Steuer (vgl Art 2 DBA Ö-D).

3. **Prüfung der Zuteilung des Besteuerungsrechts durch das DBA Ö-D**
   Einkünfte, die aus der Vermietung oder Verpachtung von unbeweglichem Vermögen erzielt werden, dürfen von jenem Staat besteuert werden, in dem das unbewegliche Vermögen liegt (Art 6 Abs 1 und Abs 3 DBA Ö-D). As Wohnung liegt in Österreich, daher darf die Republik Österreich die Mieteinnahmen besteuern.
   Art 6 DBA Ö-D sagt jedoch nichts darüber aus, ob das Besteuerungsrecht Deutschlands aufrecht bleibt oder untergeht.

4. **Prüfung der Vorgehensweise des Ansässigkeitsstaates (Methodenartikel)**
   Die Einkünfte aus der Vermietung der Wiener Wohnung (Summe der Mieteinnahmen abzüglich der damit zusammenhängenden Werbungskosten) werden aus der Bemessungsgrundlage der deutschen Einkommensteuer ausgenommen, weil diese Einkünfte von der Republik Österreich besteuert werden dürfen (Art 23 Abs 1 lit a erster Satz DBA Ö-D). Grundlage für die Ermittlung des deutschen Steuersatzes auf As restliche Einkünfte ist jedoch As Welteinkommen einschließlich der öster-

reichischen Mieteinkünfte („Progressionsvorbehalt", Art 23 Abs 1 lit a zweiter Satz DBA Ö-D).

In einem dritten Schritt (nach der Prüfung des innerstaatlichen Besteuerungsanspruches und der Zuteilung des Besteuerungsrechts durch das DBA) muss geprüft werden, in welcher Form die Republik Österreich das ihr zugesprochene Besteuerungsrecht wahrnimmt. Da die Steuer von den Mieteinnahmen nicht im Wege einer Abzugsbesteuerung erfolgt, muss A nach innerstaatlich-österreichischem Recht die Mieteinnahmen aus der Wiener Wohnung in Österreich zur Einkommensteuer veranlagen (§ 102 Abs 1 Z 1 EStG). A muss eine österreichische Einkommensteuererklärung abgeben, wenn die Einkünfte aus der Vermietung der Wiener Wohnung im Kalenderjahr 2010 den Betrag von € 2.000 überstiegen haben (§ 42 Abs 2 EStG).

Hinweise:
- *siehe auch B 6; B 69 und B 70; A 36*
- *zur (un)beschränkten Steuerpflicht in der KÖSt siehe B 55, B 56 und A 27*

Quellen:
- § 1; § 42; § 98; § 102 EStG
- § 26 BAO
- Art 1; Art 2; Art 6 Art 23 DBA Ö-D
- EStR 2000 Rz 1, 2, 15, 27
- LStR 2002 Rz 1, 13

Literatur:
- *Beiser,* Steuern[12], Rz 27-33; 279-286
- *Doralt,* Steuerrecht 2014/15, Rz 10 f; 173; 176-179
- *Doralt/Ruppe,* Steuerrecht I[11], Rz 29-31; 777

A 36. Doppelbesteuerungsabkommen

Z ist Österreicher. Er hat in einem österreichischen Betrieb gearbeitet und erhält seit 2000 eine Alterspension von der PVA. Er hat 2003 nach Deutschland geheiratet, wo er nun lebt, behält aber seine Wohnung in einem ihm gehörenden Zinshaus in Österreich bis Juli 2013 für kurze Verwandtenbesuche bei. Z erzielt im Jahr 2013 folgende Einkünfte:
Alterspension der PVA,
Betriebspension,
Dividenden einer in Österreich ansässigen AG,
Mieterträge aus einem Zinshaus in Wien (Jänner bis Juni),
Veräußerungsgewinn aus dem Verkauf des Zinshauses im Juli.
Z übernachtet im Jahr 2013 20-mal in seiner österreichischen Wohnung und führt darüber keine Aufzeichnungen.
Sind die jeweiligen Einkünfte im Jahr 2013 in Österreich oder in Deutschland zu versteuern?

Z verfügt über eine Wohnung in Österreich, die er beibehalten wird und jederzeit benutzen kann. Er hat also einen Wohnsitz in Österreich und ist damit **unbeschränkt steuerpflichtig**. Da Z kein Verzeichnis über die Tage der inländischen Wohnungsbenutzung führt, ist § 1 Abs 1 der Zweitwohnsitzverordnung nicht anwendbar (§ 1 Abs 2 der V), es bleibt daher bei der Begründung eines Wohnsitzes in Österreich durch seine Wohnung und damit bei der unbeschränkten Steuerpflicht Zs.

Durch die unbeschränkte Steuerpflicht besteht ein Besteuerungsrecht der Republik Österreich, das grundsätzlich das gesamte Welteinkommen Zs erfasst. Wegen der gleichzeitigen unbeschränkten Steuerpflicht in zwei verschiedenen Staaten unterliegt das gesamte Einkommen Zs der Doppelbesteuerung. Die Doppelbesteuerung kann allenfalls mithilfe des DBA Ö-D vermieden werden:

1. **Prüfung der persönlichen Anwendbarkeit des DBA Ö-D**
   Das DBA Österreich-Deutschland ist auf Zs Einkünfte anwendbar, weil Z in beiden Vertragsstaaten ansässig ist (vgl Art 1 DBA Ö-D), für Zwecke des DBA kann jedoch nur ein Staat als Ansässigkeitsstaat fungieren. Ist daher eine Person in beiden Staaten ansässig, fingiert Art 4 Abs 2 DBA Ö-D (sogenannte „tie-breaker rule"), dass die Person nur in jenem Staat als ansässig gilt, in dem sich der Mittelpunkt ihrer Lebensinteressen befindet. Der Mittelpunkt von Zs Lebensinteressen befindet sich in Deutschland, daher ist Deutschland Zs Ansässigkeitsstaat; Österreich ist der Quellenstaat für diejenigen Einkünfte, die Z aus Österreich zufließen.

2. **Prüfung der sachlichen Anwendbarkeit des DBA Ö-D**
   In beiden Vertragsstaaten wird Einkommensteuer auf die österreichischen Einkünfte Zs erhoben; die Einkommensteuer ist eine unter das DBA fallende Steuer (vgl Art 2 DBA Ö-D).

3. **Prüfung der Zuteilung des Besteuerungsrechts durch das DBA Ö-D**
   a) Das Besteuerungsrecht für Pensionen aus der gesetzlichen Sozialversicherung steht ausschließlich der Republik Österreich als dem **Quellenstaat** zu (Art 18 Abs 2 DBA-D). Die österreichische Alterspension wird dem Besteuerungsrecht Deutschlands vollständig entzogen.
   b) Das Besteuerungsrecht für Betriebspensionen steht ausschließlich Deutschland als dem **Ansässigkeitsstaat** zu (Art 18 Abs 1 DBA Ö-D). Die österreichische Betriebspension wird dem Besteuerungsrecht Österreichs vollständig entzogen.
   c) Das Besteuerungsrecht für die Dividenden ist zwischen Österreich und Deutschland aufgeteilt: Grundsätzlich hat Deutschland als Ansässigkeitsstaat des Dividendenempfängers das Recht, die Dividenden zu besteuern. Österreich als der **Quellenstaat** behält jedoch das Recht, die Dividende zu besteuern, der Steuerbetrag darf aber 15 % der Bruttodividende nicht übersteigen (Art 10 Abs 2 lit b DBA Ö-D).
   d) Das Besteuerungsrecht für die Mieteinnahmen steht der Republik Österreich als dem **Lagestaat** der Liegenschaft zu (Art 6 Abs 1 und Abs 3 DBA Ö-D). Art 6 DBA Ö-D sagt jedoch nichts darüber aus, ob das Besteuerungsrecht Deutschlands aufrecht bleibt oder untergeht.

e) Das DBA Ö-D weist das Besteuerungsrecht für den **Veräußerungsgewinn** aus dem Verkauf des Zinshauses der Republik Österreich als dem Lagestaat des unbeweglichen Vermögens zu (Art 13 Abs 1 DBA Ö-D). Art 13 DBA Ö-D trifft jedoch keine Aussage darüber, ob Österreich diesen Veräußerungsgewinn wirklich besteuert, denn die Vorschriften eines Doppelbesteuerungsabkommens können **keine Steuerpflicht** für einen Vorgang **begründen**, der nach innerstaatlichem Recht nicht steuerbar oder steuerfrei ist. Art 13 DBA Ö-D sagt weiters nichts darüber aus, ob das Besteuerungsrecht Deutschlands aufrecht bleibt oder untergeht.

4. Prüfung der Vorgehensweise des Ansässigkeitsstaates (Methodenartikel)

d) Die Frage, ob Deutschland die PVA-Pension Zs besteuern darf, klärt bereits Art 18 Abs 2 DBA Ö-D („nur" Österreich darf besteuern). Art 23 Abs 1 lit a DBA Ö-D gewährt jedoch Deutschland das Recht, die Pensionsbezüge für die Ermittlung des Steuersatzes, mit dem die deutschen Einkünfte Zs zu besteuern sind, heranzuziehen (Progressionsvorbehalt).

e) Die Frage, ob Österreich die Firmenpension Zs besteuern darf, klärt bereits Art 18 Abs 1 DBA Ö-D („nur" Deutschland darf besteuern). Art 23 Abs 2 lit d DBA Ö-D gewährt Österreich nicht das Recht, die Firmenpensionsbezüge für die Ermittlung des Steuersatzes, mit dem die österreichischen Einkünfte Zs zu besteuern sind, heranzuziehen, denn der Progressionsvorbehalt gilt nur den Ansässigkeitsstaat.

f) Deutschland unterwirft die Dividenden der österreichischen AG vollständig der deutschen Einkommensteuer. Auf diesen Steuerbetrag muss Deutschland jedoch den Betrag an Steuer, den Österreich abkommenskonform auf die Dividenden der österreichischen AG erhoben hat (also höchstens 15 % der Bruttodividende), anrechnen (Art 23 Abs 1 lit b sublit aa DBA Ö-D).

g) Die Mieteinnahmen aus dem österreichischen Zinshaus werden aus der deutschen Steuerbemessungsgrundlage vollständig herausgenommen (Art 23 Abs 1 lit a DBA Ö-D). Deutschland darf die Mieteinnahmen jedoch für der Berechnung des Steuersatzes heranziehen, mit dem das in Deutschland steuerbare Einkommen Zs zu besteuern ist (Progressionsvorbehalt).

h) Der Überschuss aus dem Verkauf des österreichischen Zinshauses wird aus der deutschen Steuerbemessungsgrundlage vollständig herausgenommen (Art 23 Abs 1 lit a DBA Ö-D). Deutschland darf den Überschuss jedoch für die Berechnung des Steuersatzes heranziehen, mit dem das in Deutschland steuerbare Einkommen Zs zu besteuern ist (Progressionsvorbehalt).

In einem **dritten Schritt** (nach der Prüfung des innerstaatlichen Besteuerungsanspruches und der Zuteilung des Besteuerungsrechts durch das DBA) muss geprüft werden, in welcher Form die Republik Österreich das ihr zugesprochene Besteuerungsrecht wahrnimmt.

- Die Alterspension der PVA führt bei Z nach österreichischem Recht zu Einkünften aus **nichtselbständiger Arbeit** (§ 25 Abs 1 Z 3 lit a EStG), die dem Lohnsteuerabzug unterliegen (§ 47 EStG).
- Die Betriebspension führt bei Z nach österreichischem Recht ebenfalls zu Einkünften aus **nichtselbständiger Arbeit** (§ 25 Abs 1 Z 1 lit a EStG), die dem Lohnsteuerabzug unterliegen (§ 47 EStG). In diesem Fall hat der Lohnsteuerabzug jedoch zu unterbleiben, weil Österreich das Besteuerungsrecht für die Betriebspension verloren hat. Die rechtliche Grundlage für das Unterbleiben des Lohnsteuerabzuges stellt § 1 der DBA-Entlastungsverordnung dar.
- Die Dividenden aus der österreichischen AG führen nach österreichischem Recht bei Z zu Einkünften aus **Kapitalvermögen** (§ 27 Abs 2 Z 1 lit a EStG), die dem Kapitalertragsteuerabzug unterliegen (§ 93 Abs 2 Z 1 EStG). Die zum KESt-Abzug verpflichtete AG kann jedoch vom KESt-Abzug insoweit absehen, als Österreich das Besteuerungsrecht entzogen worden ist (dh der KESt-Abzug beträgt in diesem Fall 15 % statt 25 %). Die rechtliche Grundlage für das teilweise Unterbleiben des KESt-Abzuges stellt § 1 der DBA-Entlastungsverordnung dar.
- Die Mieteinnahmen führen nach österreichischem Recht zu Einkünften aus **Vermietung und Verpachtung** (§ 28 Abs 1 Z 1 EStG). Z muss die Mieteinnahmen in Österreich veranlagen, wenn sie 730 € im Jahr 2005 übersteigen haben (§ 41 Abs 1 Z 1 EStG). Die Mieteinnahmen müssen auch gegenüber der deutschen Finanzverwaltung erklärt werden, weil sie in Deutschland zur Ermittlung des Steuersatzes herangezogen werden (Progressionsvorbehalt).
- Der Überschuss aus dem Verkauf des Miethauses ist nach österreichischem Recht als private Grundstücksveräußerung steuerbar (§ 30 Abs 1 EStG).
  - Erfolgte der Verkauf unter Beteiligung eines Rechtsanwaltes oder Notares, der die Selbstberechnung der Immobilienertragsteuer vorgenommen und diese abgeführt hat, ist die Steuerpflicht des Z dadurch erfüllt (§ 30b Abs 2 EStG).
  - Erfolgte keine Selbsberechnung und Abfuhr der Immobilienertragsteuer durch einen Rechtsanwalt oder Notar, muss Z eine besondere Vorauszahlung in Höhe von 25 % des Veräußerungsgewinnes leisten und den Gewinn zusätzlich in seiner österreichischen Einkommensteuererklärung anführen.

Der Überschuss muss in jedem Fall gegenüber der deutschen Finanzverwaltung erklärt werden, weil er eventuell in Deutschland zur Ermittlung des Steuersatzes herangezogen werden kann (Progressionsvorbehalt).

Hinweis:
- *siehe auch B 6, B 69, B 70; A 35*

Quellen:
- § 25 Abs 1; § 27 Abs 1; § 28 Abs 1; § 30 Abs 1; § 47; § 93 EStG
- § 26 BAO
- Verordnung des Bundesministers für Finanzen betreffend inländische Zweitwohnsitze (BGBl II 2003/528)
- DBA-Entlastungsverordnung (BGBl III 2005/92)
- Art 4; 6; 10; 13; 18; 23; DBA Deutschland (BGBl III 2002/182)

Literatur:
- *Beiser*, Steuern[12], Rz 27-33; 279-286
- *Doralt*, Steuerrecht 2014/15, Rz 10-12; 176 ff
- *Doralt/Ruppe*, Steuerrecht I[11], Rz 30-33; 771-790; 1311-1363

A 37. Betriebsstätte

Der Buchgroßhändler P-GmbH mit Sitz und Geschäftsleitung in Deutschland beliefert im Jahr 2007 den österreichischen Buchhandel mit deutschen Büchern. Er macht aus dem Handel mit österreichischen Abnehmern einen Gewinn von 100.000 €. Im Jahr 2008 beschließt er, eine eigene Buchhandelsfiliale in Österreich zu eröffnen, um österreichische Endkunden direkt beliefern zu können. Die Filiale macht im Jahr 2008 aufgrund des Werbeaufwands einen Verlust von 10.000 €, die P-GmbH insgesamt macht einen Gewinn von 1.000.000 €. Im Jahr 2009 macht die Filiale einen Gewinn von 50.000 €.
Welche Auswirkung hat die Eröffnung einer österreichischen Filiale auf die Besteuerung der P-GmbH in Österreich?

In den Jahren 2007 bis 2009 ist die P-GmbH mangels Sitz oder Ort der Geschäftsleitung in Österreich nicht unbeschränkt steuerpflichtig. Einkünfte aus Gewerbebetrieb sind in Österreich nur dann beschränkt steuerpflichtig, wenn in Österreich entweder eine Betriebsstätte unterhalten wird, ein ständiger Vertreter bestellt ist oder unbewegliches Vermögen vorliegt (§ 98 Abs 1 Z 3 EStG). Dies ist bei der P-GmbH im Jahr 2007 nicht der Fall. Im Jahr 2007 hat Österreich daher kein Besteuerungsrecht bezüglich der Gewinne der P-GmbH.

Ab dem Jahr 2008 betreibt die P-GmbH in Österreich eine Filiale. Eine Filiale erfüllt die in § 98 Abs 1 Z 3 EStG vorgesehene und in § 29 BAO definierte Anforderung an eine Betriebsstätte, weil es sich bei einer Filiale um eine feste örtliche Anlage oder Einrichtung handelt, die der Ausübung eines Betriebes dient. Daher unterliegt die P-GmbH in Österreich ab dem Jahr 2008 der beschränkten Steuerpflicht. Da die P-GmbH aufgrund ihres Sitzes in Deutschland der unbeschränkten Steuerpflicht unterliegt, ist im Folgenden zu klären, ob eine Doppelbesteuerung durch die Anwendung des DBA Ö-D vermieden werden kann:

1. **Prüfung der persönlichen Anwendbarkeit des DBA Ö-D**
   Das DBA Österreich-Deutschland ist auf Ps Einkünfte anwendbar, weil P in einem der beiden Vertragsstaaten (nämlich Deutschland) ansässig ist (vgl Art 1 DBA Ö-D).

2. **Prüfung der sachlichen Anwendbarkeit des DBA Ö-D**
   In beiden Vertragsstaaten wird Einkommensteuer auf die österreichischen Einkünfte der P erhoben; die Körperschaftsteuer ist eine unter das DBA fallende Steuer (Art 2 Abs. 3 DBA Ö-D).

3. **Prüfung der Zuteilung des Besteuerungsrechts durch das DBA Ö-D**
   Nach dem DBA Ö-D darf grundsätzlich Deutschland als Ansässigkeitsstaat Ps ihre weltweit erzielten Unternehmensgewinne besteuern. Österreich darf jedoch die Gewinne Ps insoweit besteuern, als sie der österreichischen Betriebsstätte Ps zugerechnet werden können (Art 7 Abs 1 DBA Ö-D). Nach dem DBA Ö-D liegt in Österreich eine Betriebsstätte der P-GmbH in Österreich vor (vgl Art 5 DBA Ö-D).

4. **Prüfung der Vorgehensweise des Ansässigkeitsstaates (Methodenartikel)**
   Die Unternehmensgewinne aus der österreichischen Filiale (Summe der Einnahmen abzüglich der damit zusammenhängenden Betriebsausgaben) werden aus der Bemessungsgrundlage der deutschen Einkommensteuer ausgenommen, weil diese Einkünfte von der Republik Österreich besteuert werden dürfen (Art 23 Abs 1 lit a erster Satz DBA Ö-D). Der Progressionsvorbehalt ist aufgrund des linearen Körperschaftsteuersatzes in Deutschland bedeutungslos.
   In einem **dritten Schritt** (nach der Prüfung des innerstaatlichen Besteuerungsanspruches und der Zuteilung des Besteuerungsrechts durch das DBA) muss geprüft werden, in welcher Form die Republik Österreich das ihr zugesprochene Besteuerungsrecht wahrnimmt.
   Im Jahr 2008 ist das auf die österreichische Filiale der P-GmbH entfallende Ergebnis negativ. Eine Mindestkörperschaftsteuer ist von beschränkt Steuerpflichtigen nicht zu entrichten (§ 24 Abs 4 KStG gilt nur für unbeschränkt steuerpflichtige Körperschaften). Die Verluste des Jahres 2008 in Höhe von 10.000 € können nicht in das Folgejahr vorgetragen werden, sondern sind mit dem Gewinn der P-GmbH, die in Deutschland der unbeschränkten Körperschaftsteuerpflicht unterliegt, auszugleichen (§ 102 Abs 2 Z 2 letzter Satz EStG). Im Jahr 2009 muss die P-GmbH einen Gewinn von 50.000 € zur österreichischen Körperschaftsteuer veranlagen, die 10.000 €, die aus dem Vorjahr als Verlust entstanden sind, können im Jahr 2009 nicht als Sonderausgabe abgezogen werden; sie haben bereits im Jahr 2008 das Welteinkommen der P-GmbH vermindert.

Hinweis:
- *siehe auch B 71; B 122*

Quellen:
- § 98; § 102 EStG
- § 24 KStG
- § 29 BAO
- Art 5, 7, 23 DBA Deutschland (BGBl III 2002/182)

Literatur:
- *Beiser*, Steuern[12], Rz 301
- *Doralt*, Steuerrecht 2014/15, Rz 204; 176 ff
- *Doralt/Ruppe*, Steuerrecht I[11], Rz 935; 1311-1363

A 38. Briefkastenfirma

Die A-GmbH mit Sitz und Geschäftsleitung in Österreich ist zu 100 % an der B-Ltd mit Sitz auf den British Virgin Islands beteiligt. Die B-Ltd hat ihren Sitz gemeinsam mit Hunderten anderen Gesellschaften an der Adresse einer Steuerberatungskanzlei eingetragen und verfügt über kein eigenes Personal. Die British Virgin Islands erheben keine Ertragsteuer von der B-Ltd. Die B-Ltd ist zivilrechtliche Eigentümerin eines Patents, das die A-GmbH ursprünglich entwickelt und angemeldet hat. Die B-Ltd stellt der A-GmbH für die Nutzung des Patentrechtes ein angemessenes Entgelt in Rechnung.

Bei der B-Ltd, einer zivilrechtlich existenten Gesellschaft nach dem Recht der British Virgin Islands, handelt es sich um eine sogenannte „Briefkastengesellschaft". Für das Vorliegen einer **Briefkastengesellschaft** sind folgende Merkmale typisch:

- Sitz der Gesellschaft ist in einem Staat, der keine oder eine äußerst geringe Ertragsteuer auf alle oder bestimmte Körperschaften erhebt („Steueroase").
- Sitz der Gesellschaft ist an der Adresse eines Treuhänders (zB Rechtsanwalt oder Steuerberater), an welcher eine Vielzahl von Gesellschaften ihren Sitz eingetragen hat.
- Die Gesellschaft verfügt über kein eigenes Personal – die gesamte „Geschäftstätigkeit" wird vom Personal oder von den Vertretern einer anderen Gesellschaft durchgeführt.
- Die Gesellschaft betreibt keine Geschäftstätigkeit in ihrem Sitzstaat, sondern unterhält ausschließlich Geschäftsbeziehungen mit dem Ausland.
- Die Gesellschaft erzielt ausschließlich „Passiveinkünfte", das sind Einkünfte aus der Vermietung oder Verpachtung von Wirtschaftsgütern, aus Lizenzen oder anderen Entgelten für die Einräumung von Rechten oder aus Zinsen oder Gewinnanteilen.

Die B-Ltd hat den **Ort ihrer Geschäftsleitung** nicht auf den British Virgin Islands. Werden die Geschäfte tatsächlich von den österreichischen Geschäftsführern der A-GmbH von Österreich aus geführt, dann befindet sich der Ort der Geschäftsleitung der B-Ltd in Österreich. Die B-Ltd unterliegt daher mit ihrem gesamten Welteinkommen der unbeschränkten Körperschaftsteuerpflicht in Österreich. Österreich hat mit den British Virgin Islands kein Doppelbesteuerungsabkommen abgeschlossen, das eine eventuell in geringem Umfang bestehende Doppelbesteuerung vermeiden könnte. Die Verordnung betreffend die Vermeidung von Doppelbesteuerungen (BGBl II 474/2002) ist nicht anwendbar, weil die British Virgin Islands keine der österreichischen Körperschaftsteuer vergleichbare Steuer erheben, deren Durchschnittssteuerbelastung mehr als 15 % beträgt.

Hinweis:
- *siehe auch B 72*

Quellen:
- § 1 Abs 1 KStG
- § 27 BAO
- V betreffend die Vermeidung von Doppelbesteuerungen (BGBl II 474/2002)

Literatur:
- *Beiser*, Steuern[12], Rz 296
- *Doralt*, Steuerrecht 2014/15, Rz 204
- *Doralt/Ruppe*, Steuerrecht I[11], Rz 934

Umgründungssteuerrecht

A 39. Umgründungssteuerrecht, Rückwirkung

Ein Betrieb soll rückwirkend zum 31. 12. 2013 als Umgründungsstichtag in eine GmbH eingebracht werden. Wann muss spätestens die Meldung an die zuständigen Behörden erfolgen? Welche Behörden sind zuständig? Was passiert, wenn die Meldung zu spät erfolgt?
Im Jänner 2014 – noch vor Erstattung der Meldung – erbringt der Betrieb umsatzsteuerpflichtige Leistungen und stellt dafür Rechnungen iSd UStG aus. Dürfen diese Rechnungen bereits auf die übernehmende GmbH lauten?

Abweichend vom zivilrechtlichen Übergang des Einbringungsvermögens kann die im Zuge der Umgründung bewirkte Vermögensübertragung auf einen in der Vergangenheit liegenden Stichtag zurückbezogen werden. Dann gilt für steuerliche Zwecke das Vermögen mit dem Beginn des dem Einbringungsstichtag folgenden Tages als der übernommenen Körperschaft übertragen (sog **Rückwirkungsfiktion**; § 18 Abs 2 UmgrStG). Der Stichtag darf jedoch höchstens **neun Monate** vor der Meldung der Umgründung an die zuständige Behörde liegen; daher muss die Meldung spätestens bis zum 30. 9. 2014 erfolgen.

Wenn eine Firmenbucheintragung notwendig ist, hat die Meldung an das Firmenbuchgericht zu erfolgen, zB bei Sachgründung oder Kapitalerhöhung. Dann zählt nur die Anmeldung zur Eintragung in das Firmenbuch als Nachweis der tatsächlichen Übertragung des Vermögens. Wenn hingegen keine Firmenbucheintragung notwendig ist, muss die Meldung an das Finanzamt gerichtet werden. In diesem Zusammenhang ist zu beachten, dass der übertragene Betrieb nicht nur am Tag des Abschlusses des Einbringungsvertrages, sondern auch am Einbringungsstichtag dem Einbringenden zurechenbar sein muss (§ 13 Abs 2 UmgrStG).

Wenn die Meldung erst **nach Ablauf der Neunmonatsfrist** kommt, ist bei Firmenbuchzuständigkeit die Anmeldung als verspätet zurückzuweisen. Wird die Einbringung trotzdem ins Firmenbuch eingetragen oder ist das Finanzamt zuständig, besteht das Wahlrecht, die „verunglückte" Einbringung auf den Tag des Vertragsabschlusses zu beziehen (sog Ersatzstichtag; § 13 Abs 1 letzter Satz UmgrStG). Wenn der Einbringende die Sanierungsmöglichkeit durch den Ersatzstichtag auch nicht wahrnimmt, ist Art III UmgrStG mangels Erfüllung der gesetzlichen Voraussetzungen nicht anwendbar und es kommt zu einem Veräußerungstatbestand iSd § 6 Z 14 lit b EStG bzw § 20 KStG. Die Einbringung bezieht sich dann auf den im Einlagevertrag ursprünglich festgelegten Tag.

Die Rückwirkungsfiktion bezieht sich nur auf das **Ertragsteuerrecht**. Sowohl im Unternehmensrecht als auch im Verkehrsteuerrecht ist der Zeitpunkt der Eintragung ins Firmenbuch entscheidend. Vereinfachend lässt das BMF in der Umsatzsteuer den Sphärenübergang schon mit dem auf die Anmeldung beim Firmenbuch oder der Meldung beim Finanzamt folgenden Monatsersten zu (UStR 2000, Rz 56). In diesem Fall ist im Jänner 2014 noch nicht einmal die Meldung erfolgt; daher ist die Rechnung noch auf den Betrieb auszustellen.

Hinweis:
- *siehe auch B 73*

Quellen:
- UmgrStR 2002 Rz 761 ff

Literatur:
- *Walter,* UmgrStR[10], Rz 503 ff
- *Doralt/Ruppe,* Steuerrecht I[11], Rz 1114
- *Beiser,* Steuern[12], Rz 386

A 40. Verschmelzung, Aufwertung

Die inländische Körperschaft A wird auf die inländische Körperschaft B verschmolzen. Im Vermögen der Körperschaft A befinden sich unter anderem ein inländisches Grundstück und eine a) US-amerikanische, b) deutsche Betriebsstätte.
Welche ertrag- und verkehrsteuerlichen Folgen hat diese Verschmelzung? Ist Art I UmgrStG trotz der Existenz der ausländischen Betriebsstätte anwendbar?

Art I UmgrStG ist auf eine Verschmelzung zwischen zwei inländischen Körperschaften grundsätzlich anwendbar. Die im übertragenen Vermögen enthaltenen stillen Reserven und der Firmenwert müssen jedoch in Österreich uneingeschränkt **steuerhängig** bleiben (§ 1 Abs 2 UmgrStG).

Das **übertragende Vermögen** ist in der Verschmelzungsbilanz grundsätzlich zu Buchwerten anzusetzen, ausgenommen **ausländisches Vermögen**. Dieses kann auf den gemeinen Wert iSd § 19 iVm § 20 KStG aufgewertet werden, wenn die Verschmelzung im Ausland zur Gewinnrealisierung führt und entweder mit dem betreffenden Staat ein DBA besteht, das die Anrechnungsmethode vorsieht, oder eine mit der Anrechnungsmethode vergleichbare Maßnahme getroffen wurde (§ 2 Abs 2 UmgrStG). Ohne diese Regelung würde sich aufgrund des Buchwertansatzes keine österreichische KÖSt ergeben, und die Anrechnung der ausländischen Steuerschuld in Österreich ginge ins Leere. Dann müsste die übernehmende Körperschaft bei einem Verkauf des ausländischen Betriebes in einer späteren Besteuerungsperiode die stillen Reserven in Österreich neuerlich versteuern (Gefahr einer Doppelbesteuerung).

Hier besteht in beiden Varianten mit dem Ausland ein DBA.

a) Das DBA Österreich-USA, BGBl III 1998/6 sieht in Art 22 Abs 3 für amerikanische Betriebsstättengewinne die Anrechnungsmethode vor. Wenn das amerikanische Steuerrecht eine Gewinnrealisierung normiert, besteht für die Körperschaft B das **Wahlrecht**, das ausländische Betriebsstättenvermögen auf den gemeinen Wert aufzuwerten.
b) Das DBA Österreich-BRD, BGBl III 2002/182 idF BGBl III 2012/32 sieht in Art 23 Abs 2 für deutsche Betriebsstättengewinne die Befreiungsmethode vor. Da keine Gefahr einer Doppelbesteuerung besteht, existiert hier keine Aufwertungsoption.

GrESt: Verträge über Verschmelzungen von Gesellschaften begründen einen Anspruch auf Übereignung eines Grundstücks iSd § 1 Abs 1 Z 1 GrEStG, wenn sich im Vermögen der untergehenden Gesellschaft inländische Grundstücke befinden. Dies ist hier der Fall, zumal die grundstücksbesitzende Körperschaft A ***auf*** die Körperschaft B verschmolzen wird. Die GrESt ermittelt sich vom **zweifachen Einheitswert** (§ 6 Abs 5 UmgrStG). Die GrESt ist bei der übernehmenden Körperschaft B nicht auf das Grundstück zu aktivieren, sondern als Betriebsausgabe geltend zu machen (§ 11 Abs 1 Z 1 KStG).

Hinweis:
- *siehe auch B 73*

Quellen:
- Art I UmgrStG
- UmgrStR 2002 Rz 101 ff

Literatur:
- *Walter,* UmgrStR[10], Rz 59 ff
- *Beiser,* Steuern[12], Rz 419 ff
- *Doralt/Ruppe,* Steuerrecht I[11], Rz 1118-1124

A 41. Errichtende Umwandlung

Gesellschafter an der ABC-GmbH sind A mit 70 %, B mit 20 % und C mit 10 %. Die ABC-GmbH wird per 31. 12. 2013 errichtend auf die AB-OG umgewandelt, wobei der Gesellschafter C an der Nachfolgegesellschaft nicht mehr beteiligt ist und abgefunden wird. Der Verlustabzug der ABC-GmbH beträgt 900.
Die ABC-GmbH ist an der deutschen D-AG seit fünf Jahren zu 30 % beteiligt. Der Buchwert der Beteiligung beträgt zum Umwandlungsstichtag 300, der Teilwert 400.
Fällt dieser Vorgang unter das UmgrStG? Welche ertragsteuerlichen Folgen hat diese Umwandlung in Bezug auf Beteiligung und Verluste? Ändert sich etwas, wenn die ABC-GmbH keinen Betrieb führt, sondern eine reine Holdinggesellschaft ist?

Eine **errichtende Umwandlung** fällt unter das UmgrStG, wenn die umzuwandelnde Kapitalgesellschaft einen **Betrieb** auf die zu errichtende Nachfolge-Personengesellschaft überträgt. Die Betriebseigenschaft bestimmt sich nach allgemeinem Steuerrecht; die Gewerblichkeitsfiktion des § 7 Abs 3 KStG ist hierfür nicht ausreichend. Minderheitsgesellschafter, die insgesamt bis zu 10 % an der übertragenden Kapitalgesellschaft halten, haben keinen Anspruch auf Beteiligung an der übernehmenden Mitunternehmerschaft. Die Umwandlung kann daher steuerneutral nach Art II UmgrStG durchgeführt werden.

Der **Verlustabzug** steht grundsätzlich dem Steuerpflichtigen zu, der den Verlust erwirtschaftet hat. Bei einer Umwandlung geht der Verlustvortrag kraft Gesamtrechtsnachfolge auf den Nachfolgerechtsträger AB-OG über. Das UmgrStG schränkt aber den Verlustvortrag erheblich ein; ein übergehender Verlustabzug wird den Rechtsnachfolgern nur in dem Ausmaß zugerechnet, in dem sie im Zeitpunkt der Eintragung in das Firmenbuch an der umgewandelten Kapitalgesellschaft beteiligt sind; die Anteile der ausgeschiedenen Minderheitsgesellschafter werden den Rechtsnachfolgern anteilig zugerechnet (§ 10 Z 1 lit b UmgrStG). Im konkreten Fall gehen daher die Verlustvorträge nur auf A und B über. A übernimmt einen Verlustabzug von 700 und B 200 (= Verhältnis 7 : 2 bezogen auf 900), C geht leer aus.

Bei dieser Umwandlung geht eine **internationale Schachtelbeteiligung** mit Ablauf des Umwandlungsstichtags unter, weil nur Körperschaften iSd § 7 Abs 3 KStG, nicht aber Mitunternehmerschaften eine internationale Schachtelbeteiligung halten können. Die Beteiligung an der D-AG ist ab sofort nicht mehr wertneutral; sie wird zum (höheren) Teilwert von 400 angesetzt (§ 9 Abs 4 Z 2 UmgrStG). Durch diese steuerneutrale Aufwertung wird die bis dahin steuerfreie stille Reserve von 100, die sich zur Zeit der Wertneutralität der Beteiligung gebildet hat, dem Besteuerungszugriff dauerhaft entzogen. Lediglich im Falle eines zum Umwandlungsstichtag über dem Teilwert liegenden Buchwertes kann der höhere Buchwert fortgeführt werden; dies liegt aber hier nicht vor.

Wenn die ABC-GmbH keinen Betrieb führt, ist Art II UmgrStG nicht anwendbar und es treten bei Umwandlung die Rechtsfolgen einer Liquidationsbesteuerung nach § 20 KStG ein.

Hinweis:
- *siehe auch B 73*

Quellen:
- Art I UmgrStG
- UmgrStR 2002 Rz 298

Literatur:
- *Walter*, UmgrStR[10], Rz 209 ff; 240; 294 ff
- *Beiser*, Steuern[12], Rz 430 ff
- *Doralt/Ruppe*, Steuerrecht I[11], Rz 1125-1136

A 42. Verschmelzende Umwandlung

Der unbeschränkt steuerpflichtige Herr X hält 90 % an der T-GmbH, die sich mit der Herstellung von Eisenwaren beschäftigt, in seinem Privatvermögen. Er wandelt sie zum 31. 12. 2013 verschmelzend um. Im Oktober 2009 hat die M-AG eine Kapitalerhöhung aus Gesellschaftsmitteln in Höhe von 50 durch Umbuchung einer Gewinnrücklage ins Stammkapital beschlossen und besitzt außerdem thesaurierte Gewinne in Höhe von 20.
Die M-AG hat zum Umwandlungsstichtag eine Darlehensforderung gegenüber der T-GmbH von 100; in Bezug auf dieses Darlehen besteht eine offene Zinsforderung in Höhe von 5.
Fällt diese Umgründung unter das UmgrStG (Rechtsfolgen)?

Bei einer **verschmelzenden Umwandlung** geht das Vermögen einer Kapitalgesellschaft auf ihren (mindestens 90 %igen) **Hauptgesellschafter** über, wobei als Hauptgesellschafter jeder Rechtsträger (natürliche Person, Personengesellschaft, Körperschaft) in Betracht kommt. Eine verschmelzende Umwandlung unterliegt dem Art II UmgrStG, wenn die umwandelnde Kapitalgesellschaft einen **Betrieb** überträgt, wobei die Transformationsregel des § 7 Abs 3 KStG nicht ausreicht. Diese Voraussetzungen sind hier gegeben, sodass die Umwandlung steuerneutral möglich ist.

Die **einbehaltenen Gewinne** der Kapitalgesellschaft gelten als den Gesellschaftern am Stichtag ausgeschüttet und zugeflossen, damit die Gesellschafter sie nach der Umwandlung nicht steuerfrei entnehmen können (Grundsatz der materiellen Einmalbesteuerung). Die **thesaurierten Gewinne** gelten spätestens mit der Anmeldung der Umwandlung zum Firmenbuch als vom Gesellschafter X vereinnahmt (sog **Ausschüttungsfiktion**, § 9 Abs 6 UmgrStG). Die auf die fiktive Ausschüttung entfallende KESt ist binnen einer Woche nach Firmenbuchanmeldung an das Finanzamt zu entrichten (§ 96 Abs 1 Z 1 EStG).

Wenn eine Kapitalgesellschaft binnen zehn Jahren nach einer Kapitalerhöhung aus Gesellschaftsmitteln umwandelt, gilt das Kapital in Höhe der durchgeführten Kapitalerhöhung als herabgesetzt und zurückgezahlt (sog **Kapitalherabsetzungs- und Kapitalrückzahlungsfiktion**, § 9 Abs 7 UmgrStG). Die steuerneutrale Kapitalerhöhung aus Gesellschaftsmitteln durch die M-AG führt daher zu einer Steuerpflicht.

Forderungen aus Leistungsbeziehungen zwischen umzuwandelnder Gesellschaft und Gesellschaftern, die entweder ihren Gewinn nach § 4 Abs 3 EStG ermitteln oder Überschussrechner sind, gelten spätestens mit dem Tag der Anmeldung der Umwandlung zum Firmenbuch als vereinnahmt (sog **Zuflussfiktion**, § 9 Abs 5 UmgrStG). Dadurch soll verhindert werden, dass in der umgewandelten Körperschaft vor dem Umwandlungsstichtag steuerwirksame Aufwendungen entstanden sind, die mangels Zufluss beim Gesellschafter bei diesem nicht als Einkünfte erfasst werden. Da Herr

X die Beteiligung in seinem Privatvermögen hält, erzielt er durch die Zinsen aus der Darlehensforderung Einkünfte aus Kapitalvermögen und ist folglich Überschussrechner iSd § 19 EStG. Die noch nicht bezahlten Zinsen gelten daher spätestens mit dem Tag der Anmeldung der Umwandlung zum Firmenbuch als bei X vereinnahmt. Die Darlehensforderung fällt hingegen nicht unter die Zuflussfiktion, da die Tilgung des Darlehens einen erfolgsneutralen Vorgang darstellt.

Hinweis:
- *siehe auch B 73*

Quellen:
- Art I UmgrStG
- UmgrStR 2002 Rz 544 ff, 557 ff

Literatur:
- *Walter*, UmgrStR[10], Rz 264 ff; 270; 276 ff
- *Beiser*, Steuern[12], Rz 430 ff
- *Doralt/Ruppe*, Steuerrecht I[11], Rz 1125-1136

A 43. Einbringung, unbare Entnahme

A bringt seinen Betrieb (Buchwert 700, Verkehrswert 1.500) zum 31. 12. 2012 in die ihm zur Gänze gehörende A-GmbH ein (Meldung beim Finanzamt am 30. 9. 2013). A tätigt folgende auf den Stichtag rückbezogene bare Entnahmen in Höhe von 200 aus seinem Betrieb. Außerdem wird eine Liegenschaft mit einem Buchwert von 700 (Verkehrswert 800) zurückbehalten.
A möchte überdies unbare Entnahmen im höchst zulässigen Ausmaß vornehmen. Bis zu welcher Höhe sind diese möglich? Welche Folgen hat dies im Hinblick auf eine allfällige KESt-Pflicht?
Im Jahr 2014 soll die Verbindlichkeit aus der unbaren Entnahme vollständig getilgt werden; außerdem fallen Zinsen von 30 an. Welche steuerlichen Auswirkungen ergeben sich dadurch bei der A-GmbH und bei A, wenn A vor der Einbringung Anschaffungskosten für die Anteile an der A-GmbH von 1.000 hatte?

Um unter den Anwendungsbereich des Art III UmgrStG (Einbringung) zu fallen, muss Vermögen mit einem **positiven Verkehrswert** auf die übernehmende Gesellschaft übergehen.

Unbare Entnahmen sind lediglich bis zur Hälfte des Verkehrswertes des Betriebs zulässig, wobei zuvor alle baren Entnahmen abgezogen werden; der Verkehrswert beträgt daher 500 (= 1.500 – 800 – 200); unbare Entnahmen gem § 16 Abs 5 Z 2 UmgrStG sind in Höhe von maximal 250 (= 50 % von 500) möglich. Wenn diese laut Angabe vorgenommen werden, beträgt der Verkehrswert des eingebrachten Vermögens ebenfalls 250.

Unter Berücksichtigung der baren und unbaren Entnahmen ergibt sich ein Buchwert des eingebrachten Betriebes von -450 (= 700 – 700 – 200 – 250). Die KESt-Ausschüttungsfiktion umfasst die gesamten baren und unbaren Entnahmen iSd § 16 Abs 5 Z 1 und Z 2 UmgrStG; sie ist jedoch betraglich mit dem Entstehen oder der Erhöhung eines negativen Buchwertes begrenzt, daher im konkreten Fall mit 450. Da die beiden Passivposten aus der baren und der unbaren Entnahme ebenfalls 450 betragen, fallen sie zur Gänze unter die Ausschüttungsfiktion. Hinsichtlich der baren Entnahme ist die KESt-Schuld von 50 (= 25 % von 200) innerhalb einer Woche nach der Meldung beim Finanzamt, also am 6. 10. 2013 abzuführen (§ 18 Abs 2 UmgrStG). Alternativ kann A auch den Hälftesteuersatz nach § 37 Abs 4 EStG in Anspruch nehmen.

Die Anschaffungskosten des A an den Anteilen an der A-GmbH sind gem § 20 Abs 4 Z 1 UmgrStG um das negative Einbringungsvermögen zu kürzen und betragen nach der Einbringung somit 550 (= 1.000 – 450). Aufgrund der Ausschüttungsfiktion erhöhen sich die Anschaffungskosten der Anteile nach § 20 Abs 2 UmgrStG ab Eintritt der Fälligkeit der KESt auf die bare Entnahme. Somit steigen die Anschaffungskosten bei A am 6. 10. 2013 auf 750 (= 550 + 200).

Im Jahr 2014 tritt aufgrund der Tilgung der unbaren Entnahme KESt-Pflicht in Höhe von 62,5 (= 25 % von 250) ein. Die Anschaffungskosten bei A steigen gleichzeitig auf 1.000 (= 750 + 250). Die auf die Verbindlichkeit entrichteten Zinsen sind bei der A-GmbH abzugsfähig.

Hinweis:
- *siehe auch B 73*

Quellen:
- Art III UmgrStG

Literatur:
- *Walter*, UmgrStR[10], Rz 417 ff; 516d ff
- *Beiser*, Steuern[12], Rz 395 ff
- *Doralt/Ruppe*, Steuerrecht I[11], Rz 1137-1156

A 44. Zusammenschluss

Der Einzelunternehmer A und die Privatperson B schließen sich zu einer AB-OG zusammen, an der jeder 50 % der Anteile halten soll. A überträgt seinen Betrieb mit einem Buchwert von 500 auf die AB-OG, B leistet eine Geldeinlage iHv 1.000. Im Einzelunternehmen des A stecken aufgrund eines im Betriebsvermögen gehaltenen Grundstücks stille Reserven von 400 und ein Firmenwert von 100. Weiters hat der Einzelunternehmer A steuerliche Verlustvorträge aus seinem Betrieb.
Unter welchen Voraussetzungen ist das UmgrStG anwendbar? Welche verkehrsteuerlichen Folgen ergeben sich?

Ein **Zusammenschluss** liegt vor, wenn ein Betrieb, Teilbetrieb oder Mitunternehmeranteil auf eine Personengesellschaft übertragen wird. Das UmgrStG ist bereits dann anwendbar, wenn ein Zusammenschlusspartner (von mehreren) qualifiziertes Vermögen mitbringt.

A bringt mehr stille Reserven als B mit; ein Beteiligungsverhältnis von 50:50 bedeutet, dass B sofort 50 % der stillen Reserven und 50 % des Firmenwertes erhält, die bei einer Veräußerung der AB-OG auch nicht mehr von A versteuert werden müssten, obwohl sie bei ihm entstanden sind.

Das UmgrStG verlangt, dass gegen diese Verschiebung der Steuerlast ein Ausgleich geschaffen wird, sagt aber nicht genau, wie eine solche Vorsorge zu treffen ist. Ausgleichszahlungen zwischen den Gesellschaftern sind nicht ausreichend. Es gibt mehrere Möglichkeiten:

Verkehrswertzusammenschluss: Nach den Verkehrswerten erhalten A und B je 50 % der Anteile. Egal wie man die Höhe der Kapitalkonten ansetzt, sind Ergänzungsbilanzen notwendig.

- Bei **Beteiligungsquotenverschiebung** macht der Kapitalanteil von A und B je 750 aus. Da die Abschreibungen in der Gesellschaftsbilanz durch den Ansatz des Verkehrswertes des Grundstücks und des Firmenwertes für A zu hoch sind, hat A eine steuerliche Ergänzungsbilanz mit einem Ergänzungskapital und einem passiven Ausgleichsposten von 250, der laufend gewinnerhöhend aufgelöst werden muss und bei A per Saldo zu einer Buchwertfortführung führt. B hat eine Ergänzungsbilanz mit Aktiva (Firmenwert, stille Reserven) von 250, die er gewinnmindernd abschreiben muss.
- Bei **steuerneutraler Aufwertung** macht der Kapitalanteil von A und B je 1.000 aus; die Wahl von 1.000 als buchmäßiges Eigenkapital hat den „Vorteil"; dass B keine Ergänzungsbilanz aufstellen muss. A hat eine steuerliche Ergänzungsbilanz mit einem Ergänzungskapital von 500.

Kapitalkontenzusammenschluss: Die Gewinnverteilung erfolgt zunächst alinear. Der Zusammenschlusspartner A, der mehr stille Reserven mitbringt, bekommt in der Verteilung des jährlichen Gewinnes einen **Gewinnvorab**, so lange, bis das Ungleichgewicht an stillen Reserven ausgeglichen ist. B ist um 250 (= 50 % der stillen Reserven und 50 % des Firmenwertes) bereichert. A bekommt daher einen Gewinnvorab von 250.

Vorbehaltszusammenschluss: Die stillen Reserven und der Firmenwert werden beim Zusammenschlusspartner A in einer Ergänzungsbilanz zurückbehalten; dh die stillen Reserven gehen gar nicht auf die MU über.

Wenn kein Ausgleich der stillen Reserven erfolgt, darf der Zusammenschluss steuerlich nicht zu Buchwerten vorgenommen werden, sondern der Übertragende muss das übertragene Vermögen zum letzten Bilanzstichtag auf den höheren Teilwert aufwerten und gemäß § 24 Abs 7 EStG versteuern.

Die aus seiner Zeit als Einzelunternehmer stammenden **Verlustvorträge** des A gehen nach Art IV nicht auf die AB-OG über. Sie stehen weiterhin ausschließlich dem A zur Verfügung.

Hinweis:
- *siehe auch B 73*

Quellen:
- Art IV UmgrStG
- UmgrStR 2002 Rz 1303 ff

Literatur:
- *Walter*, UmgrStR[10], Rz 636 ff
- *Beiser*, Steuern[12], Rz 436 ff
- *Doralt/Ruppe*, Steuerrecht I[11], Rz 1157-1166

A 45. Realteilung

Die Rechtsanwälte A, B und C sind Partner der ABC-OG und halten jeweils ein Drittel der Anteile; die ABC-OG hat einen Verkehrswert von 900. A scheidet zum 31. 12. 2013 aus und nimmt seinen Teil des Klientenstocks (Verkehrswert 400) in sein neues Einzelunternehmen mit; die OG wird von B und C als BC-OG weitergeführt. Außerdem leistet A eine Ausgleichszahlung von 100 an die BC-OG. Alle Gesellschaften und das Einzelunternehmen des A ermitteln ihren Gewinn nach § 4 Abs 3 EStG und wollen dies auch in Zukunft beibehalten.
Ist das UmgrStG anwendbar? Welche ertragsteuerlichen Folgen ergeben sich? Welche Buchführungspflichten existieren?

Hier liegt eine Realteilung in Form einer **Abteilung** vor, da die Mitunternehmerschaft nach dem Ausscheiden des A weiterhin bestehen bleibt. Damit eine Abteilung steuerneutral möglich ist, muss sowohl der ausscheidende Gesellschafter realteilungsfähiges Vermögen erhalten als auch in der Mitunternehmerschaft realteilungsfähiges Vermögen zurückbleiben. Realteilungsfähig sind grundsätzlich nur (Teil-) Betriebe und Mitunternehmeranteile mit positivem Verkehrswert (§ 23 Abs 2 UmgrStG).

Für Teilbetriebe gilt die sog **Teilbetriebsfiktion**: Der Teilbetriebsbegriff wird für die Realteilung ausgeweitet. Bei Forstbetrieben gilt als Teilbetrieb die forstwirtschaftlich genutzte Fläche, bei freiberuflichen Betrieben gilt ein bestimmter Teil des Klienten- oder Kundenstockes, zB Betrieb eines Rechtsanwalts, Wirtschaftstreuhänders oder Notars, als Teilbetrieb (§ 27 Abs 3 UmgrStG). Folglich unterliegt im konkreten Fall die Abteilung zur Gänze den Anwendungsvoraussetzungen des UmgrStG.

Ausgleichszahlungen bis zu einem Drittel des Verkehrswertes des mitempfangenen Aufteilungsvermögens sind zulässig (Drittelgrenze; § 29 Abs 2 UmgrStG). Im konkreten Fall erhalten B und C einen Verkehrswert von 500; davon ein Drittel beträgt 166,67. Da die empfangene Ausgleichszahlung von 100 unter 166,67 liegt, ist die Realteilung nach Art V möglich. Die Ausgleichszahlung ist in der Eröffnungsbilanz des Einzelunternehmens in den Passiven auszuweisen.

Nach § 27 Abs 2 UmgrStG hat die teilende Personengesellschaft zum Teilungsstichtag einen **Jahres- oder Zwischenabschluss nach § 4 Abs 1 EStG** oder bei protokolliert gewerblich tätigen Mitunternehmerschaften nach § 5 Abs 1 EStG zwingend aufzustellen. Einnahmen-Ausgaben-Rechner nach § 4 Abs 3 EStG müssen daher grundsätzlich einen Wechsel der Gewinnermittlungsart vornehmen. Wenn wie im konkreten Fall die verbleibende Mitunternehmerschaft und der abzufindende Mitunternehmer in der Vergangenheit eine Gewinnermittlung nach § 4 Abs 3 EStG vorgenommen haben und diese in Zukunft beibehalten wollen, ändert sich daran nichts. Die ABC-OG hat daher zum 31. 12. 2013 einen Jahresabschluss aufzustellen. Zur Vermeidung eines zweifachen Wechsels der Gewinnermittlungsart hat der Jahres- oder Zwischenabschluss in diesem Fall aber lediglich Evidenzcharakter.

Hinweis:
- *siehe auch B 73*

Quellen:
- Art V UmgrStG
- UmgrStR 2002 Rz 1579

Literatur:
- *Walter*, UmgrStR[10], Rz 703 ff, 729 ff
- *Beiser*, Steuern[12], Rz 439 ff
- *Doralt/Ruppe*, Steuerrecht I[11], Rz 1167-1172

A 46. Spaltung

An der AB-GmbH ist A mit 60 % und B mit 40 % beteiligt. Die Anschaffungskosten der Beteiligung betragen bei A 500 und bei B 400. Aufgrund von Unstimmigkeiten wollen sich A und B trennen und beschließen, die AB-GmbH auf die neu zu gründenden A-GmbH und B-GmbH derart aufzuspalten, dass die A-GmbH zur Gänze A und die B-GmbH zur Gänze B gehört. Auf die A-GmbH wird Vermögen mit einem Verkehrswert von 1.000; auf die B-GmbH Vermögen mit einem Verkehrswert von 800 übertragen. A erhält außerdem eine Ausgleichszahlung von B in Höhe von 80.
Fällt diese Spaltung unter Art VI UmgrStG? Wie hoch sind die Anschaffungskosten von A und B an den Nachfolgekörperschaften?

Hier handelt es sich um eine **nicht verhältniswahrende Aufspaltung zur Neugründung**, weil die A und B an der aufspaltenden AB-GmbH nicht in demselben Ausmaß beteiligt sind wie an den übernehmenden Kapitalgesellschaften. Für steuerliche Zwecke ist die nicht verhältniswahrende Spaltung in zwei Schritte zu zerlegen:

Verhältniswahrende Spaltung: A ist steuerlich fiktiv sowohl an der A-GmbH als auch an der B-GmbH zu jeweils 60 % beteiligt; B ist an beiden GmbHs zu je 40 % beteiligt.

Anteilstausch: Um die tatsächlich vereinbarten Anteilsverhältnisse zu erreichen, erfolgt zwischen A und B ein Anteilstausch. A tauscht seine 60 %ige Beteiligung an der B-GmbH gegen die 40 %ige Beteiligung des A an der B-GmbH und erhält zusätzlich eine **Ausgleichszahlung**. Ausgleichszahlungen hindern die Steuerneutralität des Anteilstausches nicht, solange die Ausgleichszahlung nicht mehr als **ein Drittel der mitempfangenen Anteile** ausmacht (§ 37 Abs 4 UmgrStG). Im konkreten Fall erhält A Vermögen von 1.000 und eine Ausgleichszahlung von 80; die Drittelgrenze ist nicht überschritten. Wenn die Zuzahlung unter der Drittelgrenze bleibt, erfolgt zwar der Anteilstausch steuerneutral, nicht jedoch die Zuzahlung selbst. Diese gilt beim Zuzahlungsempfänger A als Veräußerungsentgelt, das unter den Voraussetzungen des allgemeinen Steuerrechts steuerpflichtig ist (§ 27 Abs 3 EStG). Beim Zuzahlungsleistenden B erhöht die Zuzahlung die Anschaffungskosten der im Tauschweg erhaltenen Anteile.

Die **Anschaffungskosten** an der AB-GmbH sind auf die gewährten neuen Anteile an den übernehmenden Körperschaften fortzuführen. Der Anteilstausch ist steuerneutral. Die erhaltene Zuzahlung hat bei A keine Auswirkungen auf die Anschaffungskosten; bei B erhöht die geleistete Zuzahlung die Anschaffungskosten. Nach der Spaltung betragen Anschaffungskosten an den Anteilen an der A-GmbH bzw B-GmbH daher bei A weiterhin 500, bei B 480.

Hinweis:

- *siehe auch B 73*

Quellen:

- Art VI UmgrStG
- UmgrStR 2002 Rz 1735 ff

Literatur:

- *Walter*, UmgrStR[10], Rz 899 ff
- *Beiser*, Steuern[12], Rz 423 ff
- *Doralt/Ruppe*, Steuerrecht I[11], Rz 1173-1185

Umsatzsteuer

A 47. Ort der Lieferung, Fälligkeit der USt, Vorsteuerabzug

Bestimmen Sie in den folgenden Fällen den Ort und Zeitpunkt der Lieferung sowie den Fälligkeitszeitpunkt der aus den Vorgängen resultierenden Umsatzsteuer. Beurteilen Sie weiters, in welchen Zeiträumen das Recht auf den Vorsteuerabzug geltend gemacht werden kann:

a) Der Unternehmer A kauft am 19. 11. 2014 in einem großen Technik-Markt (Sollbesteuerung) einen Computer und transportiert diesen sogleich selbst in seinen Betrieb. Die Rechnung hierfür erhält er erst am 15. 12. 2014.

b) Der Unternehmer B kauft am 25. 11. 2014 mit einer formgültig in Rechnung gestellten Anzahlung von 20 % des Kaufpreises im selben Technik-Markt einen Computer und vereinbart eine Zustellung per Paketdienst in seinen Betrieb. Zu diesem Zweck wird der gewünschte Computer am 30. 11. 2014 aus dem Geschäft abgeholt und trifft am 01. 12. 2014 im Betrieb des Unternehmers B ein, wo das Gerät sogleich betriebsfähig installiert wird. Den Rest des Kaufpreises bezahlt B bei Lieferung am 01. 12. 2014 und erhält gleichzeitig eine formgültige Rechnung über den Restbetrag.

a) Da es sich hierbei um den Standardfall einer **Abhollieferung** handelt, gilt als **Lieferort** der Ort der **Verschaffung der Verfügungsmacht** gem § 3 Abs 7 UStG. Also der **Technik-Markt**.
Da es sich um einen Sollbesteuerer handelt, ist für den Zeitpunkt der Lieferung die tatsächliche Leistung relevant. **Lieferzeitpunkt** ist somit der **19. 11. 2014**.

Ungeachtet dessen erhält A erst am 15. 12. 2014 eine ordnungsgemäße Rechnung. Aufgrund der Bestimmung des § 19 Abs 2 UStG kann sich die Entstehung der Steuerschuld um höchstens einen Monat verschieben, wenn die Rechnung zu einem späteren Zeitpunkt erfolgt, als die Leistung erbracht wurde. Im vorliegenden Fall **entsteht** die **Steuerschuld** somit nicht mit Ablauf des Monats November, sondern erst **mit Ablauf des Monats Dezember.**
Da die Steuerschuld per Ende Dezember entsteht, ist die entsprechende USt gem § 21 UStG **am 15. des zweitfolgenden Monats fällig**. Somit am **15. 02. 2015**.

Dadurch, dass A erst im Dezember eine ordnungsgemäße Rechnung erhält, hat er auch erst für diesen Voranmeldezeitraum, also **Dezember**, das **Recht zum Vorsteuerabzug**.

b) Hierbei handelt es sich um eine **Versendungslieferung**, da der gelieferte Gegenstand von einem selbständigen Dritten zum Leistungsempfänger transportiert wird. Gem § 3 Abs 8 UStG befindet sich daher der **Leistungsort** dort, **wo** die **Versendung** an den Abnehmer **beginnt**. Im vorliegenden Fall daher beim **Technik-Markt**. Da diese Regelung auch für den **Leistungszeitpunkt** gilt, kommt nur der **30. 11. 2014** in Frage, weil in der gegenständlichen Konstellation sowohl das Kaufdatum als auch das Empfangsdatum irrelevant sind.

Da im Falle einer **Anzahlung** jeder **Sollbesteuerer zum Mindest-Istbesteuerer** wird, ist für die Anzahlung der tatsächliche Erhalt des Betrages sehr wohl relevant. Da der Technik-Markt am **25. 11. 2014** die **Anzahlung vereinnahmt**, entsteht die Steuerschuld, bezogen auf diesen (Teil-)Betrag, mit Ende November. Somit ist die **USt**, bezogen auf diesen (Teil-)Betrag, wiederum am 15. des zweitfolgenden Monats **fällig**, namentlich am **15. 01. 2015**.

Für den **Rest des Kaufpreises** gilt nach wie vor die Sollbesteuerung.
Die Steuerschuld für den Restbetrag entsteht somit mit Ablauf des Monats Dezember. Die **Fälligkeit der USt** bezogen auf diesen Restbetrag ergibt sich somit per **15. 02. 2014**.
Da B die **Anzahlung** mit einer ordnungsgemäßen Rechnung vorgeschrieben wird, ist er für diesen (Teil-)Betrag auch bereits im Monat **November** zum **Vorsteuerabzug** berechtigt.
Bezogen auf den **Rest des Kaufpreises** erhält B am 01. 12. 2014 die Rechnung, weshalb er für diesen Restbetrag im Monat **Dezember vorsteuerabzugsberechtigt** ist.

Hinweis:

- *siehe auch B 85*
- *Seit dem AbgÄG 2012 ist eine Vorsteuerabzugsberechtigung bei bestimmten Ist-Besteuerern (Umsätze im Vorjahr weniger als 2 Mio €) erst im Zeitpunkt der tatsächlichen Zahlung (und nicht schon im Zeitpunkt des Rechnungserhalts) zulässig (§ 12 Abs 1 Z 1 UStG).*

Quellen:

- § 3 Abs 7 und 8; §§ 12, 17, 19 UStG

Literatur:

- *Beiser*, Steuern[12], Rz 535 ff; 544 ff; 644 ff
- *Doralt*, Steuerrecht 2014/15, Rz 317 f; 347 ff; 350
- *Doralt/Ruppe*, Steuerrecht II[7], Rz 322-331; 547-555; 556-562
- *Lang/Unger*, Steuerrecht graphisch[5], Rz 143

A 48. Fälligkeit, Berichtigung

Der große und bekannte M-Verlag liefert an den F-Bookshop am 14. Juni 100 Lehrbücher à 20 € (exklusive USt). Die Rechnung wird erst am 5. Juli erstellt. Am 20. Juni fällt einem Mitarbeiter des Bookshops auf, dass 10 Bücher falsch gebunden wurden, worauf er sie an den Verlag zurücksendet. Der Verlag liefert unverzüglich 10 neue, diesmal mängelfreie Bücher.
Trotz mehrmaliger Mahnung bezahlt der Bookshop nicht. Am 10. Oktober erfährt der Verlag schließlich aus dem Internet, dass der F-Bookshop in Konkurs gegangen ist.
Beurteilen Sie die umsatzsteuerrechtlichen Konsequenzen aus diesen Vorgängen.

Es ist vom Regelfall der Sollbesteuerung auszugehen (da der M-Verlag aufgrund seines wirtschaftlichen Volumens sicher rechnungs- und buchführungspflichtig nach § 189 UGB iVm § 124 BAO sein wird). Die Lieferung wird am 14. 6. ausgeführt, die Rechnung allerdings erst am 5. 7. gelegt. Die Steuerschuld entsteht grds für Lieferungen mit Ablauf des Kalendermonats, in dem die Lieferung ausgeführt worden ist. Dieser Zeitpunkt verschiebt sich jedoch um einen Monat, wenn die Rechnungsausstellung erst nach Ablauf des Kalendermonats erfolgt, in dem die Lieferung erbracht worden ist (§ 19 Abs 2 UStG). Die Steuerschuld entsteht im vorliegenden Fall also am 31. 7.

Die Umsatzsteuer wird am 15. des auf den Kalendermonat, in dem die Steuerschuld entstanden ist, zweitfolgenden Monats fällig (§ 21 UStG). In diesem Fall ist die USt daher am 15. 9. fällig.

Der Umtausch der 10 Bücher infolge der Mängelrüge stellt keinen neuen Leistungsaustausch, sondern eine teilweise Rückgängigmachung des alten Umsatzes verbunden mit einem neuen Umsatz dar. An der Bemessungsgrundlage ändert sich in diesem Fall allerdings nichts.

Die Bemessungsgrundlage beträgt 2.000 €, der Steuersatz 10% (§ 10 Abs 1 Z1 lit a 1. TS UStG!). Der Verlag hat 200 € Umsatzsteuer zu entrichten.

Im Oktober erfährt der Verlag, dass sein Kunde – der Leistungsempfänger „F-Bookshop" – in Konkurs ist. Folglich kann der M-Verlag die Umsatzsteuer berichtigen und erhält sie vom Fiskus zurück.

Gleichzeitig müsste der Bookshop die von ihm geltend gemachte Vorsteuer rückerstatten. Die Forderung des Fiskus auf Rückzahlung ist allerdings als Konkursforderung entwertet. Der Konkurs geht aus der Sicht der USt daher zu Lasten des Fiskus.

Hinweis:
- *siehe auch B 90, B 91, B 98*

Quellen:
- §§ 10 Abs 1; 16; 17, 19 UStG

Literatur:
- *Beiser*, Steuern[12], Rz 601a ff; 644 ff
- *Doralt*, Steuerrecht 2014/15, Rz 347 ff; 350
- *Doralt/Ruppe*, Steuerrecht II[7], Rz 547-555; 556-562
- *Lang/Unger*, Steuerrecht graphisch[4], Rz 142

A 49. Ort der sonstigen Leistung

B ist Unternehmensberater in Wien. Beurteilen Sie für nachstehende Sachverhalte den Ort der sonstigen Leistung sowie sonstige umsatzsteuerliche Konsequenzen:

a) B berät den Kunden A hinsichtlich einer Betriebsstättengründung in Tschechien. A betreibt bisher sein Unternehmen von Wien aus, hat bereits in Prag eine Betriebsstätte und beabsichtigt nun die Errichtung einer weiteren Betriebsstätte in Budweis.

b) B erstellt für einen Kunden in Deutschland ein umfassendes, qualitativ hochwertiges wissenschaftliches Gutachten. Zuvor sendet der Kunde an B die benötigten Unterlagen per Spedition von Deutschland nach Österreich.

c) Ein Notar in Wien beurkundet für B einen Kaufvertrag für eine private Liegenschaft in Deutschland.

d) B lässt sich von einem zugelassenen deutschen Unternehmen einen Zugang zur deutschen Rechtsdatenbank einrichten. Hierfür bezahlt er jährlich 4.000 € an Nutzungsgebühren.

a) Da der Empfänger ein Unternehmer ist, kommt hier der allgemeine B2B-Grundsatz (§ 3a Abs 6 UStG) zum Tragen. Demnach wird die Beratungsleistung an dem Ort ausgeführt, **von wo aus** der (empfangende) Unternehmer sein **Unternehmen betreibt** (§ 3 a Abs 6 erster Satz UStG). Dies wäre hier grundsätzlich Österreich. Somit wäre im vorliegenden Fall die Antwort „**Österreich**“ eine vertretbare Lösung der Frage nach dem Leistungsort.
Wird **allerdings** die erwähnte sonstige Leistung **an** die bereits bestehende **Betriebsstätte** des Unternehmers A in Prag ausgeführt, so gilt gem § 3a Abs 6 zweiter Satz UStG ebendiese Betriebsstätte als **Leistungsort**. In diesem Fall wäre die sonstige Leistung daher in **Tschechien** steuerbar und nicht in Österreich.
Beachte: Seit 1. 1. 2010 ist es im obigen Fall (B2B) für die Leistungsortbestimmung nicht mehr entscheidend, dass die Beratung eine Katalogleistung (nunmehr: § 3a Abs 14 Z 4 UStG, „rechtliche, technische, wirtschaftliche Beratung“) darstellt, da die damit zusammenhängende Regelung des § 3a Abs 13 UStG nur mehr für B2C-Umsätze Anwendung findet.

b) Die Erstellung des Gutachtens ist eine wissenschaftliche Leistung, daher ist der **Tätigkeitsort**, also Österreich, der Leistungsort (**§ 3a Abs 11 lit a** UStG).

Bezüglich der Versendung sei festgehalten, dass die **Spedition** der leistende Unternehmer ist, welcher eine **innergemeinschaftliche Güterbeförderung** ausführt. Aus der Sicht der Spedition sind daher auch der Leistungsort und andere umsatzsteuerrechtlichen Konsequenzen zu bestimmen.

Für das **Versenden** der Unterlagen von Deutschland nach Österreich ist (in der Begründung!) **zu unterscheiden**, ob der Empfänger (Deutsche) ein Unternehmer oder ein Nichtunternehmer ist.
Bei Annahme eines **Unternehmers** kommt für diese innergemeinschaftliche Güterbeförderung der allgemeine B2B-Grundsatz des § 3a Abs 6 **UStG (Empfängerort = Deutschland**) zur Anwendung.
Bei Annahme eines Nichtunternehmers wäre prinzipiell der Beförderungsort maßgeblich (§ 3a Abs 10 UStG). **Im Binnenmarkt** gilt gem Art 3a Abs 1 BMR als Leistungsort bei einer Beförderungsleistung der **Abgangsort** – hier also wiederum **Deutschland**.
Hierbei sei nochmals betont, dass es sich im konkreten Fall um **Leistungsorte sonstiger Leistungen** handelt. Eine Lösung, welche sich mit **Beförderungs- und/oder Versendungslieferungen** beschäftigt und somit im Bereich des Binnenmarktes gem Art 3 Abs 8 BMR zum Ergebnis käme, dass der Leistungsort dort liegt, wo sich der Gegenstand am Ende der Beförderung befindet, nämlich in Österreich, wäre daher von vornherein allein aus der Angabe heraus **unrichtig**.

c) Eine sonstige Leistung im Zusammenhang mit einem Grundstück wird am **Belegenheitsort des Grundstücks** ausgeführt (§ 3a Abs 9 lit c UStG – dieser geht § 3a Abs 13 und 14 Z 4 UStG vor, weil die Reihenfolge der Absätze mit abnehmender Priorität versehen ist). Leistungsort ist hier also **Deutschland**.

d) Der Leistungsort dieser Leistung liegt gem der B2B-Grundregel am Empfängerort (= Österreich). Zusätzlich greift das **Reverse Charge System** ein: Da der leistende Unternehmer (dt. Unternehmen) keine Betriebsstätte im Inland (Österreich) hat, geht gem § 19 Abs 1 UStG die Steuerschuld auf den Empfänger B über. Das dt. Unternehmen stellt keine österreichische USt in Rechnung, B berechnet die USt selbst und zieht sich diese als VSt ab.

Hinweis:
- *siehe auch B 86, B 97*

Quellen:
- § 3a UStG
- Art 3 Abs 8, Art 3a Abs 2 BMR

Literatur:
- *Beiser*, Steuern[12], Rz 540 ff
- *Doralt*, Steuerrecht 2014/15, Rz 319
- *Doralt/Ruppe*, Steuerrecht II[7], Rz 332-346
- *Lang/Unger*, Steuerrecht graphisch[5], Rz 132

A 50. Sonstige Leistung/Reverse Charge

Die britische Telekom AG verkauft an die österreichische Data GmbH gesammelte Stammdaten ihrer Kunden für einen Pauschalbetrag von 600.000 € inkl. USt. Die Daten werden am 11. September übersendet.
Welche umsatzsteuerrechtlichen Aussagen können Sie treffen?

Hier handelt es sich grundsätzlich um die Einräumung von Informationen, somit um eine sonstige Leistung gem § 3a Abs 14 Z 6 UStG.

Für die Bestimmung des Leistungsortes ist im konkreten Fall jedoch die Qualifikation als Katalogleistung irrelevant, da nach dem B2B-Grundsatz gem § 3a Abs 6 UStG der Empfängerort maßgeblich ist.

Hinsichtlich der konkreten Steuerschuld kommt hier das Reverse Charge System zur Anwendung, da es sich um eine sonstige Leistung eines ausländischen Unternehmens handelt. Es geht daher die Steuerschuld von der Telekom AG auf die Data GmbH über. Die entsprechenden 100.000 € USt sind von ihr als Leistungsempfänger einzubehalten und grundsätzlich an das FA abzuführen.

Ungeachtet dessen steht der Data GmbH natürlich bei Vorliegen der üblichen Voraussetzungen ein Vorsteuerabzug zu.

Die Steuerschuld entsteht also im gegenständlichen Fall mit Ende September und wird am 15. November fällig.

Hinweis:
- *siehe auch B 83, B 86, B 97*

Quellen:
- § 3a UStG

Literatur:
- *Beiser*, Steuern[12], Rz 593 ff
- *Doralt*, Steuerrecht 2014/15, Rz 319 ff
- *Doralt/Ruppe*, Steuerrecht II[7], Rz 332-346; 570-576
- *Lang/Unger*, Steuerrecht graphisch[5], Rz 149 f

A 51. Unrichtiger und unberechtigter Steuerausweis

A legt B eine formgültige Rechnung, in der er 20 % USt ausweist.
a) A ist Buchgroßhändler, B Bucheinzelhändler; Leistung des A an B ist die Lieferung von Büchern.
b) A ist Hersteller von Baumaschinen, B Baumeister; Leistung des A an B ist die Lieferung eines Lastwagens.
c) A ist eine Privatperson, B ein Händler; Leistung des A an B ist der Verkauf eines gebrauchten Fahrrades.
Wie hoch ist die von A geschuldete USt bzw die bei B abzugsfähige Vorsteuer? Welche Korrekturmöglichkeiten bestehen?

a) A hat einen falschen Steuersatz angewendet, weil auf Bücher nur 10 % USt anfällt. Es liegt ein **unrichtiger Steuerausweis** vor; A schuldet die USt kraft Rechnungslegung. Eine Rechnungskorrektur ist jedoch möglich; B hat nur 10 % **Vorsteuerabzug** (§ 11 Abs 12 UStG).

b) Es liegt eine korrekte Rechnung vor, B hat 20 % **VSt-Abzug**.

c) A tätigt einen nicht steuerbaren Umsatz, denn A hat keine Unternehmereigenschaft. Es liegt ein **unberechtigter Steuerausweis** vor, der Vorsteuerabzug ist nicht möglich. Es gibt keine Berichtigungsmöglichkeit (Strafcharakter); nur bei Irrtum wäre gem § 11 Abs 14 UStG Korrektur möglich. B kann **keine VSt** abziehen.

Hinweis:
- *siehe auch B 96*

Quellen:
- § 11 f UStG

Literatur:
- *Beiser*, Steuern[12], Rz 597 ff
- *Doralt*, Steuerrecht 2014/2015, Rz 340
- *Doralt/Ruppe*, Steuerrecht II[7], Rz 445a-448
- *Lang/Unger*, Steuerrecht graphisch[5], Rz 141 f

A 52. Einheitlichkeit der Leistung

Der Computerhändler „*All in One*" verkauft EDV-Gesamtpakete, bestehend aus Computer, Betriebssystem, Drucker und dazu gehörigen Fachbüchern. Wie hoch ist der USt-Satz für die Leistungen? Ändert sich etwas, wenn die Leistungen getrennt angeboten werden?

Im beschriebenen Ausgangsfall sind die Fachbücher Nebenleistungen zu den jeweiligen Hauptleistungen Computer und Drucker.

Die Nebenleistung folgt dem steuerrechtlichen Schicksal der Hauptleistung.

Das bedeutet, dass das **Gesamtpaket** mit **20 %** zu versteuern ist.

Bei getrenntem Anbot wären **Fachbücher alleine** eine eigene Hauptleistung und somit nur mit einem Steuersatz von **10 %** belastet.

Beachte in diesem Zusammenhang die steuerrechtliche Behandlung von **Software**: Der Verkauf einer **Standard-Software** ist immer als steuerrechtliche Lieferung anzusehen.

Unter Standard-Software sind zwar jedenfalls Programme zu verstehen, welche von mehr als 50 % der Weltbevölkerung benutzt werden, jedoch sicher auch deren Konkurrenzprodukte, sofern diese grds für eine unbestimmte Anzahl an Usern programmiert wurden, daher uniform und nicht individualisiert sind. Die technische Möglichkeit einer Individualisierbarkeit, zumal mit späteren Zukäufen von für den Einzelfall hergestellten Plug-ins, schadet für die Qualifikation als Lieferung noch nicht. Das in der Angabe bezeichnete Betriebssystem ist daher als Gegenstand einer Lieferung zu sehen.

Die Anfertigung von **spezieller Individualsoftware** stellt hingegen eine sonstige Leistung dar, da hierbei nicht die „Lieferung eines Gegenstandes" der umsatzsteuerrechtliche Leistungszweck ist, sondern die Dienstleistung der Programmierung.

Hinweis:
- *siehe auch B 84*

Quellen:
- Steuerrechtswissenschaft

Literatur:
- *Beiser*, Steuern[12], Rz 490 ff
- *Doralt*, Steuerrecht 2014/2015, Rz 313 ff
- *Doralt/Ruppe*, Steuerrecht II[7], Rz 263 f
- *Lang/Unger*, Steuerrecht graphisch[5], Rz 126

A 53. Kleinunternehmer

Frau F ist Malerin und verkauft pro Jahr Bilder um ca. 15.000 €. Für Leinwände, Pinsel und Farben gibt sie ca. 4.000 € pro Jahr aus.
Mit Herrn H schließt sie einen Vertrag ab, wonach sie ein Atelier um 5.000 € pro Jahr unbefristet mietet.
Welche Rechte und Pflichten ergeben sich in der USt
für Frau F und
für den Vermieter, Herrn H?
Welche Verkehrssteuern fallen an?

Frau F: Die Verkaufserlöse iHv 15.000 € sind **Umsätze für Lieferungen** iSd § 3 Abs 1 UStG, weil den Käufern die Verfügungsmacht an den Bildern verschafft wird; als solche sind sie grundsätzlich gemäß § 1 Abs 1 Z 1 UStG steuerbar. Da diese Umsätze aus Lieferungen jedoch im Veranlagungszeitraum 30.000 € nicht übersteigen, ist Frau F von der Umsatzsteuer gemäß § 6 Abs 1 Z 27 UStG **unecht befreit**; sie ist **Kleinunternehmerin**.

Im Rahmen der unechten Steuerbefreiung muss Frau F zwar keine Umsatzsteuer abführen, hat jedoch auch kein Recht zum Vorsteuerabzug. Gemäß § 6 Abs 3 UStG kann Frau F auf die Befreiung verzichten. Die **Verzichtserklärung** ist bis zur Rechtskraft des USt-Bescheides möglich und bindet Frau F für fünf Kalenderjahre. Ein Verzicht ist insbesondere dann sinnvoll, wenn der Vorsteuerabzug höher wäre als der Umsatzsteuerbetrag („Vorsteuerüberhang"). Dazu gibt es hier keinen Anhaltspunkt, weil Frau F nur Aufwendungen in Höhe von 4.000 € (Leinwände, Pinsel und Farben) und in Höhe von 5.000 € (Mietaufwand) tätigt, aber Umsätze in Höhe von 15.000 € erzielt. Der Verzicht ist auch dann sinnvoll, wenn sie hauptsächlich an vorsteuerabzugsberechtigte Unternehmer liefert. Für ihre Entscheidung ist daher wesentlich, an wen sie ihre Bilder verkauft (dazu gibt es hier keine näheren Angaben). Entscheidet sich Frau F zum

Verzicht auf die Befreiung, unterliegt sie dem ermäßigten USt-Satz in Höhe von 10 % (§ 10 Abs 2 Z 5 UStG), weil sie Künstlerin ist.

Eine **Umsatzsteuererklärung** muss Frau F gem § 21 Abs 6 UStG nur abgeben, wenn sie auf die Kleinunternehmerbefreiung verzichtet hat. Die **Umsatzsteuervoranmeldungen** sind im Falle des Verzichts auf die Befreiung grundsätzlich quartalsmäßig einzureichen, weil die Umsätze von Frau F im vorangegangenen Kalenderjahr 100.000 € nicht überschritten haben; Frau F könnte aber auch den Kalendermonat als Voranmeldungszeitraum wählen (§ 21 Abs 2 UStG).

Herr H: Bei der Vermietung des Ateliers handelt es sich um die Vermietung von **Geschäftsräumlichkeiten**; diese ist von der USt unecht befreit (§ 6 Abs 1 Z 16 UStG). Ein Vermieter kann in derartigen Fällen grundsätzlich zur Steuerpflicht optieren (§ 6 Abs 2 UStG) und unterliegt sodann – im Unterschied zur Vermietung zu Wohnzwecken, die dem 10 %igen Steuersatz unterliegt (§ 10 Abs 2 Z 4a UStG) – dem Normalsteuersatz von 20 %. Im hier gegenständlichen Fall ist jedoch eine Option auf die Regelbesteuerung nicht zulässig, da eine solche nach § 6 Abs 2 UnterAbs 4 voraussetzt, dass die Räumlichkeiten „für Umsätze verwendet werden, die den Vorsteuerabzug nicht ausschließen". Solange also Frau F nicht auf ihre Kleinunternehmerbefreiung verzichtet, ist im konkreten Fall auch ein Verzicht des Vermieters auf die Steuerbefreiung für Geschäftsraumvermietung nicht möglich.

Beim Abschluss des Mietvertrages zwischen Herrn H und Frau F fallen Gebühren gemäß § 33 TP 5 GebG an. Da der Bestandvertrag auf unbestimmte Dauer abgeschlossen wurde, beträgt die Gebühr 1 % vom 3-fachen Jahresentgelt, somit 150 € (1 % von 3 x 5.000). Die Gebührenbefreiung des § 33 TP 5 Abs 4 Z 3 GebG greift nicht, weil demnach der gesamte die Bemessungsgrundlage bildende Wert 150 € nicht übersteigen dürfte; dieser beträgt hier aber 15.000 € (3 x 5.000).

Hinweis:
- *siehe auch B 94*

Quellen:
- § 6 Abs 1 Z 27 UStG

Literatur:
- *Beiser*, Steuern[12], Rz 613
- *Doralt*, Steuerrecht 2014/2015, Rz 337
- *Doralt/Ruppe*, Steuerrecht II[7], Rz 522 f

A 54. Differenzbesteuerung

Ein Antiquitäten- und Bilderhändler verkauft
a) einen Biedermeiersekretär, den er um 2.000 € gekauft hat, um 4.400 € an Herrn X für dessen Wohnzimmer und
b) eine Stehlampe, die er um 400 € gekauft hat, für 1.000 € an den Notar N für dessen Arbeitszimmer.
Erläutern Sie die umsatzsteuerliche Behandlung der beiden Vorgänge. Worauf muss der Antiquitätenhändler bei der Rechnungsausstellung achten?

a) Es handelt sich um einen Handel mit Gebrauchtgegenständen.
Daher kommt prinzipiell die Differenzbesteuerung gem § 24 UStG in Betracht, jedoch nur, wenn
- der Händler gewerbsmäßig mit Kunstgegenständen oder Gebrauchtwaren handelt und
- auf der Verkaufsrechnung die USt nicht ausgewiesen wird.

Da sich Herr X als Privater keinesfalls die Vorsteuer abziehen kann, wird der Antiquitätenhändler auch nicht auf die Differenzbesteuerung verzichten. Die Bemessungsgrundlage für diese differenzbesteuerte Lieferung wäre: 4.400 € – 2.000 € = 2.400 €. Dieser Betrag wäre sodann regulär mit 20 % USt zu versteuern (20 %, obwohl der Biedermeiersekretär als Antiquität gem Z 46 der Anlage zu § 10 Abs 2 UStG zu werten ist und im Falle eines nicht differenzbesteuerten Umsatzes somit dem begünstigten Steuersatz von 10 % unterliegen würde).

b) Der Notar ist vorsteuerabzugsberechtigt, weil er die Lampe für seinen Betrieb anschafft.
Der Antiquitätenhändler kann daher auf Inanspruchnahme der Differenzbesteuerung verzichten und die USt vom Verkaufsbetrag berechnen [20 % von 1.000 € = 200 €].
Der Notar N kann die USt in Höhe von 200 € als Vorsteuer geltend machen, wenn sie auf der Rechnung ausgewiesen ist.

Andernfalls, somit bei Inanspruchnahme der Differenzbesteuerung, hat der Antiquitätenhändler nur die Differenz zwischen Ein- und Verkaufspreis zu versteuern, wobei zu beachten ist, dass die USt selbst nicht zur Bemessungsgrundlage zählt. [1.000 € – 400 € = 600 € (Bruttobetrag) ÷ 1,2 = 500 € (Nettobetrag)]

Diesfalls hat ein Hinweis auf das Vorliegen der Differenzbesteuerung auf der Rechnung aufzuscheinen. Die zwar ausgewiesenen – aber eben differenzbesteuerten – 100 € USt kann sich der Notar N diesfalls jedoch nicht als Vorsteuer abziehen.

Quellen:
- § 24 UStG

Literatur:
- *Beiser*, Steuern[12], Rz 523 ff
- *Doralt*, Steuerrecht 2014/15, Rz 329
- *Doralt/Ruppe*, Steuerrecht II[7], Rz 535-537

A 55. Binnenmarkt, Bestimmungsland- und Ursprungsland-prinzip

Der französische Champagnerhersteller L tätigt folgende Umsätze:

a) L liefert dem österreichischen Getränkegroßhändler X 1.000 Flaschen à 20 € (exkl. USt) frei Haus. Den Verkaufspreis setzt X mit 30 € pro Flasche fest. X schenkt je eine Flasche seiner Mutter und seiner Freundin.

b) L liefert an Herrn Müller (Wohnsitz in Wien) 10 Flaschen à 30 € (exkl. USt).

c) Der Champagner hat Herr Müller so gut geschmeckt, dass er bei seinem nächsten Urlaub in Frankreich noch einmal 10 Flaschen à 25 € direkt bei L erwirbt und nach Österreich mitnimmt. Beurteilen Sie den Sachverhalt aus umsatzsteuerlicher Sicht. Wie hoch ist die Umsatzsteuer?

a) L und X sind Unternehmer aus verschiedenen Mitgliedstaaten der EU, es kommt folglich die **Binnenmarktregelung** zur Anwendung.
1000 Flaschen Champagner werden von Frankreich nach Österreich geliefert, der Erwerber X ist Unternehmer (Getränkegroßhändler) und erwirbt den Gegenstand für sein Unternehmen, die Lieferung wird durch den Unternehmer L (Champagnerhersteller) gegen Entgelt (20.000 €) im Rahmen seines Unternehmens ausgeführt. Die Voraussetzungen für einen **innergemeinschaftlichen Erwerb** sind somit erfüllt (Art 1 Abs 2 BMR).

Die **Lieferung** des A ist **steuerfrei** (Art 7 BMR); der Getränkegroßhändler X muss einen **innergemeinschaftlichen Erwerb** versteuern (Art 1 BMR). Der Abnehmer muss seine UID vorweisen.
Der Champagner unterliegt dem normalen Steuersatz von 20 % (§ 10 Abs 1 UStG). Die **Erwerbsteuer** beträgt demnach 4.000 €. Diesen Betrag kann sich X gleichzeitig als **Vorsteuer** abziehen (Art 12 BMR).

Wenn X sodann 2 **Flaschen verschenkt**, verwendet er Gegenstände, die seinem Unternehmen dienen, für Zwecke, die außerhalb des Unternehmens liegen. Die Schenkung stellt damit eine Entnahme dar, welche einer **entgeltlichen Lieferung (an sich selbst)** gleichgestellt ist. (§ 3 Abs 2 UStG); Bemessungsgrundlage ist der Einkaufspreis zuzüglich Nebenkosten (§ 4 Abs 8 UStG).

b) Für **verbrauchsteuerpflichtige Waren** (Mineralöle, Alkohol, alkoholische Getränke und Tabakwaren) gilt grundsätzlich das **Bestimmungslandprinzip**. Die Lieferung von verbrauchsteuerpflichtigen Waren gilt somit auch dann als im **Importland** ausgeführt, wenn die Lieferschwelle nicht überschritten wird (Art 3 Abs 7 BMR). L tätigt somit eine Lieferung in **Österreich**. Die USt beträgt 60 € (20 % vom Nettobetrag 300 €).

c) Im Fall der **Selbstabholung** wird verbrauchsteuerpflichtige Ware im **Ursprungsland** besteuert. Die Lieferung wird dort ausgeführt, wo sich der Gegen-stand zur Zeit der Verschaffung der Verfügungsmacht befindet (§ 3 Abs 7 UStG). Dies ist **Frankreich**, der Champagner unterliegt also in Frankreich der (französischen) Umsatzsteuer und wäre in Österreich daher nicht steuerbar.

Hinweis:
- *siehe auch B 76, B 77*

Quellen:
- §§ 6, 7 UStG
- Art 7 BMR

Literatur:
- *Beiser*, Steuern[12], Rz 615 ff
- *Doralt*, Steuerrecht 2014/2015, Rz 356 f
- *Doralt/Ruppe*, Steuerrecht II[7], Rz 577 ff
- *Lang/Unger*, Steuerrecht graphisch[5], Rz 155

A 56. Binnenmarkt/Drittland

Der Buchhändler B kauft beim italienischen Verlag I Bücher im Wert von 10.000 € und bei einem Verlag S in der Schweiz Bücher um 5.000 €.
Welche umsatzsteuerrechtlichen Konsequenzen ergeben sich?

Da sowohl der Leistungsempfänger B als auch der Leistende I Unternehmer sind, gilt für sie das Bestimmungslandprinzip.

Die Lieferung der Bücher aus Italien ist unter der Voraussetzung, dass B als Leistungsempfänger seine UID vorlegt, steuerfrei, weil es sich hier um eine steuerfreie innergemeinschaftliche Lieferung handelt (Art 6 Abs 1 iVm Art 7 BMR).

Auf der entsprechenden Rechnung des italienischen Verlages an B ist daher keine USt auszuweisen, sondern vielmehr ein Hinweis auf das Vorliegen einer innergemeinschaftlichen Lieferung anzuführen.

In Österreich tätigt B einen steuerbaren innergemeinschaftlichen Erwerb (Art 1), für welchen er Erwerbsteuer iHv 10 % (§ 10 Abs 2 lit b iVm Z 43 lit a der Anlage) zu entrichten hat.

In der nächsten, auf diesen Erwerb folgenden Umsatzsteuervoranmeldung hat B den entsprechenden Betrag als innergemeinschaftlichen Erwerb zu deklarieren und kann sich sogleich diesen Steuerbetrag als „innergemeinschaftliche" Vorsteuer wieder abziehen. Es handelt sich somit nicht einmal um einen durchlaufenden Posten, sondern lediglich um eine Verpflichtung zur ordnungsgemäßen Meldung.

Die Ausfuhr der Bücher aus der Schweiz stellt für den Verlag S eine steuerfreie Ausfuhrlieferung dar.

Bei der Einfuhr der Waren aus dem Drittland hat B sodann die Einfuhrumsatzsteuer zu entrichten.

Bzgl der Rückerstattung als Vorsteuer im Wege der Umsatzsteuervoranmeldung gilt das zur Erwerbsteuer Gesagte sinngemäß.

Hinweis:
- *siehe auch B 76; E 6*

Quellen:	**Literatur:**
• §§ 6, 7, 10 UStG • Art 6 Abs 1, Art 7 BMR	▪ *Beiser*, Steuern[12], Rz 637 ff ▪ *Doralt*, Steuerrecht 2014/2015, Rz 356 f ▪ *Doralt/Ruppe*, Steuerrecht II[7], Rz 577 ff ▪ *Lang/Unger*, Steuerrecht graphisch[5], Rz 155

A 57. Schwellenerwerber

Ein Wiener Zahnarzt bestellt von einem französischen Spezialisten für seinen Praxisbedarf ein neues Röntgengerät im Wert von 20.000 € (exkl. USt). Beurteilen Sie den Sachverhalt umsatzsteuerrechtlich.

Ärzte sind **unecht steuerbefreit**, sie unterliegen daher nicht der USt-Pflicht und sind vom VSt-Abzug ausgeschlossen.
Da ihm kein VSt-Abzug zusteht, ist er grundsätzlich ein „**Schwellenerwerber**".

Der Arzt tätigt jedoch einen innergemeinschaftlichen Erwerb, der die **Erwerbschwelle** von 11.000 € übersteigt. Damit unterliegt die Lieferung in Österreich der Erwerbsteuer. Der Arzt kann keine VSt geltend machen (unecht USt-befreit).

Hinweis:
- *siehe auch B 100*

Quellen:	**Literatur:**
▪ Art 1 Abs 4 ff BMR	▪ *Beiser*, Steuern[12], Rz 631 ff ▪ *Doralt*, Steuerrecht 2014/2015, Rz 358 ▪ *Doralt/Ruppe*, Steuerrecht II[7], Rz 577 ff ▪ *Lang/Unger*, Steuerrecht graphisch[5], Rz 155

A 58. Organschaft

Die Ledererzeugungs-AG „L" verkauft ihre Lederprodukte an die Vertriebstochter-GmbH „V", an der sie zu 80 % beteiligt ist. Abgesehen davon ist der Geschäftsführer der GmbH zugleich Vorstandsmitglied der AG. Beurteilen Sie den Sachverhalt umsatzsteuerrechtlich.

Es liegt eine **Organschaft** vor, weil die „V-GmbH" in die „L-AG"

- **finanziell** (Beteiligung > 75 %),

- **wirtschaftlich** (Produktion und Vertrieb) und
- **organisatorisch** (Geschäftsführer ist Vorstandsmitglied) eingegliedert ist (§ 2 Abs 2 Z 2 UStG).

Ein Ergebnisabführungsvertrag (wie ihn die vormalige Regelung nach dem KStG vorsah) ist in der USt nicht erforderlich. Der **Verkauf der Lederprodukte** ist somit ein **nicht steuerbarer Innenumsatz**.

Hinweis:
- *siehe auch B 81*
- *vgl dazu auch die Gruppenbesteuerung B 63*
- *Haftung der Organgesellschaft gem § 13 BAO kommt in Betracht.*

Quellen:
- § 2 Abs 1 UStG

Literatur:
- *Beiser*, Steuern[12], Rz 483 ff
- *Doralt*, Steuerrecht 2014/2015, Rz 306
- *Doralt/Ruppe*, Steuerrecht II[7], Rz 223
- *Lang/Unger*, Steuerrecht graphisch[5], Rz 128

A 59. Grundsatz der Unternehmenseinheit

Die österreichische Computer-Handels AG befördert Hardware im Wert von 1 Mio € (netto) aus dem Lager in Wien in ihr Lager in den USA. Welche umsatzsteuerlichen Folgen ergeben sich?

Das **Verbringen** der Gegenstände ins Drittland erfolgt nicht gegen Entgelt; daher ist es **kein Tatbestand des UStG**: nicht steuerbarer „Umsatz", daher keine USt-Pflicht.

Zusatzhinweis: Die echte Befreiung für Ausfuhrlieferungen (§ 7 UStG) kommt daher nicht zum Tragen, darum muss auch kein Ausfuhrnachweis erbracht werden. Keine Versendungs- oder Beförderungslieferung (weil keine Lieferung); daher kommt die Einheitlichkeit von Lieferung und sonstiger Leistung nicht zur Anwendung.

Die österreichische Computer-Handels AG befördert Hardware im Wert von 1 Mio € (netto) aus dem Lager in Wien in ihr Lager in Deutschland. Welche umsatzsteuerlichen Folgen ergeben sich?

Das Verbringen in ein Lager in einem anderen EU-Mitgliedstaat wird einer entgeltlichen Lieferung gleichgestellt.

Für die österreichische AG handelt es sich somit um eine steuerfreie innergemeinschaftliche Lieferung. Anderseits unterliegen die verbrachten Waren in Deutschland der deutschen Erwerbsteuer.

Dass das Lager in Deutschland kein USt-Subjekt ist, muss die anfallende Erwerbsteuer von der österreichischen AG getragen werden, welche sich diese im Rahmen ihrer nächsten Umsatzsteuervoranmeldung wieder als Vorsteuer abziehen darf.

Hinweis:
- *siehe auch B 81*
- *vgl dazu auch die Gruppenbesteuerung B 63*

Quellen:
- § 2 Abs 1 UStG

Literatur:
- *Beiser*, Steuern[12], Rz 482
- *Doralt*, Steuerrecht 2014/2015, Rz 309
- *Doralt/Ruppe*, Steuerrecht II[7], Rz 588 ff
- *Lang/Unger*, Steuerrecht graphisch[5], Rz 127

A 60. Ausfuhrlieferung/Beförderung

Kurze Zeit später liefert dieselbe österreichische Computer-Handels AG Hardware um 10.000 € (netto) zzgl Transportkosten von 1.000 € (netto) an eine Privatperson nach Moskau; der Transport wird von einem österreichischen Spediteur im Auftrag und für Rechnung des Moskauer Privaten durchgeführt.
Welche umsatzsteuerlichen Folgen ergeben sich für die AG und den Spediteur?

Es handelt sich um eine **echt steuerbefreite Ausfuhrlieferung** (§ 7 UStG). Die Transportleistung der AG an den Kunden ist eine Nebenleistung zur Lieferung und daher auch steuerfrei.

Die Transportleistung des Spediteurs ist eine sonstige Leistung an die Moskauer Privatperson, maßgeblich ist der Beförderungsort; daher ist nur der **inländische Streckenteil steuerbar** (§ 3a Abs 10 UStG!). Dieser ist aber gem § 6 Abs 1 Z 3 lit a UStG echt steuerbefreit.

Hinweis:
- *siehe auch B 83, B 86*

Quellen:
- § 7; § 3a Abs 7; § 6 Abs 1 Z 3 lit a sublit bb UStG

Literatur:
- *Beiser*, Steuern[12], Rz 607
- *Doralt*, Steuerrecht 2014/2015, Rz 333
- *Doralt/Ruppe*, Steuerrecht II[7], Rz 594 ff
- *Lang/Unger*, Steuerrecht graphisch[5], Rz 151 ff

Grunderwerbsteuer

A 61. Gegenleistungsbegriff und Rückgängigmachung des Erwerbs

Die N-AG kauft im Jahr X1 von W ein Betriebsgrundstück um einen Kaufpreis von 15.000.000 €, wovon laut Kaufvertrag 8.000.000 € für das auf dem Grundstück befindliche Fabrikgebäude gezahlt werden, 2.000.000 € für diverse Maschinen und Geräte (Kräne, Hebebühnen, ...) und 5.000.000 € für das Grundstück selbst. Das Grundstück ist mit einer Hypothek in Höhe von 1.000.000 € belastet, welche die N-AG von W übernimmt. Die N-AG expandiert und lässt sich daher im Jahr X3 von V, dem Eigentümer des Nachbargrundstücks, gegen Zahlung von 5.000.000 € ein Baurecht auf dem Nachbargrundstück einräumen. Ein Rechtsstreit zwischen der N-AG und V endet mit einem Gerichtsurteil, wonach die N-AG den Vertrag mit V nicht eingehalten habe. Infolge dieses Urteils wird der Erwerb des Baurechts im Jahr X7 rückabgewickelt.
Beurteilen Sie die Erwerbsvorgänge und die Rückabwicklung aus grunderwerbsteuerlicher Sicht.

Beim Kauf eines Grundstücks stellt der Kaufpreis einschließlich aller vom Käufer übernommenen sonstigen Leistungen und der dem Verkäufer vorbehaltenen Nutzungen die **Gegenleistung** des Käufers dar und ist damit **Bemessungsgrundlage** für die GrESt (§ 5 Abs 1 Z 1 GrEStG). Zur Gegenleistung gehören auch Belastungen, die auf dem Grundstück ruhen und kraft Gesetzes auf den Erwerber übergehen, wie zB Hypothekarschulden (§ 5 Abs 2 Z 2 GrEStG). Der Begriff „Grundstück" ist im Sinne des ABGB zu verstehen (§ 2 Abs 1 GrEStG) und umfasst damit auch Gebäude oder Pflanzen, die fest mit dem Grundstück verbunden sind. Maschinen und sonstige Vorrichtungen aller Art, die zu einer Betriebsanlage gehören, werden jedoch nicht zum Grundstück gerechnet (§ 2 Abs 1 Z 1 GrEStG). Die Bemessungsgrundlage für den grunderwerbsteuerpflichtigen Kauf zwischen der N-AG und W setzt sich damit zusammen aus

▪ dem Wert des Grundstücks	5.000.000 €
▪ dem Wert des Gebäudes	8.000.000 €
▪ der übernommenen Hypothek	1.000.000 €
daher beträgt die GrESt-Bemessungsgrundlage:	14.000.000 €

Die Grunderwerbsteuerforderung für den Kaufvertrag zwischen der N-AG und W beträgt daher 14.000.000 € x 3,5 % = 490.000 €.

Als „Grundstück" im Sinne des GrEStG gilt auch das **Baurecht** (§ 2 Abs 2 Z 1 GrEStG), der entgeltliche Erwerb eines Baurechts löst daher Grunderwerbsteuerpflicht aus. Die Bemessungsgrundlage für die Grunderwerbsteuer vom Baurechtserwerb beträgt 5.000.000 €, die Grundsteuerforderung macht daher 5.000.000 € x 3,5 % = 175.000 € aus.

Die Grunderwerbsteuer ist bereits festgesetzt, als der Erwerbsvorgang rückabgewickelt wird, weil durch ein Gerichtsurteil festgestellt worden ist, dass der Erwerber seine vertraglichen Verpflichtungen nicht eingehalten hat. In einem solchen Fall können die beiden Beteiligten (die N-AG und V) einen **Antrag** stellen, die **bereits festgesetzte GrESt abzuändern**. Der Antrag begründet sich damit, dass der Erwerbsvorgang aufgrund eines Rechtsanspruches rückgängig gemacht wurde, weil die Vertragsbestimmungen nicht erfüllt worden sind (§ 17 Abs 4 iVm Abs 1 Z 2 GrEStG). Der Antrag ist zeitlich nicht befristet und kann daher beliebig lange nach dem Erwerbsvorgang gestellt werden.

Hinweis:
- *siehe auch B 103; B 104*

Quellen:
- § 2, 5, 17 GrEStG

Literatur:
- *Beiser*, Steuern[12], Rz 673 ff, 690 f
- *Doralt*, Steuerrecht 2014/15, Rz 466; Rz 470
- *Doralt/Ruppe*, Steuerrecht II[7], Rz 1012 ff, 1021

A 62. Anteilsvereinigung

An der D-GmbH sind X und sein Sohn Y zu je 50 % beteiligt. Die D-GmbH besitzt drei Grundstücke mit einem Einheitswert von insgesamt 50.000 € und einem Verkehrswert von insgesamt 3.000.000 €.

a) Anlässlich der Pensionierung des X übernimmt Y die restlichen 50 % der GmbH-Anteile gegen eine Zahlung von 600.000 €.

b) Anlässlich der Pensionierung des X übernimmt Y 49,5 % der GmbH-Anteile gegen eine Zahlung von 694.000 €, und seine Ehefrau E übernimmt von X 0,5 % der GmbH-Anteile gegen eine Zahlung von 6.000 €.

c) Die D-GmbH wird in eine OG (D-OG) umgegründet, an der X und Y zu je 50 % beteiligt sind.

d) Der 50-%-Gesellschafter der D-OG, X, scheidet aus Altersgründen aus der Gesellschaft aus.

Beurteilen Sie die verschiedenen Sachverhalte aus grunderwerbsteuerlicher Sicht.

- Die **Vereinigung aller Anteile** an einer Kapitalgesellschaft **in einer Hand** führt zur Grunderwerbsteuerpflicht, wenn zum Vermögen der Kapitalgesellschaft auch Liegenschaften gehören (§ 1 Abs 3 Z 1 GrEStG). Bemessungsgrundlage für die Grunderwerbsteuer bei der Anteilsvereinigung ist der dreifache Einheitswert, maximal jedoch 30 % des gemeinen Wertes, wenn dieser nachgewiesen wird (§ 4

Abs 2 Z 1 lit c GrEStG). Der Steuersatz beträgt 2 % (§ 7 Abs 1 Z 1 GrEStG), die Steuerschuld beträgt daher 3 x 50.000 x 2 % = 3.000 €. Die Steuerpflicht entsteht mit Abschluss des Kaufvertrages über die GmbH-Anteile (§ 8 Abs 1 GrEStG). Steuerschuldner ist Y, weil in seiner Hand alle Anteile der Gesellschaft vereinigt werden (§ 9 Z 3 lit a GrEStG). Die Steuer ist durch den Parteienvertreter (Rechtsanwalt oder Notar), der den Anteilserwerb abwickelt, selbst zu berechnen und abzuführen (§ 11 Abs 1 GrEStG).

a) Y vereinigt nicht „alle" Anteile in seiner Hand. Der Tatbestand des § 1 Abs 3 Z 1 GrEStG ist daher nicht erfüllt. Mit der Übertragung eines sogenannten „Zwerganteils" an eine dritte Person kann die GrESt-Pflicht vermieden werden.

b) Bei der Umgründung einer Kapitalgesellschaft in eine Personengesellschaft (**Umwandlung** gem Art II UmgrStG), bei der Grundstücke übergehen, fällt GrESt an. In diesem Fall ist Bemessungsgrundlage für die GrESt der zweifache Einheitswert (§ 11 Abs 5 UmgrStG). Der Steuersatz beträgt 3,5 % (§ 7 Abs 1 Z 3 GrEStG) die Steuerschuld beträgt daher 2 x 50.000 x 3,5 % = 3.500 €.

c) Das Ausscheiden eines Gesellschafters aus einer Personengesellschaft, die vor dem Ausscheiden aus bloß zwei Gesellschaftern bestanden hat, führt zur „**Anwachsung**" des Gesellschaftsvermögens beim verbleibenden Gesellschafter (§ 142 UGB). Der verbleibende Gesellschafter Y erwirbt die Restanteile an den Liegenschaften ohne Verpflichtungsgeschäft. Dieser Vorgang unterliegt der GrESt gem § 1 Abs 1 Z 2 GrEStG. Die Steuerbemessungsgrundlage in diesem Fall ist der gemeine Wert der Liegenschaft (§ 4 Abs 2 Z 3 lit a GrEStG). Der Steuersatz beträgt 2 % (§ 7 Abs 1 Z 1 GrEStG), die Steuerschuld beträgt daher 3.000.000 x 2 % = 60.000 €.

Hinweis:

- *siehe auch B 103, B 104*

Quellen:

- GrEStG
- § 142 UGB
- § 11 Abs 5 UmgrStG

Literatur:

- *Beiser*, Steuern[12], Rz 668
- *Doralt*, Steuerrecht 2014/15, Rz 462
- *Doralt/Ruppe*, Steuerrecht II[7], Rz 1012-1017

Kapitalverkehrsteuer

A 63. Gesellschaftsteuerpflichtige Sachverhalte

C und D gründen die Z-AG durch Einlage von jeweils 35.000 €. Fünf Jahre danach gerät die Z-AG in wirtschaftliche Schwierigkeiten: C beschließt, die Tätigkeiten, die er für die Z-AG verrichtet, bis auf Weiteres nicht in Rechnung zu stellen. Die Z-AG beschließt eine Kapitalerhöhung um 35.000 € – diesen Betrag entrichtet E für den Erwerb der neuen Anteile. Die wirtschaftliche Lage bessert sich drei Jahre nach dem Einstieg Es immer noch nicht. Als D die Sache schließlich zu heiß wird, verkauft er sein Aktienpaket an E. C und E können F dafür gewinnen, sich als stiller Gesellschafter mit insgesamt 50.000 € an der Z-AG zu beteiligen. Mit diesem frischen Geld ist der Fortbestand der Z-AG nun endgültig gesichert.
Beurteilen Sie die verschiedenen Vorgänge aus kapitalverkehrsteuerlicher Sicht.

Der **Ersterwerb von Aktien** im Zuge der **Neugründung** einer AG unterliegt grundsätzlich der Gesellschaftsteuerpflicht gem § 2 Z 1 KVG. Allerdings sind Erwerbe von Gesellschaftsrechten unmittelbar im Zusammenhang mit der Neugründung der Gesellschaft durch den ersten Erwerber aufgrund des Neugründungsförderungsgesetzes von der Gesellschaftsteuer befreit (§ 1 Z 5 NeuFöG).

Die unentgeltliche Tätigkeit des Gesellschafters C für die Z-AG stellt eine **Nutzungseinlage** in Form von Gesellschafterarbeit dar, welche nicht der Gesellschaftsteuer unterliegt. Nur Sacheinlagen lösen Gesellschaftsteuerpflicht aus (§ 2 Z 4 KVG), nicht aber Nutzungseinlagen.

Der **Ersterwerb von Aktien** im Zuge einer **Kapitalerhöhung** einer AG unterliegt der Gesellschaftsteuerpflicht gem § 2 Z 1 KVG. Bemessungsgrundlage ist der Wert der Gegenleistung für den Erwerb der Gesellschaftsrechte (§ 7 Z 1 lit a KVG), also 2 x 35.000 € = 70.000 €. Der Steuersatz beträgt 1 % (§ 8 KVG), daher macht die Gesellschaftsteuer 700 € aus. Steuerschuldner ist die Z-AG.

Der **Verkauf von Anteilen** einer bestehenden Gesellschaft führt zu keinem Mittelzufluss bei der Gesellschaft selbst, diese bleibt davon gänzlich unberührt. Der Verkauf von Aktien unterliegt daher keiner Gesellschaftsteuer.

Der **Ersterwerb einer stillen Beteiligung** (gleichgültig, ob typisch oder atypisch) an einer AG stellt einen Erwerb von Gesellschaftsrechten an einer inländischen Kapitalgesellschaft durch den Erwerber dar und ist daher gem § 2 Z 1 KVG gesellschaftsteuerpflichtig. Eine stille Beteiligung an einer AG ist nämlich eine Forderung, die eine Beteiligung am Gewinn oder Liquidationserlös der Gesellschaft gewährt, und gilt daher gem § 5 Z 3 KVG als Gesellschaftsrecht an einer Kapitalgesellschaft.

Bemessungsgrundlage ist der Wert der Gegenleistung für den Erwerb der Gesellschaftsrechte (§ 7 Z 1 lit a KVG), also 50.000 €. Der Steuersatz beträgt 1 % (§ 8 KVG), daher macht die Gesellschaftsteuer 500 € aus. Steuerschuldner ist die Z-AG.

Hinweis:

- *siehe auch B 105*
- *Gemäß § 38 Abs 3e KVG idF AbgÄG 2014 tritt die* ***Gesellschaftsteuer per 1.1.2016 außer Kraft****!*

Quellen:

- § 2-10a KVG
- § 1 Z 5 NeuFÖG

Literatur:

- *Beiser*, Steuern[12], Rz 705
- *Doralt*, Steuerrecht 2014/15, Rz 476 f
- *Doralt/Ruppe*, Steuerrecht II[7], Rz 1031 ff
- *Lang/Unger*, Steuerrecht graphisch[5], Rz 194

Gebühren

A 64. Urkundenbegriff

Ein Vermieter übermittelt einem potenziellen Mieter per E-Mail ein Anbot betreffend einen Mietvertrag für ein bestimmtes Objekt. Der Mieter nimmt den Mietvertrag per E-Mail an. Sowohl Anbot als auch Annahmeerklärung werden mit sicherer elektonischer Signatur signiert. Das E-Mail wird zu keinem Zeitpunkt ausgedruckt.
Im Zuge einer abgabenbehördlichen Prüfung kommt dieser Sachverhalt hervor, und das zuständige Finanzamt schreibt eine Gebührschuld für die Bestandsvertragsgebühr vor.
Wie sind diese Vorgänge aus gebührenrechtlicher Sicht zu beurteilen?

Mit der grundlegenden Frage der Gebührenschuld iZm einem nicht ausgedruckten E-Mail musste sich der VwGH in seinem Erk vom 16.12.2010, 2009/16/0271 beschäftigen. Nachdem der (damals zuständige) UFS in seiner vorgelagerten Entscheidung noch eine Gebührenschuld im gegenständlichen Fall verneint hatte, erhob das Finanzamt Amtsbeschwerde. Der VwGH bejahte schließlich eine Gebührenschuld und begründete dies im Wesentlichen mit den folgenden zusammengefassten Gedankenschritten:

- Nicht die Beurkundung, sondern das Rechtsgeschäft selbst ist Gegenstand der Abgabenerhebung. Die Urkunde ist nur steuertechnisches Hilfsmittel, um die tatsächliche Erfassung der Rechtsgeschäfte ohne zu große Weiterungen für das Wirtschaftsleben und Schwierigkeiten für die Verwaltung zu ermöglichen.
- Zur Frage, worauf die Schrift gesetzt sein muss bzw woraus die Urkunde bestehen soll, gibt der Begriff des „Papiers" (§ 5 GebG) Auskunft, der für das gesamte Gebührengesetz beachtlich ist.
- Papier ist demnach jeder „Stoff", der eine „Schrift" zu tragen geeignet ist. Ist ein – gebührenrechtlich relevantes – Rechtsgeschäft in Schriftform auf einem „Stoff" verfasst, liegt eine Urkunde vor, die wiederum Bedingung für die Gebührenpflicht ist.
- Als Stoff kann jedenfalls ein Bildschirm dienen, auf dem ein E-Mail (Schrift, Urkunde) lesbar gemacht werden kann.
- Durch die Möglichkeit, die Daten eines E-Mails zu speichern, wird auch dem der Beurkundung innewohnenden Zweck der Schaffung eines Beweismittels entsprochen. Eine Löschung der Daten hebt die einmal entstandene Gebührenpflicht nicht auf.

- Das Beisetzen einer sicheren elektronischen Signatur im Sinne des SigG kann unter Bedachtnahme auf die einschlägigen Bestimmungen der Signaturrichtlinie nur dahin verstanden werden, dass die elektronische Signatur der händischen Unterschrift gleich gesetzt ist.

Quellen:
- GebG
- „E-SignaturRL" (99/93/EG)

Literatur:
- *Doralt*, Steuerrecht 2014/15, Rz 517
- *Doralt/Ruppe*, Steuerrecht II[7], Rz 1062; 1091-1093
- *Lang/Unger*, Steuerrecht grapisch[5], Rz 192

A 65. Bestandverträge, Wechsel und Gebührenverkürzung

Frau F mietet von Herrn H eine Wohnung um 400 € monatlich zuzüglich 150 € Betriebskosten auf zehn Jahre. Als Mieterkaution verlangt H von F die Ausstellung eines Blankowechsels. Der Mietvertrag wird am 4. 7. 2014 unterzeichnet; gleichzeitig übergibt F dem H den unterfertigten Wechsel. Weder F noch H erstatten eine Meldung dieser Vorgänge an das Finanzamt.
Wie sind diese Vorgänge aus gebührenrechtlicher Sicht zu beurteilen?

Bestandverträge sind gebührenpflichtig. Bei Bestandverträgen über Gebäude(teile), die überwiegend Wohnzwecken dienen, ist – auch bei längerer Vertragsdauer – höchstens das Dreifache einer Jahreszahlung als Bemessungsgrundlage heranzuziehen (§ 33 TP 5 Abs 3 GebG). Zur Bemessungsgrundlage gehören auch alle beurkundeten Nebenleistungen wie zB die Betriebskosten. Die Bemessungsgrundlage beträgt daher 3 x 12 x 400 € + 3 x 12 x 150 € = 14.400 € + 5.400 € = 19.800 €. Der Steuersatz beträgt 1 % (§ 33 TP 5 Abs 1 Z 1 GebG). Die Gebührenschuld beträgt daher 19.800 x 1 % = 198 €. Die Gebühr ist vom Bestandgeber zu berechnen und bis zum 15. Tag des dem Entstehen der Gebührenschuld (= 4. 7. 2014) zweitfolgenden Monats (das wäre der 15. 9. 2014) an das Finanzamt zu entrichten. Gebührenschuldner sind sowohl der Vermieter H als auch die Mieterin F (§ 28 Abs 1 Z 1lit a GebG, Gesamtschuldner).

Wechsel unterliegen einer Gebühr iHv 1/8 % der Wechselsumme. Da es sich beim Blankowechsel jedoch um einen unvollständigen Wechsel handelt, entsteht die Gebührenschuld nicht schon mit der Übergabe des Wechsels, sondern erst im Zeitpunkt der Vervollständigung (§ 16 Abs 3 letzter Satz GebG).

Durch das Unterlassen der Meldung eines gebührenpflichtigen Vorgangs begeht H, der gem § 33 TP 5 Abs 5 Z 1 und Z 3 GebG zur Anzeige und Abfuhr der Gebührenschuld verpflichtet ist, eine „Abgabenverkürzung" im weitesten Sinn. Eine **Gebührenverkürzung** ist jedoch nicht nach dem Finanzstrafgesetz zu ahnden, weil Gebühren keine „Abgaben" iSd FinStrG sind (§ 2 Abs 2 FinStrG). Dafür kann das Finanzamt bei der bescheidmäßigen Festsetzung der Gebühr eine **Erhöhung** bis zum Ausmaß der verkürzten Gebühr erheben (§ 9 Abs 2 GebG), weil nämlich keine feste Gebühr, sondern eine Hundertsatzgebühr vorliegt. Damit kann die Gebührenschuld im Falle der Entdeckung der Verkürzung je nach Verschuldensgrad des H und der F zwischen 198 € und 296 € betragen.

Hinweis:
- *siehe auch B 106, B 107, B 141*

Quellen:
- §§ 9; 16; 33 GebG
- § 2 FinStrG

Literatur:
- *Beiser*, Steuern[12], Rz 735
- *Doralt*, Steuerrecht 2014/15, Rz 508; Rz 515; Rz 521
- *Doralt/Ruppe*, Steuerrecht II[7], Rz 1082 f, 1090

Verfahrensrecht

A 66. Zuständigkeit

Ein Rechtsanwalt wohnt in Baden bei Wien und hat seine Kanzlei in 1010 Wien. Erläutern Sie anhand dieses Beispiels die örtliche Zuständigkeit der Finanzämter.

Mit Inkrafttreten des AVOG 2010 (1.7.2010) ist bei natürlichen Personen generell das **Wohnsitzfinanzamt** (hier also FA Baden Mödling) zuständig (§ 20 AVOG 2010).

Würde der Rechtsanwalt seine Kanzlei in Form einer Rechtsanwalts-GmbH betreiben, so kommt § 21 AVOG 2010 zur Anwendung, wonach für juristische Personen generell das Betriebsfinanzamt (hier also FA Wien 1/23) zuständig ist.

Hinweis:
- *siehe auch B 127*

Quellen:
- §§ 20, 21 AVOG 2010

Literatur:
- *Tanzer/Unger*, BAO 2014/20150, 134 f
- *Doralt*, Steuerrecht 2014/15, Rz 562
- *Lang/Unger*, Steuerrecht graphisch[5], Rz 167

A 67. Feststellung bestimmter Einkünfte (§ 188 BAO)

A und B sind Gesellschafter einer OG; ihre Gewinnanteile betrugen im abgelaufenen Jahr je 70.000 €. A lebt in Wien, B in Salzburg; die OG hat ihren Sitz und die Betriebsstätte in Linz. Wie geht das Finanzamt bei der Veranlagung von A und B vor?

Die Einkünfte der Personengesellschaften werden in einem **Verfahren nach § 188 BAO** festgestellt. Dieses erfolgt gesondert von der ESt-Veranlagungen der Mitglieder. Sonderbetriebsvermögen und Sonderbetriebsschulden werden in Ergänzungsbilanzen ausgewiesen; Sonderbetriebsausgaben und Sonderbetriebseinnahmen müssen ebenso wie Sondereinnahmen und Sonderwerbungskosten (aus gemeinsam vermieteten Gebäuden/Liegenschaften) in der Einkünftefeststellung geltend gemacht werden.

Für die Feststellung nach § 188 BAO ist gemäß § 21 AVOG 2010 bei Einkünften aus Gewerbebetrieb das **Betriebsfinanzamt** örtlich zuständig. Das ist jenes Finanzamt, in dessen Bereich sich der Ort der Geschäftsleitung befindet (hier Linz). Dieses erlässt als erste Stufe den selbständig anfechtbaren **Feststellungsbescheid** (Grundlagenbescheid iSd § 252 BAO), der an die OG ergeht und gegen alle Personen wirkt, denen gemeinschaftliche Einkünfte zufließen (§ 191 Abs 3 lit b BAO). Sowohl die OG als auch deren Beteiligte sind zur Beschwerde gegen den Bescheid über die Einkünftefeststellung gem § 188 BAO legitimiert (§ 246 BAO).

In einer zweiten Stufe wird jeder einzelne Mitunternehmer zur **Einkommensteuer veranlagt.** Die Erfolgstangente, welche nach der Einkünftefeststellung aus der gemeinschaftlichen Einkunftsquelle auf den einzelnen Beteiligten entfällt, wird der Einzelveranlagung zugrunde gelegt und gemeinsam mit den anderen Einkünften des einzelnen Beteiligten zur ESt veranlagt. Die Feststellungen der ersten Stufe sind für die Einzelveranlagung bindend (**Grundlagenbescheide**). Für die ESt-Veranlagung von A und B (Festsetzungsbescheide) ist gem § 20 AVOG 2010 deren Wohnsitzfinanzamt örtlich zuständig (Wien für A, Salzburg für B; **abgeleitete Bescheide**).

Hinweis:
- *siehe auch B 36, B 132; A 18*

Quellen:
- §§ 186 ff, 198 ff BAO

Literatur:
- *Tanzer/Unger*, BAO 2014/2015, 181 ff
- *Beiser*, Steuern[12], Rz 268 ff
- *Doralt*, Steuerrecht 2014/15, Rz 127; 567

A 68. Verzinsung der Abgaben

Welche Arten der Verzinsung von Abgabenschulden kennt die Bundesabgabenordnung, wie hoch sind sie, und wann werden sie erhoben?

Die Verzinsungen nach der BAO orientieren sich grundsätzlich am Basiszinssatz, der von der Europäischen Zentralbank festgelegt wird (aktueller Stand: -0,12 %, somit negativer Basiszinssatz).

Verzinsungen von Abgabenschulden in der BAO beinhalten:

- **Anspruchszinsen** gem § 205 BAO stehen in der ESt und KSt wegen zu hoher Vorauszahlungen (Gutschriftszinsen) oder wegen zu niedriger Vorauszahlungen (Nachforderungszinsen) zu. Der Zinssatz beträgt 2 % über dem Basiszinssatz. Anspruchszinsen stehen zu ab dem 1. Oktober des Folgejahres für einen Zeitraum von maximal 4 Jahren. Unter der Bagatellgrenze von 50 € sind die Zinsen nicht festzusetzen.
- **Stundungszinsen** gem § 212 BAO sind zu entrichten, wenn dem Antrag auf Stundung stattgegeben worden ist. Der Zinssatz beträgt 4,5 % über dem Basiszinssatz, wenn die gestundete Summe 750 € übersteigt. Unter der Bagatellgrenze von 50 € sind die Zinsen nicht festzusetzen.
- **Aussetzungszinsen** gem § 212a BAO sind zu entrichten, wenn dem Antrag auf Aussetzung der Einhebung stattgegeben worden ist. Der Zinssatz beträgt 2 % über

dem Basiszinssatz. Unter der Bagatellgrenze von 50 € sind die Zinsen nicht festzusetzen.

- **Beschwerdezinsen** gem § 205a BAO können auf Antrag gutgeschrieben werden. Sie stehen zu, wenn Abgabenschulden entrichtet werden (also kein Antrag auf Aussetzung gestellt wird) und anschließend der geschuldete Betrag infolge einer stattgebenden Beschwerdeerledigung herabgesetzt wird. Der Zinssatz beträgt 2% über dem Basiszinssatz. Unter der Bagatellgrenze von 50 € werden keine Zinsen festgesetzt.

Hinweis:
- *siehe auch B 133, B 134, B 135, B 136*

Quellen:
- §§ 205, 205a, 212, 212a BAO

Literatur:
- *Tanzer/Unger*, BAO 2014/2015, 175, 189 ff
- *Doralt*, Steuerrecht 2014/15, Rz 568

A 69. Rechtsmittel

Der Verein Tiergarten H erhält am 7. Oktober vom Finanzamt einen Steuerbescheid für das letzte Jahr, wonach er 100.000 € Steuer zahlen müsste. Der Verein möchte gegen den Bescheid vorgehen und die Steuer – wenn überhaupt – möglichst spät bezahlen.
Was kann der Verein gegen den Bescheid unternehmen? Bis wann? Was sollte der Obmann des Tiergartenvereines bedenken?

Der Verein kann gegen den Bescheid das Rechtsmittel der **Bescheidbeschwerde** erheben.

Die Beschwerdefrist beträgt einen Monat ab Zustellung, das ist der 7. 11.

Die Beschwerde ist grds bei der bescheiderlassenden Abgabenbehörde schriftlich einzubringen.

Als Rechtsmittelgericht fungiert schließlich das Bundesfinanzgericht.

Da der Beschwerde keine aufschiebende Wirkung hat, wird der Verein tunlichst die **Aussetzung der Einhebung** beantragen, worauf die Steuernachzahlung so lange nicht entrichtet werden muss, als das Rechtsmittelverfahren noch anhängig ist.

Für den Fall, dass der Beschwerde nicht stattgegeben wird, besteht noch immer die Möglichkeit einer Zahlungserleichterung. Hierbei kann entweder eine Stundung bis zu einem bestimmten Termin oder aber eine Ratenzahlung beantragt werden.

Beide müssen bis spätestens am Tag der Fälligkeit der Steuerschuld dem Finanzamt übermittelt werden. Hierbei ist auch eine Übermittlung per Fax rechtsmöglich.

Der Obmann des Vereins ist gesetzliches Vertretungsorgan der juristischen Person. Er hat dafür zu sorgen, dass die Abgaben ordnungsgemäß und zeitgerecht entrichtet werden.

Im Falle einer schuldhaften Verletzung dieser Pflicht haftet er persönlich für die entsprechenden Abgaben.

Hinweis:
- *siehe auch B 128; B 138, B 139*

Quellen:
- §§ 9, 80-83; 212, 212a; 243 ff BAO

Literatur:
- *Tanzer/Unger*, BAO 2014/2015, 205 ff
- *Beiser*, Steuern[12], Rz 764 ff
- *Doralt*, Steuerrecht 2014/15, Rz 568; 572
- *Lang/Unger*, Steuerrecht graphisch[5], Rz 172

A 70. Auswirkungen einer Beschwerde

Das Finanzamt setzt die Einkommensteuer von A mit 3.000 Euro fest. Bei der Bescheidkontrolle bemerkt A, dass er vergessen hat, seinen Kirchenbeitrag als Sonderausgabe geltend zu machen, weshalb er gegen den Bescheid Beschwerde erhebt und beantragt, die nunmehr dargelegte Sonderausgabe entsprechend zu berücksichtigen.
Aufgrund einer erfolgten Nachschau und der anschließenden Beschwerdevorentscheidung wird zwar der erklärte Kirchenbeitrag antragsgemäß berücksichtigt, jedoch ebenso bis dato anerkannte Betriebsausgaben nunmehr als Ausgaben der privaten Lebensführung ausgesondert, der betriebliche Gewinn entsprechend erhöht und im Endeffekt die Einkommensteuer mit 6.000 Euro festgesetzt.
B, ein befreundeter Rechtsanwalt, erzählt A, im Beschwerdeverfahren dürfe die Einkommensteuer nur niedriger, nicht jedoch höher als im angefochtenen Bescheid festgesetzt werden.
Was sagen Sie dazu?

Das Finanzamt im Rahmen der Beschwerdevorentscheidung wie auch das Bundesfinanzgericht im Rahmen der endgültigen Beschwerdeerledigung können den angefochtenen Steuerbescheid sowohl im Spruch als auch in der Begründung in jede Richtung abändern.

Sie haben nämlich nicht nur volle reformatorische Entscheidungsbefugnis, sondern es besteht darüber hinaus auch **kein Verböserungsverbot**. Es kann daher auch eine für den Steuerpflichtigen ungünstigere Entscheidung fallen.

Im gegenständlichen Fall bleibt A daher nur mehr übrig – sollte das BFG nach gestelltem Vorlageantrag nicht anders entscheiden –, eine (ordentliche bzw außerordentliche) Revision an den VwGH oder eine Beschwerde an den VfGH zu erwägen.

Hinweis:
- *siehe auch B 139*

Quellen:
- § 276 BAO

Literatur:
- *Tanzer/Unger*, BAO 2014/2015, 212 f; 218 f
- *Beiser*, Steuern[12], Rz 768 ff
- *Doralt*, Steuerrecht 2014/15, Rz 572
- *Lang/Unger*, Steuerrecht graphisch[5], Rz 172

A 71. Einhebungsverjährung

Im Sommer des Jahres X1 erhält A einen Abgabenbescheid. Durch seinen Wohnungsumzug geht der Bescheid jedoch verloren, und A vergisst auf die Entrichtung der Abgabe. Durch Zuständigkeitsänderungen und EDV-Umstellungen seitens der Finanzverwaltung gerät die offene Abgabenschuld des A auch bei der zuständigen Behörde in Vergessenheit.
Im Jahr X5 bemerkt die Behörde ihr Unterlassen und stellt A erneut einen Bescheid zu. Der Steuerpflichtige hat seine Steuerschuld bis dato nicht bezahlt.
Wie ist der Sachverhalt für das aktuelle Jahr X7 zu beurteilen?

Hier sind die Regeln über die Einhebungsverjährung von Bedeutung.

Die Einhebungsverjährung befristet gem § 238 BAO das Recht, eine fällige Abgabe einzuheben (nach der BAO) und zwangsweise einzubringen (nach der AbgEO).

Fällig ist eine Abgabe gem § 210 BAO grds einen Monat nach Bescheiderlassung, weshalb bei einer Bescheidzustellung im „Sommer des Jahres X1" eine Fälligkeit im Jahr X1 anzunehmen ist.

Die Einhebungsverjährung beginnt mit Ablauf des Jahres, in dem die Abgabe fällig geworden ist, und beträgt fünf Jahre.

Jede nach außen erkennbare und zur Durchsetzung des Anspruchs unternommene Amtshandlung führt jedoch zu einer Unterbrechung der Verjährung.

Mit Ablauf des Jahres, in dem die Unterbrechung eingetreten ist, beginnt die Verjährungsfrist von neuem zu laufen.

Im konkreten Fall ist die Einhebungsmöglichkeit der Abgabenschuld daher noch nicht verjährt, da die fünf Jahre ab dem Jahr X1 zwar ein Ende der Frist im Jahr X6 bedeutet hätten, jedoch begann durch die Unterbrechung im Jahr X5 die Einhebungsverjährung mit Ablauf des Jahres X5 erneut zu laufen.

Daher verjährt das Recht, die gegenständliche Abgabenschuld zwangsweise einzubringen, erst Ende des Jahres X10.

Eine erneute Zustellung „eines Bescheides" im Jahr X5 könnte auf eine unzulässige zweite Abgabenfestsetzung schließen lassen (ne bis in idem, vgl auch § 6 ZustellG, wonach eine zweite Zustellung desselben Bescheides keine neuerlichen Rechtswirkungen auslöst). Für den obigen Fall ist dies jedoch irrelevant, da auch rechtswidrigen Amtshandlungen verjährungstechnisch Unterbrechungswirkung zukommt.

Hinweis:
- *siehe auch B 137*

Quellen:
- § 238 BAO

Literatur:
- *Tanzer/Unger*, BAO 2014/2015, 239 ff
- *Beiser*, Steuern[12], Rz 819 f
- *Doralt*, Steuerrecht 2014/15, Rz 571

A 72. Durchbrechung der Rechtskraft

Im Zuge einer Betriebsprüfung stellt sich heraus, dass Herr X für 2012 zu wenig Einkommensteuer entrichtet hat. Der diesbezügliche Steuerbescheid ist aber bereits seit einem halben Jahr rechtskräftig.
Unter welchen Voraussetzungen und wie kann der Fiskus seinen Abgabenanspruch dennoch durchsetzen?

Hat die Behörde die Unrichtigkeit innerhalb eines Jahres ab Erlassung des ursprünglichen Bescheides entdeckt, kommt eine **Bescheidaufhebung** durch die Abgabenbehörde **gem § 299 BAO** in Betracht. Die diesbezügliche Ermessensentscheidung hat eine entsprechende Begründung, welche die Ermessensübung nachvollziehbar macht, zu enthalten.

Gem § 299 Abs 2 BAO ist (in der Regel, dann aber zwingend in gebundener Verwaltung) mit dem aufhebenden Bescheid ein neuer sachlicher **Ersatzbescheid** zu verbinden.

Weiters kommt eine **Wiederaufnahme von Amts wegen** gem §§ 303 ff BAO in Betracht, wenn einer der drei folgenden **Wiederaufnahmetatbestände** vorliegt:

- Der Bescheid wurde erschlichen (**„Erschleichungstatbestand“**).
- Tatsachen oder Beweismittel sind neu hervorgekommen (zB zu Unrecht geltend gemachte Betriebsausgaben; **„Neuerungstatbestand“**) oder
- Vorfragen wurden von der zuständigen Behörde nachträglich anders entschieden (**„Vorfragentatbestand“**).

Nach Eintritt der Verjährung ist eine Wiederaufnahme jedoch grundsätzlich nicht mehr möglich (vgl § 304 BAO).

Hinweis:
- *siehe auch B 140*

Quellen:
- §§ 299, 303 f BAO

Literatur:
- *Tanzer/Unger*, BAO 2014/2015, 240 f, 242 ff
- *Beiser*, Steuern[12], Rz 823
- *Doralt*, Steuerrecht 2014/15, Rz 575 ff
- *Lang/Unger*, Steuerrecht graphisch[5], Rz 176, 179

Finanzstrafrecht

A 73. Sachlicher Anwendungsbereich

Ein Politiker kündigt in einer Nachrichtensendung an, dass im Rahmen einer „Aktion Scharf“ seines Ministeriums zukünftig gegen Hinterzieher der Kommunalsteuer mit der vollen Härte des Finanzstrafgesetzes vorgegangen werden wird.
Was sagen Sie dazu?

In § 2 FinStrG ist der sachliche Anwendungsbereich taxativ geregelt.

Außer den bundesrechtlich geregelten Abgaben findet sich dort als Ausnahme lediglich die Grundsteuer, welche von den Abgabenbehörden der Gemeinden eingehoben wird.

Die Kommunalsteuer hingegen unterliegt nicht dem Anwendungsbereich des FinStrG, da sie zwar bunderechtlich geregelt ist, aber als ausschießliche Gemeindeabgabe nicht von den Abgabenbehörden des Bundes erhoben wird (wie dies in § 2 FinStrG gefordert wird). Das Kommunalsteuergesetz enthält allerdings in § 15 eigene Verwaltungsstrafbestimmungen, deren Durchsetzung sich nach dem Verwaltungsstrafgesetz 1991 richtet.

Bei einer allfälligen Gemeinsamen Prüfung der lohnabhängigen Abgaben („GPLA“) kann eine nicht entrichtete KommSt nur nachgefordert werden.

Hinweis:

- *siehe auch B 141*

Quellen:	**Literatur:**
▪ § 2 FinStrG	▪ *Doralt*, Steuerrecht 2014/15, Rz 592
▪ § 15 KommStG	▪ *Doralt/Ruppe*, Steuerrecht II^{7}, Rz 1402

A 74. Vorsätzliche Abgabenhinterziehung/Selbstanzeige

A kauft ein Grundstück um 70.000 € in Wien, um sich darauf ein privates Wohnhaus zu bauen. Um „Steuern zu sparen“, werden im Kaufvertrag nur 50.000 € als Kaufpreis angegeben.
Bei einer routinemäßigen Prüfung des Finanzamts wegen Einkommensteuer und Umsatzsteuer bringt der Prüfer auch den Kauf des Grundstücks zur Sprache. A bekommt es daraufhin mit der Angst zu tun und gesteht dem Prüfer, dass der Kaufpreis nicht 50.000 €, sondern in Wahrheit 70.000 € ausmachte.
Beurteilen Sie den Sachverhalt.

A hat durch die Bekanntgabe einer zu geringen Bemessungsgrundlage für die Festsetzung der GrESt vorsätzlich eine Offenlegungs- und Wahrheitspflicht verletzt.

Dadurch, dass die GrESt in der Folge tatsächlich zu niedrig festgesetzt wurde, hat A jedenfalls eine **Abgabenhinterziehung** nach § 33 FinStrG begangen. Würde der strafbestimmende Wertbetrag (vereinfacht: der hinterzogene Abgabenbetrag) über 100.000 € betragen, müsste A aufgrund der Urkundenfälschung (des Kaufvertrages) sogar mit einer Anklage wegen **Abgabenbetruges** gem § 39 FinStrG rechnen

A versucht nun, durch eine **Selbstanzeige** gem § 29 FinStrG straffrei zu werden. Die Selbstanzeige muss hierzu seit der FinStrG-Novelle 2010 nur mehr bei einem Finanzamt (bei Finanzvergehen) bzw einem Zollamt (bei Zollvergehen) eingebracht werden. Für die GrESt ist zwar grundsätzlich bundesweit das FA für Gebühren, Verkehrsteuern und Glücksspiel zuständig, und die Außenprüfung wegen ESt und USt wurde vom FA mit allgemeinem Aufgabenkreis veranlasst.

Durch die erwähnte Änderung kommt trotzdem die Selbstanzeige gültig zustande, weshalb die erhoffte Wirkung derselbigen, nämlich eine Straffreiheit, auch eintreten kann.

Hinweis:
- *siehe auch B 144*

Quellen:	**Literatur:**
▪ § 29, § 33, § 39 FinStrG	▪ *Doralt*, Steuerrecht 2014/15, Rz 596; Rz 599 ▪ *Doralt/Ruppe*, Steuerrecht II[7], Rz 1428 ff, 1455 ff ▪ *Lang/Unger*, Steuerrecht graphisch[4], Rz 180

A 75. Delikte/Zuständigkeit

a) Da A für das letzte Jahr keine Steuern zahlen will, beschließt er, seine Einkünfte aus Gewerbebetrieb nicht in die Steuererklärung aufzunehmen. Diese würden eine Steuerschuld von 120.000 € ergeben.
b) Der steuerehrliche B macht ohne Kontrolle, ob alle Rechnungsmerkmale erfüllt sind, seinen Vorsteuerabzug geltend.
c) C erschleicht sich durch die Angabe falscher Tatsachen beim Finanzamt eine Zahlungserleichterung.
d) Gegen einen Bescheid der Finanzstrafbehörde möchte D Beschwerde einbringen.

a) Hier handelt es sich um eine vorsätzliche Abgabenhinterziehung, da A durch die Nichtangabe seiner Einkünfte eine Offenlegungs- und Wahrheitspflicht verletzt. Da diese dadurch auch nicht festgesetzt werden können, hat er bereits die Abgabenschmälerung bewirkt.
Zuständig ist in diesem Fall das (Straf-)Gericht, weil es sich um eine vorsätzliche Tat mit einem strafbestimmenden Betrag von mehr als 100.000 € handelt.

b) Hier handelt es sich um eine fahrlässige Abgabenverkürzung, weil B anlässlich der Kontrolle der für einen Vorsteuerabzug notwendigen Rechnungsvoraussetzungen nicht diejenige Sorgfalt an den Tag legt, welche ihm zumutbar wäre, und somit bei Einreichung der Umsatzsteuervoranmeldung einen unrichtigen Betrag in der Vorsteuerkennzahl angibt.
Zuständig hierbei ist die Finanzstrafbehörde. Dies ist jenes Finanzamt, welches mit der Erhebung der Umsatzsteuer beauftragt ist.

c) Die Erschleichung einer Zahlungserleichterung stellt eine Finanzordnungswidrigkeit dar, weil durch die Angabe falscher Tatsachen eine Wahrheits- und Offenlegungspflicht verletzt wird.
Zuständig ist auch in diesem Fall die Finanzstrafbehörde und somit das entsprechende Finanzamt, weil Finanzordnungswidrigkeiten generell der finanzstrafbehördlichen Zuständigkeit unterliegen.

d) Das Rechtsmittelgericht über der Finanzstrafbehörde ist das Bundesfinanzgericht. Eine Beschwerde ist – wie im Abgabenverfahren – bei der bescheiderlassenden Finanzstrafbehörde einzubringen.

Hinweis:
- *siehe auch B 144, B 145*

Quellen:
- §§ 33, 34, 53 FinStrG

Literatur:
- *Doralt*, Steuerrecht 2014/15, Rz 598; Rz 604
- *Doralt/Ruppe*, Steuerrecht II[7], Rz 1454 ff, 1458 ff
- *Lang/Unger*, Steuerrecht graphisch[5], Rz 188 f

EXPERT

LEVEL

E 1. Wegzugsbesteuerung

A hält in seinem Privatvermögen eine Beteiligung in Höhe von 10 % an der deutschen X-AG (Anschaffungskosten 10.000 €). Im Jahr 1 verlegt A seinen Wohnsitz a) nach Deutschland, b) in die Schweiz. Seine Beteiligung hat im Zeitpunkt der Wohnsitzverlegung im Jahr 1 einen gemeinen Wert von 12.000 €. Im Jahr 4 verlegt A seinen Wohnsitz nach Österreich zurück. Im Jahr 5 verkauft A seine Beteiligung an der X-AG um 15.000 €.

Ist der Veräußerungsgewinn steuerpflichtig? Wenn ja, in welcher Höhe?

Nach § 27 Abs 3 EStG führen Veräußerungen von Beteiligungen zu Einkünften aus realisierten Wertsteigerungen und damit zu Einkünften aus Kapitalvermögen. Nach § 27 Abs 6 wird eine Veräußerung fingiert, wenn Maßnahmen des Steuerpflichtigen gesetzt werden, die zum **Verlust des Besteuerungsrechts** der Republik Österreich führen. So verliert im konkreten Fall aufgrund des Wegzuges Österreich sein Besteuerungsrecht an der Beteiligung an Deutschland bzw an die Schweiz.

a) Im Hinblick auf die Rsp des EuGH (Urteil vom 11. 3. 2004, C-9/02, „*Hughes de Lasteyrie du Saillant*“) kann bei Wegzug in einen EU-Mitgliedstaat oder in einen EWR-Staat, mit dem eine umfassende Amtshilfe und Vollstreckungshilfe besteht, die durch den Wegzug entstandene Steuerschuld auf Antrag des Steuerpflichtigen bis zur tatsächlichen Veräußerung der Beteiligung nicht festgesetzt werden.

Die nach dem Wegzug erfolgte tatsächliche Veräußerung oder der Wegzug gilt als **rückwirkendes Ereignis** iSd § 295a BAO, das die Steuerfestsetzung im Wege der Abänderung des Bescheides des Wegzugsjahres nach sich zieht. Sollte es zwischen dem Wegzug und der tatsächlichen Veräußerung zu einer Wertminderung der Beteiligung kommen, reduziert diese die Bemessungsgrundlage auf bis zu null. Sollte vor der die rückwirkende Steuerfestsetzung auslösenden Veräußerung ein Wiedereintritt in das Besteuerungsrecht der Republik Österreich eintreten (zB neuerlicher Zuzug nach Österreich), wird der Steuerpflichtige so gestellt, wie er stünde, wenn er nie aus dem Besteuerungsrecht der Republik Österreich ausgeschieden wäre. Maßgebend für die Einkünfteermittlung (im Fall einer nachfolgenden Veräußerung) sind daher die Anschaffungskosten vor dem Wegzug; die Veräußerung in Österreich löst nicht die (nachträgliche) Festsetzung der im Wegzugsjahr nicht festgesetzten Steuer aus. Sollte im Ausland eine Wertsteigerung eingetreten sein, ist diese vom Veräußerungserlös abzuziehen, sofern sie vom Steuerpflichtigen nachgewiesen wird (§ 27 Abs 6 Z 1 lit b EStG).

Im konkreten Fall hätte A grundsätzlich 5.000 € (= Differenz zwischen Veräußerungserlös und Anschaffungskosten) zu versteuern. Weist A nach, dass der gemeine Wert der Beteiligung beim (Wieder-)Zuzug nach Österreich 13.000 € war, sodass in Deutschland eine Wertsteigerung von 1.000 € eingetreten ist, ist diese vom Veräußerungserlös abzuziehen, sodass die Einkünfte nur 4.000 € betragen. Die Versteuerung findet mit dem besonderen Steuersatz von 25 % statt (§ 27a EStG).

b) Für den Wegzug in die Schweiz als **Nicht-Mitgliedstaat von EU/EWR** gilt die Wegzugsbesteuerung, ohne dass die Festsetzung der Steuerschuld verzögert. Die Wertsteigerung zZ der Wohnsitznahme in der Schweiz ist daher nicht im EU/EWR-Raum eingetreten und kann daher nicht vom Veräußerungserlös abgezogen werden. A hat bei Veräußerung der Beteiligung 5.000 € gemäß § 27 EStG zu versteuern.

Quellen:	**Literatur:**
▪ § 27, 27a EStG	▪ *Doralt/Kirchmayr/Mayr/Zorn*, EStG[16] § 27 Rz 429 ff

E 2. Grundstückstausch

Mit Vertrag von 22. 6. 2014 tauscht X sein im Privatvermögen befindliches unbebautes Grundstück A (Verkehrswert 2 Mio) gegen das unbebaute Grundstück B (Verkehrswert 1 Mio) ein. X erhält eine Ausgleichszahlung von 1 Mio. Er hat das Grundstück A am 7. 4. 2005 um 1,5 Mio gekauft. Die Nebenkosten der Transaktion von 80.000 € (Notar, Eintragungsgebühr etc) ebenso wie die anfallende Grunderwerbsteuer trägt X laut Vertrag zur Hälfte.

Welche einkommensteuerlichen und verkehrsteuerlichen Folgen ergeben sich für X?

ESt: X verwirklicht eine private Grundstücksveräußerung gem § 30 EStG. Der Veräußerungsgewinn berechnet sich nach dem gemeinen Wert des hingegebenen Grundstücks (2 Mio) abzgl Anschaffungskosten von 1,5 Mio und beträgt daher 500.000 €. Die hiervon abzuführende Immobilienertragsteuer beträgt gem § 30b EStG 25 % und ist spätestens am 15. Tag des auf den Kalendermonat des Zuflusses zweitfolgenden Kalendermonats abzuführen. Die Selbstberechnung und die Entrichtung der Immobilienertragsteuer hat durch den Parteienvertreter (Rechtsanwalt oder Notar) zu erfolgen, wenn dieser auch die GrESt selbst berechnet (§ 30c EStG).

GrESt: Beim Grundstückstausch stellt die Gegenleistung die Tauschleistung einschließlich einer vereinbarten zusätzlichen Leistung dar (§ 5 Abs 1 Z 2 GrEStG). Für beide Leistungsteile ist die GrESt grds gesondert zu berechnen (§ 4 Abs 2 Z 4 GrEStG).

Daher ergibt sich im konkreten Fall eine ingesamte GrESt-Schuld von 140.000 € (= 3,5 % von 2 Mio bzgl Grundstück A und 3,5 % von 1 + 1 Mio bzgl Grundstück B), die laut Vertrag von beiden Tauschpartnern zur Hälfte, also iHv je 70.000 € getragen wird und in die Anschaffungskosten eingeht.

X hat **Anschaffungskosten** für das erhaltene Grundstück B in Höhe des Wertes des **hingegebenen Wirtschaftsguts** gemäß § 6 Z 14 lit a EStG abzüglich der erhaltenen Barzahlung, also 1 Mio (= 2 Mio abzgl Ausgleichszahlung von 1 Mio). Hinzu kommen noch die Anschaffungsnebenkosten in Höhe von 40.000 € (= Hälfte der Transaktionskosten) und die von ihm zu tragende GrESt von 70.000 €. Die Anschaffungskosten für das Grundstück B machen daher 1.110.000 € aus.

Quellen:	**Literatur:**
▪ §§ 30, 30a, 30b, 30c EStG ▪ § 4, § 5 GrEStG ▪ EStR 2000 Rz 2590 ff	▪ *Doralt/Kirchmayr/Mayr/Zorn*, EStG[17] § 30, Rz 89 ff

E 3. Sanierungsgewinn, Nachzahlung

Über die X-GmbH wird mit 1. 11. 2013 das Insolvenzverfahren eröffnet. Im August 2014 wird ein Sanierungsplan über die X-GmbH mit einer Quote von 20 % rechtskräftig bestätigt. Die Sanierungsplanquote wird noch im Jahr 2014 voll erfüllt. Dadurch entsteht 2014 ein Sanierungsgewinn in Höhe von 60.000. Die Voraussetzungen für die Nicht-Erhebung der Körperschaftsteuer liegen vor. Das Einkommen ohne Sanierungsgewinn würde 30.000 betragen, jenes mit Sanierungsgewinn somit 90.000.
Die X-GmbH beschäftigt den Mitarbeiter A, der seit Oktober 2013 infolge der Zahlungsschwierigkeiten der X-GmbH kein Entgelt mehr erhalten hat. Er erhält erst im September 2014 seine offenen Ansprüche in Höhe der Sanierungsplanquote von 20 %. Die übrigen 80 % bekommt er als Insolvenz-Ausfallgeld vom Insolvenzentgelt-Fonds ebenfalls im September 2014 ausbezahlt.
Welche Auswirkungen hat die Eröffnung des Insolvenzverfahrens auf die Buchführungspflicht der X-GmbH? Wie ist der Sanierungsgewinn zu versteuern? Wie hat der Mitarbeiter seine Bezüge zu versteuern?

Die **Buchführungspflicht** der X-GmbH nach § 5 Abs 1 EStG (iVm § 124 BAO und § 189 UGB) besteht auch nach der Eröffnung des Insolvenzverfahrens weiter. Es ändert sich grundsätzlich weder etwas an der Gewinnermittlungsart noch am Wirtschaftsjahr. Der Masseverwalter tritt in die Position des Gemeinschuldners ein und hat dessen abgabenrechtliche Pflichten zu erfüllen.

Steuerlich begünstigt sind nur **Sanierungsgewinne**, die durch die Erfüllung der Sanierungsplanquote nach Abschluss eines Sanierungsplanes (§§140 bis 156 der Insolvenzordnung) entstanden sind. Außergerichtliche Ausgleiche können nur vom Finanzamt individuell, va im Wege der Nachsicht, berücksichtigt werden. Sanierungsgewinne sind seit dem BudBG 2003 nicht gänzlich von der KöSt befreit, sondern genießen lediglich eine Steuererleichterung: Die Körperschaftsteuer auf den Sanierungsgewinn wird in Höhe jener Quote ermäßigt, in der auch die übrigen Gläubiger auf ihre Forderungen verzichten (§ 23a KStG).

Im Fall der X-GmbH beträgt die KöSt unter Einbeziehung des Sanierungsgewinn 22.500 € (= 25 % KöSt auf 90.000) und ohne Sanierungsgewinn: 7.500 € (= 25 % KöSt auf 30.000), was eine Differenz von 15.000 € ausmacht. Von dieser Differenz sind gemäß § 206 lit b BAO 80 %, also 12.000 €, nicht festzusetzen. Insgesamt ergibt sich somit eine Körperschaftsteuer von 10.500 € (= 22.500 abzüglich 12.000).

Der Mitarbeiter A bezieht von der X-GmbH eine **Nachzahlung für abgelaufene Kalenderjahre** iSd § 67 Abs 8 lit c EStG, soweit das erhaltene Entgelt Bezüge aus dem Jahr 2013 betrifft. Die Nachzahlung ist im Kalendermonat der Auszahlung dem vollen Lohnsteuertarif zu unterziehen, doch ist ein Fünftel nach Abzug der Sozialversicherungsbeiträge steuerfrei zu belassen.

Die Zahlungen des **Insolvenzentgeltes** durch die IEF Service GmbH sind ebenfalls Nachzahlungen im Insolvenzverfahren iSd § 67 Abs 8 lit g EStG. Hier ist ein Fünftel nach Abzug der Sozialversicherungsbeiträge steuerbefreit; die übrigen vier Fünftel sind mit einer vorläufigen Lohnsteuer von 15 % zu versteuern. Der IESG-Fonds nimmt den Lohnsteuerabzug bereits vor und zahlt das Insolvenz-Ausfallgeld netto aus; damit geht die Lohnforderung des Arbeitnehmers kraft Legalzession auf den Fonds als Konkursforderung über. Da A Bezüge vom IESG-Fonds erhalten hat, hat er außerdem für das Jahr 2014 zwingend eine Veranlagung durchzuführen (§ 41 Abs 1 Z 3 EStG). Dadurch ergibt sich in den meisten Fällen eine höhere Steuerbelastung auf das Insolvenz-Ausfallgeld als die vorläufigen 15 %.

Hinweis:

- *siehe auch B 49*
- *vgl auch www.insolvenzentgelt.at (Homepage der IEF Service GmbH)*

Quellen:

- § 23a KStG idF BGBl I 2010/58 (IRÄ-BG)
- KStR 2013 Rz 1522-1538
- LStR 2002 Rz 1107 ff

Literatur:

- *Doralt/Kirchmayr/Mayr/Zorn*, EStG[14] § 67, Rz 115 ff

E 4. Umsatzsteuer, Vorsteueraufteilung

Ein selbständiger Versicherungsvertreter erzielt Umsätze von 200.000 € aus Abschlüssen von Versicherungsverträgen. Daneben verfasst er regelmäßig Beiträge zu einer versicherungsrechtlichen Fachzeitschrift und erhält dafür zusätzliche Einnahmen von 10.000 €. Im Zusammenhang mit seinem Büro, in dem sowohl die Abschlüsse getätigt als auch die literarischen Beiträge verfasst werden, fallen Vorsteuern in Höhe von 6.000 € an. Außerdem ist der Versicherungsvertreter Inhaber einer Pizzeria (Vorsteuern 20.000 €).
Sind die Vorsteuern des Versicherungsvertreters abzugsfähig? Wenn ja, in welcher Höhe?

Zunächst ist anzumerken, dass der Versicherungsvertreter mit seinen Umsätzen aus schriftstellerischer Tätigkeit kein Kleinunternehmer iSd § 6 Abs 1 Z 27 UStG ist, da ein Unternehmer nur ein Unternehmen mit einer Umsatzsumme – sei es auch aus verschiedenen Tätigkeiten – haben kann (Unternehmenseinheit).

Die Umsätze als Versicherungsvertreter sind nach § 6 Abs 1 Z 13 UStG unecht umsatzsteuerbefreit. Vorsteuern iZm der Tätigkeit als Versicherungsvertreter sind daher nicht abzugsfähig. Die Vorsteuern aus der umsatzsteuerpflichtigen schriftstellerischen Tätigkeit sind hingegen abzugsfähig, ebenso iZm der Pizzeria.

Bewirkt ein Unternehmer neben unecht steuerbefreiten Umsätzen auch Umsätze, die zum Vorsteuerabzug berechtigen, so hat die Aufteilung der Vorsteuerbeträge in abziehbare und nicht abziehbare Vorsteuer zu erfolgen. Nach § 12 Abs 4 UStG sind die Vorsteuern grundsätzlich nach Maßgabe ihrer **Zurechenbarkeit** aufzuteilen. Daher sind die der Pizzeria zurechenbaren Vorsteuern jedenfalls zur Gänze abziehbar.

Wenn eine Zurechenbarkeit nicht gegeben ist, kann eine Aufteilung nach dem Verhältnis der – steuerbefreiten bzw. steuerpflichtigen – Umsätze erfolgen. So sind die Vorsteuerbeträge iZm dem Büro des Versicherungsvertreters nach dem **Umsatzschlüssel** aufzuteilen; dh von den angefallenen Vorsteuern sind 1/20 (= 10.000/200.000) von 6.000, also 300 € abzugsfähig.

Die Wahl sowie die Änderung der **Aufteilungsmethode** bedürfen weder eines Antrages des Unternehmers noch einer Bewilligung durch das Finanzamt. Es ist dem Unternehmer grds freigestellt, die für sein Unternehmen zweckmäßigste Aufteilungsmethode zu wählen und wieder davon abzugehen. Lediglich wenn die Aufteilung der Vorsteuern nach dem Umsatzschlüssel zu einem ungerechtfertigten Steuervorteil iSd § 12 Abs 6 UStG führt, ist die Aufteilung der Vorsteuerbeträge nach dem Umsatzverhältnis ausgeschlossen.

Quellen:
- § 12 Abs 4 bis 6 UStG
- UStR 2002 Rz 2011 ff

Literatur:
- *Achatz/Ruppe*, UStG[4], § 12, Rz 175 ff

E 5. Umsatzsteuer/Reihengeschäft

Der Hersteller von Weihnachtsschmuck Franz Schnaufer in Stuttgart (D) verkauft mehrere Kartons Glaskugeln verschiedenster Sorten an den Linzer Großhändler Ferdinand Stumpf in Salzburg. Dieser wiederum verkauft die Ware an seinen Rieder Kunden in Oberösterreich. Stumpf holt die Ware von Schnaufer ab und befördert sie mit eigenem LKW an seinen Kunden nach Ried.
Es ist bei den beteiligten Unternehmern der Liefervorgang zu untersuchen. Der Lieferort ist jeweils nach dem österreichischen UStG zu bestimmen.

Bei einem sog **Reihengeschäft** werden von mehreren Unternehmern Umsatzgeschäfte über denselben Gegenstand abgeschlossen, und der Gegenstand gelangt im Rahmen der Beförderung und Versendung unmittelbar vom ersten Unternehmer an den letzten Abnehmer. Der Ort der einzelnen Lieferungen muss jedoch einzeln anhand der Lieferkette (Schnaufer – Stumpf – Rieder Kunde) bestimmt werden.

Da Stumpf den Transport vornimmt, findet die **bewegte Lieferung** zwischen Schnaufer und Stumpf statt, die **ruhende Lieferung** zwischen Stumpf und seinem Rieder Kunden.

Die bewegte Lieferung von Schnaufer an den Abnehmer Stumpf gilt gemäß **§ 3 Abs 8 UStG** mit Beginn der Beförderung als ausgeführt. Lieferort ist daher Stuttgart.

Für die nachfolgende ruhende Lieferung kommt nach den UStR, da die Beförderung bereits der ersten Lieferung zugerechnet wurde, nur mehr die Ortsbestimmung des **§ 3 Abs 7 UStG** in Frage. Die Ware befindet sich zum Zeitpunkt, in dem die Verfügungsmacht verschafft wird, in Ried. Der Ort der zweiten Lieferung ist daher Ried.

Hinweis:
- *siehe auch B 85; A 56*

Quellen:	**Literatur:**
- § 3 Abs 7-9 UStG	- *Achatz/Ruppe*, UStG[4] § 3, Rz 53 ff
- UStR 2002 Rz 450	

E 6. Reihengeschäft aus dem Drittland

Der Wiener Unternehmer W bestellt eine Sitzgarnitur beim schweizerischen Möbelhändler Z aus Zürich. Dieser lässt die Möbel beim Hersteller B in Bern fertigen. B beauftragt einen Schweizer Spediteur, der die Waren direkt zu A nach Wien transportiert.

a) Die Lieferung durch B erfolgt unverzollt und unversteuert; die Einfuhrumsatzsteuer wird von W entrichtet.
b) Die Lieferung durch B erfolgt verzollt und versteuert.

Es ist bei den beteiligten Unternehmern der Liefervorgang zu untersuchen. Der Lieferort ist jeweils nach dem österreichischen UStG zu bestimmen.

Die Lieferkette innerhalb des Reihengeschäftes lautet hier: B – Z – W. Da B die Waren versendet, findet die bewegte Lieferung zwischen B und Z statt; die ruhende Lieferung zwischen Z und W.

a) Die bewegte Lieferung von B an Z hat (nach österreichischem Recht) gem § 3 Abs 8 UStG ihren Lieferort in der Schweiz und ist in Österreich nicht steuerbar.

Die ruhende Lieferung von Z an W ist nach § 3 Abs 7 UStG in Österreich steuerbar und steuerpflichtig; es fällt Einfuhrumsatzsteuer an. Aus umsatzsteuerlicher Sicht wird die Ware für Z eingeführt, egal ob W oder ein anderer als Empfänger auf dem Einfuhrdokument genannt ist, denn Z besitzt beim Grenzübertritt die umsatzsteuerliche Verfügungsmacht. Daher ist grundsätzlich Z zum Abzug der Einfuhrumsatzsteuer berechtigt; er muss sich in Österreich umsatzsteuerlich erfassen lassen. Für seine Umsatzsteuerveranlagung ist das Finanzamt Graz-Stadt zuständig.

Nach der V des BMF, BGBl II 2003/584 darf bei Lieferungen im Rahmen eines Reihengeschäftes aus dem Drittland in das Inland nicht der bei der Einfuhr Verfügungsberechtigte die EUSt als Vorsteuer abzuziehen, sondern der letzte Abnehmer, wenn er Schuldner der EUSt ist. Wenn daher Z in seiner Rechnung an W keine Umsatzsteuer ausweist, hat W aufgrund der V BGBl II 2003/584 den Vorsteuerabzug aus der EUSt.

b) Die Lieferung von B an Z ist nach § 3 Abs 9 UStG zu behandeln: B ist Schuldner der Einfuhrumsatzsteuer und tätigt daher eine steuerpflichtige Lieferung in Österreich. Er muss sich beim Finanzamt Graz-Stadt registrieren lassen und kann dann die entrichtete EUSt als Vorsteuer rückfordern. Z haftet nach § 27 Abs 4 UStG für die Abfuhr der Umsatzsteuer.

Die ruhende Lieferung von Z an W ist nach § 3 Abs 7 UStG als reine Inlandslieferung in Österreich steuerpflichtig.

Hinweis:
- *siehe auch B 85; A 56*

Quellen:
- § 3 Abs 7-9 UStG
- Verordnung betreffend die umsatzsteuerliche Behandlung der Lieferungen und des Vorsteuerabzuges (Einfuhrumsatzsteuer) ausländischer Unternehmer, BGBl II 2003/584
- UStR 2002 Rz 1856a

Literatur:
- *Achatz/Ruppe*, UStG[4] § 3, Rz 53 ff

E 7. Dreiecksgeschäft

Der österreichische Unternehmer Ö ordert in Deutschland ein Softwarepaket um 2.000 €; da dieses beim deutschen Unternehmer D nicht lagernd ist, bestellt der deutsche Unternehmer D die Software bei einem englischen Softwarehaus E, das die Ware direkt an Ö versendet. Alle Unternehmen verwenden jeweils die UID ihres Heimatstaates. Die formalen umsatzsteuerlichen Pflichten werden von allen Parteien vollständig erfüllt.

Hier liegt ein sog **Dreiecksgeschäft** vor; dieses ist dann gegeben, wenn bei einem Reihengeschäft drei Unternehmer in drei verschiedenen Mitgliedstaaten beteiligt sind und unter drei verschiedenen UID auftreten, der mittlere Unternehmer (Erwerber) keinen (Wohn-)Sitz in Österreich hat und die Verfügungsmacht über die erworbenen Gegenstände unmittelbar vom ersten Unternehmer dem Empfänger verschafft wird. Das Dreiecksgeschäft ist somit ein Spezialfall des Reihengeschäftes (Lieferkette E – D – Ö).

- Lieferung E – D: Der erste Unternehmer E, der also direkt an den letzten Abnehmer (Empfänger) Ö liefert, tätigt bei einem Dreiecksgeschäft eine **steuerfreie innergemeinschaftliche Lieferung** in seinem Staat England, da gem § 3 Abs 8 UStG der Beginn der Beförderung oder Versendung für den Lieferort entscheidend ist.

Der zweite, dh mittlere Unternehmer (Erwerber) D tätigt einen **innergemeinschaftlichen Erwerb im Bestimmungsland** Österreich, dh im Staat des Empfängers Ö, da gem Art 3 Abs 8 UStG der innergemeinschaftliche Erwerb dort als bewirkt gilt, wo sich der Gegenstand am Ende der Versendung oder Beförderung befindet. Dieser innergemeinschaftliche Erwerb ist unter der Erfüllung der Voraussetzungen des Art 25 Abs 3 UStG von der Steuer **befreit**.

Da der Erwerber D gegenüber dem Lieferer E eine deutsche UID verwendet, so tätigt er in Deutschland einen weiteren innergemeinschaftlichen Erwerb, solange er nicht nachweist, dass der Erwerb im Bestimmungsland Österreich besteuert worden ist. Ein derartiger innergemeinschaftlicher Erwerb kraft UID gilt als besteuert, wenn der Erwerber nachweist, dass ein Dreiecksgeschäft vorliegt, und er seiner Erklärungspflicht nachkommt (vgl Art 25 Abs 2 UStG bzw Art 141 MwStSystRL). Da laut Sachverhalt alle umsatzsteuerlichen Pflichten von den Parteien erfüllt werden, muss der Erwerber D somit keine Umsatzsteuer für den innergemeinschaftlichen Erwerb in Deutschland entrichten.

- Lieferung D – Ö: Der Erwerber D tätigt auch gegenüber dem letzten Unternehmer (Empfänger) Ö eine Lieferung im Bestimmungsland Österreich, weil die Lieferung ohne Beförderung oder Versendung stattfindet und daher nach § 3 Abs 7 UStG dort als ausgeführt gilt, wo sich der Gegenstand im Zeitpunkt der Verschaffung der Verfügungsmacht befindet (ruhende Lieferung); sie wäre daher nach allgemeinen Grundsätzen im Bestimmungsland Österreich zu erfassen.

Nach Art 25 Abs 5 UStG schuldet der Empfänger der steuerpflichtigen Lieferung, dh der letzte Unternehmer Ö, die Umsatzsteuer, wenn die vom Erwerber D ausgestellte Rechnung dem Art 25 Abs 4 UStG entspricht; dazu muss sie einen Hinweis auf das Dreiecksgeschäft sowie neben der eigenen UID auch die UID des Empfängers Ö enthalten. Dann geht die Steuerschuld auf den Empfänger Ö über. Somit schuldet Ö im Ergebnis die Umsatzsteuer iHv € 400 für die innerösterreichische Lieferung des deutschen Unternehmers, er kann sich jedoch gem Art 12 Abs 1 Z 2 UStG diesen Betrag als Vorsteuer abziehen. Der deutsche Unternehmer D braucht sich in Österreich nicht umsatzsteuerlich erfassen zu lassen.

Quellen:
- § 3 Abs 7-9 UStG
- UStR 2002 Rz 4291 ff

Literatur:
- *Doralt/Ruppe*, Steuerrecht II[7], Rz 532 ff
- *Achatz/Ruppe*, UStG[4] Art 25, Rz 1 ff

E 8. Internationale Schachtelbeteiligung

Die A-GmbH (abweichendes Wj 1. 10. – 30. 9.) kauft am 12. Oktober 2011 von ihrer 100 %igen Muttergesellschaft (A-AG) 53 % der Anteile an einer deutschen GmbH (D-GmbH; Stammkapital 300.000 €; Regelbilanzstichtag) um 530.000 €. An Beratungskosten für die Übernahme des Stammanteils fielen bei der A-GmbH 10.000 € an. Die Einlage wurde voll einbezahlt und dafür ein Kredit aufgenommen. Die Kreditzinsen daraus betrugen im Wj 2012/2013 8.000 €.
In den Jahren 2012 und 2013 wurden von der D-GmbH an die A-GmbH jeweils geringe Gewinne ausgeschüttet, im Jahr 2014 erwirtschaftet die D-GmbH einen Verlust von -80.000 €.
Am 13. 11. 2015 werden 2 % der Anteile an der D-GmbH um 30.000 € verkauft.
Wie wirken sich die Gewinnausschüttungen und die Verluste der D-GmbH und die Fremdkapitalzinsen bei der A-GmbH aus?
Welche Auswirkung hat der Anteilsverkauf im Jahre 2015?

Es liegt eine **internationale Schachtelbeteiligung** gem. § 10 Abs 2 KStG vor.

Die Anschaffungskosten der Beteiligung betragen

Kaufpreis für 53 % der Anteile	530.000
Beratungskosten	10.000
Gesamt	540.000

Die **Gewinnausschüttungen** der Jahre 2012 bis 2013 sind gem § 10 Abs 1 Z 7 iVm Abs 2 KStG steuerfrei.

Die im WJ 2012/13 angefallenen **Zinsen für die Fremdfinanzierung** der Beteiligung sind nicht abziehbar, weil Zinsen für die Fremdfinanzierung bei Konzernstrukturen bzw bei einen beherrschenden Einfluss habenden Gesellschaftern gem § 11 Abs 1 Z 4 KStG iVm § 12 Abs 1 Z 9 KStG vom Abzug ausgeschlossen sind.

Der **Verlust** des Jahres 2014 löst grundsätzlich keine Berechtigung zu einer Teilwertabschreibung aus, weil gem § 10 Abs 3 KStG die Wertveränderungen und Veräußerungsgewinne einer internationalen Schachtelbeteiligung unberücksichtigt bleiben. Wurde aber in der Körperschaftsteuererklärung 2012 (betreffend das WJ 2011/2012) eine **Option in die Steuerpflicht** gem § 10 Abs 3 Z 1 KStG ausgeübt, können die Verluste zum Anlass für eine Teilwertabschreibung des Beteiligungsansatzes genommen werden, wenn und insoweit nachgewiesen wird, dass durch den Verlust 2014 der Teilwert der Beteiligung gesunken ist. Gemäß § 12 Abs 3 Z 2 KStG wäre eine derartige Teilwertabschreibung auf sieben Jahre zu verteilen.

Die **Anteilsveräußerung** ist von der Steuerbefreiung des § 10 Abs 3 KStG umfasst und daher steuerneutral zu behandeln: Da die Anteile um 10.000 € je Prozent der Beteiligung angeschafft worden sind und um 15.000 € je Prozent der Beteiligung veräußert worden sind, beträgt der Veräußerungsgewinn 10.000 € (150 % der Anschaffungskosten = 5.000 € je Prozent der Beteiligung). Die aufgedeckte stille Reserven iHv 10.000 € ist daher steuerfrei. Sollte jedoch in der Körperschaftsteuererklärung für das Jahr 2012 eine Option in die Steuerpflicht ausgeübt worden sein, sind die stillen Reserven iHv 10.000 € im Jahr der Veräußerung (WJ 15/16, Veranlagungsjahr 2016) mit 25 % KÖSt zu erfassen.

Veräußerungserlös	30.000
Anteilige Anschaffungskosten	-20.000
Stille Reserve	10.000

Sollte es aufgrund der Option zu einer **Teilwertabschreibung** im WJ 2014/15 gekommen sein, sind nicht die anteiligen Anschaffungskosten, sondern der anteilige Buchwert vom Veräußerungserlös abzuziehen. Hinsichtlich der so ermittelten stillen Reserve kommt es insoweit zu einer Verrechnung mit den noch nicht geltend gemachten Siebtel-Beträgen (§ 12 Abs. 3 Z 2 zweiter Teilstrich KStG).

Hinweis:
siehe auch B 66; A 32; A 33

Quellen:
- § 10 Abs 2 und 3; § 11 Abs 1 Z 4; § 12 Abs 3 Z 2 KStG
- KStR 2013, Rz 1216-1223; 1301-1305

Literatur:
- *Doralt/Ruppe,* Steuerrecht I[11], Rz 997-1007; 1013 f

Stichwortverzeichnis